中国法学会后期资助项目文丛

BOOK SERIES FUNDED BY CHINA LAW SOCIETY

董事义务研究

Directors' Duties

林少伟◎著

法律出版社
LAW PRESS·CHINA
北京

图书在版编目(CIP)数据

董事义务研究 / 林少伟著. -- 北京 : 法律出版社, 2023

(中国法学会后期资助项目文丛)

ISBN 978 -7 -5197 -7631 -2

Ⅰ. ①董… Ⅱ. ①林… Ⅲ. ①董事会–公司法–研究–中国 Ⅳ. ①D922.291.914

中国国家版本馆 CIP 数据核字(2023)第 036528 号

董事义务研究
DONGSHI YIWU YANJIU

林少伟 著

责任编辑 王 珊
装帧设计 李 瞻

出版发行 法律出版社
编辑统筹 学术·对外出版分社
责任校对 王 丰
责任印制 陶 松
经 销 新华书店

开本 710 毫米×1000 毫米 1/16
印张 19.5 **字数** 244 千
版本 2023 年 7 月第 1 版
印次 2023 年 7 月第 1 次印刷
印刷 三河市兴达印务有限公司

地址:北京市丰台区莲花池西里 7 号(100073)
网址:www.lawpress.com.cn
投稿邮箱:info@lawpress.com.cn
举报盗版邮箱:jbwq@lawpress.com.cn

销售电话:010 -83938349
客服电话:010 -83938350
咨询电话:010 -63939796

书号:ISBN 978 -7 -5197 -7631 -2 **定价**:88.00 元

中国法学会后期资助项目文丛

文丛说明

为进一步落实中央《关于加强中国特色新型智库建设的意见》，充分发挥中国法学会作为党和政府联系法学法律界桥梁和纽带的作用，着力实现中国法学会作为国家法治建设领域核心智库的发展目标，为专家学者开展法学研究和成果转化提供支持，不断丰富和发展中国特色社会主义法治理论体系，中国法学会特决定设立后期资助项目，对具有重要理论和实践价值的优秀法学研究成果予以后期资助，纳入“中国法学会后期资助项目文丛”出版。2015 年中国法学会后期资助项目设立以来，累计立项 80 余项成果，已交付出版 70 余部。

中国法学会研究部

2021 年 1 月

目　　录

Contents

引言：问题意识之缘起

苏力教授在《追求理论的力量——〈法律理论的前沿〉代译序》中直言："作为学者生命意义之预设，我必须假定中国当代社会的某些现象中有些对现有的理论构成了挑战与刺激，为我们——至少从理论上讲——发展、完善甚至是创造新的理论设定了可能性。"① 百年未有之大变局赋予了我们观察法律规则与社会现实之间互动的绝佳契机，而此种互动反馈无疑会推进或倒逼法学理论的变革与演进，因为无论能否创设出新的理论，最起码在每个法学学者的内心深处，均深深蕴含着一种预设新理论的"可能性"，并在此精神激励之下，试图在传统领域开辟出一片新的小小天地，以回应社会现象对传统理论所提出的"挑战与刺激"，本书撰写的董事义务即是在此范畴之下所展开的思考。

公司法其制度核心无非两个：股东权利和董事义务。这两者在公司法理论中如同地基般，共同支撑起公司法的高楼大厦。背后缘由在于，公司法的目的在于降低代理成本，② 而代理成本有两种模式：垂直型代理成本

---

① 苏力：《追求理论的力量——〈法律理论的前沿〉代译序》，载《法制与社会发展》2003 年第 2 期。

② See Reinier Kraakman et al. , *The Anatomy of Corporate Law: A Comparative and Functional Approach*, Oxford University Press, 2017, p. 29.

与水平型代理成本。[1] 垂直型代理成本是股东与董事之间所产生的成本，即股东为监督和控制代理人（董事）而付出的成本。[2] 而水平型代理成本则体现为大股东与小股东之间因利益倾向不同所产生的成本，即小股东为防止大股东通过对公司的控制而剥削或侵蚀小股东利益所付出的成本。对于垂直型代理成本而言，公司法规则设置的焦点在于，一方面赋予股东种种权利以保障其自身利益，另一方面则对董事施加种种义务以事先约束他们的管理行为。对于水平型代理成本而言，公司法制度设置的关键在于赋予小股东可以对抗控制股东的权利。由此可见，无论是垂直型代理成本抑或水平型代理成本，公司法的主要功能在于通过向股东赋予权利、对董事施加义务来试图降低代理成本。然而，纵览国内公司法的相关研究，其主要集中于对股东权利的研究，而甚少对董事义务进行深入和全面的探讨。关于董事义务的相关文献，也大多聚焦于董事忠实义务和勤勉义务的制度完善，而较少对董事义务的历史缘由、理论体系和未来发展进行深度反思。更为重要的是，透过董事义务的理论基础与制度逻辑，不难发现，现行董事义务制度的背后存在以下几个理论假定：

第一，董事义务指向单一性的假定。尽管各国在董事义务的具体内涵上存有差异，但在董事应向谁负有义务这一问题上却表现出高度的一致性，即董事只对公司负有义务。这意味着：首先，公司是董事义务指向的唯一主体；其次，无论董事源于何方，其都不直接对股东负有义务；最后，董事义务之强制实施只能由有权代表公司的特定组织或个人来进行，非作为公司代表的其他组织或个人无权代表公司对董事直接提起诉讼。董事之所以直接对公司而非股东负有义务，其理由又直接源于公司具有独立

---

① See Simone M. Sepe, *Intruders in the Boardroom: The Case of Constituency Directors*, 91 Washington University Law Review 7 (2013).

② See Michael C. Jensen & William H. Meckling, *Theory of the Firm: Managerial Behavior, Agency Costs and Ownership Structure*, 3 Journal of Financial Economics 305 (1976).

法律人格这一基本特性。按照公司人格独立这一理论，公司依法成立后须与其成员互分离、相独立，公司不仅拥有独立财产，也具有独立之法律地位。因此作为管理公司之董事，在公司成立后当然仅对独立之公司负有义务，而不必也不能对选举或推荐其作为董事的股东负有义务或承担责任。如果控制股东故意混淆公司人格和股东人格之间的界限，试图利用公司之独立外表，行操纵公司之实，则可适用“刺破公司面纱”规则追究控制股东，直索其责任。即便在公司对董事义务之违反无所作为时，适格股东也只能在符合法定条件的前提下，通过提起代表诉讼维护公司利益。这一传统理论假定不但契合了公司与其成员相互独立的传统理论，也简化了董事背后可能存在的潜在利益冲突，为董事同质化理论假定奠定了理论基础。但董事仅对公司而非股东负有义务这一理论假定，实质上抹杀了董事因受不同股东之委派或指派而存在利益偏好的可能性。

第二，股东同质化的假定。董事义务虽指向公司，但股东与董事之间的关联仍非常紧密，原因在于，股东不仅是董事义务体系中的受益人，而且有权决定董事的选任与解聘。因此，股东本身的定位也是构建董事义务体系的基础之一。然而，传统公司法理论将种类众多的股东视为同质一体化，这种股东同质化的假定既包括人性同质，也包括利益同质。[①] 人性同质有三个维度的内涵：第一个维度是股东在资本层面上的同质，即股东作为资本的载体，在股份公司设立和运营中均行使具有资本对价的股东权，并无其他差异；第二个维度是股东在能力方面的同质，即股东作为理性经济人，在缔约、信息获取、行为监督等各方面具有同等能力；第三个维度是股东在目标方向上的同质，即作为利己经济人的股东，都具有追求公司利润最大化的目标。利益同质化则指无论是股东与股东之间的利益，抑或

---

① 参见汪青松、赵万一：《股份公司内部权力配置的结构性变革——以股东“同质化”假定到“异质化”现实的演进为视角》，载《现代法学》2011 年第 3 期。

股东与公司之间的利益，均具有一体化的特征。因为公司利益的直接体现是股东利益，而股东利益最终表现为社会财富。① 股东同质化的假定衍生出股权平等、一股一票、资本多数决等原则。然而，股东同质化的逻辑基础正不断遭受质疑和挑战。实际情况是，基于一股一票等原则可将多数股份持有者的意志轻易转变成公司意志，控制股东可借此滥用权力，满足私益。此时，形式上的平等将导致实质上的不平等，貌似公平的资本多数决制，也逐渐沦落为多数资本持有者的“保护伞”。现代公司法理论已开始承认这一缺陷，并在权力结构配置方面有所改进。比如，增加控制股东的诚信义务②、分离股权与股权行使等。在英美国家，控制股东甚至受公司机会规则的约束。③ 在保护小股东机制方面，实施累积投票制，使董事会中有代表小股东权益的成员。④ 在欧洲大陆部分国家中，也有虽不同于累积投票制，但殊途同归的机制。比如，在西班牙，其公司法规定少数股东可根据其持股数量的比例指派相应数量的董事，如公司拟设立 9 名董事的，则持有 1/9 股份的少数股东可指派 1 名董事。⑤ 这些立法规定的背后，实际上是承认股东类别的多样化与利益的多元化。基于对风险和收益的不同偏好以及股东个体特质的差异，股东同质化的假定可谓是摇摇欲坠，而由

---

① See Guhan Subramanian, *The Influence of Antitakeover Statutes on Incorporation Choice: Evidence on the "Race" Debate and Antitakeover Overreaching*, 150 University of Pennsylvania Law Review 1795 (2002).

② 有关控制股东诚信义务详情，参见赵旭东：《公司治理中的控股股东及其法律规制》，载《法学研究》2020 年第 4 期；朱慈蕴：《资本多数决原则与控制股东的诚信义务》，载《法学研究》2004 年第 4 期；Iman Anabtawi & Lynn Stout, *Fiduciary Duties for Activist Shareholders*, 5 Stanford Law Review 1255 (2008); J. A. C. Hetherington, *Defining the Scope of Controlling Shareholders' Fiduciary Responsibilities*, 22 Wake Forest Law Review 9 (1987).

③ 参见冯果：《“禁止篡夺公司机会”规则探究》，载《中国法学》2010 年第 1 期。

④ 我国 2005 年修改的《公司法》首次确立累积投票制（参见《公司法》第 105 条）。吊诡的是，在累积投票制的发源地美国，该制度在实践中颇为少见，已然成为纯粹的“纸面上的法”。

⑤ 参见西班牙《资本公司法》第 137 条。

股东选举产生的董事所背负的义务也自应进行相应变革。

第三，公司资本构成单一化的假定。在董事义务规则设定中，公司和股东是受益人，而作为外部人的公司债权人却无缘进入董事义务体系。此种规范背后实际上是源于公司资本构成的单一化，即传统资本市场中股权融资“一统天下”。然而，由于资本市场深化发展以及金融创新屡见不鲜，股权融资“一统江湖”的格局已分崩离析，债权融资和结构融资大有后来居上并与之三分天下的趋势。于此情况下，公司债权人在某种情况下也会委派“自己人”占据董事会席位。这似乎难以想象，因为债权人与公司之间只存在债权债务关系，债权人依约定向公司出借款项，享有在约定期限内获得本息的权利。而公司作为债务人，在获得款项（或融资）后，则负有按约履行支付本息的义务。从表面上看，二者关系清晰明确，债权人无需通过指派董事介入公司治理。但在实践中，如公司对某一债权人的依赖性特别巨大，则债务人公司与债权人之间就会在利益上息息相关，债权人也会利用一切手段对公司施加影响，以确保自身债权不会遭受潜在损害。尤其是在公司陷入财务或经营困境时，债权人更难置身事外。此时此刻，债权人向公司指派代表自己利益的董事无疑是明智之举，特别是在银行作为债权人时，向公司指派董事的现象尤为突出。在德国，银行作为债权人通过指派董事介入公司治理已成为一种常态。[①] 在美国，由债权人特别是银行债权人指派董事的情况亦不罕见。事实上，随着股东所有权的褪色和公司独立人格的增强，公司组织的“去人化”倾向越来越明显，公司债权人与股东之间的界限也愈渐模糊。根据传统公司法理论，股东所有权主要体现为两个方面：一是对公司的控制权；二是对公司享有的剩余财产索取权。随着所有权与经营权的分离，股东权利行使的积极性日渐式微，“搭

① See Gary Gorton & Frank A. Schmid, *Universal Banking and the Performance of German Firms*, 58 Journal of Financial Economics 29 (2000).

便车”行为盛行，其结果是股东对公司的控制权大大削弱。至于剩余财产索取权，当公司正常运作时，股东只能通过分红等方式获得收益，其仅在公司清算后才得以完全体现。因此，所谓股东的剩余财产索取权，对于大多数股东而言，更像是一种虚无缥缈的权利。① 英国肯特大学爱尔兰（Ireland）教授据此认为，上述两种权利的褪色使得股东与公司债权人在权利享有的内容上几无差别，因为股东的分红权与债权人定期获得利息的权利并无太大的区别。② 剑桥大学西利（Sealy）教授也指出，虽然公司债权人与股东在理论上具有根本性的区别，但在实践中，他们都是具有相同利益诉求的“货币资本家”。他们所在乎的也仅仅是其投资或借贷资本能否得到充足回报。③ 在此意义上，正如伯利（Berle）和米恩斯（Means）所言，股东和公司债权人很难进行有效区分。④ 鉴于此，公司债权人向公司指派董事与股东任命董事之间无论是在目的还是结果上并无显著区别。公司债权人对董事产生的介入，无疑凸显了董事的异质化，进而也会对董事义务产生一定的影响。

由上述可见，董事义务制度逻辑的三个理论假定在实践中并非牢不可破。相反，上述理论假定均或多或少遭受冲击和挑战。董事只向公司负有义务固然筑牢了董事义务的理论基础，却抹杀了董事因受不同股东或其他主体之委派或指派而存在利益偏好的可能性。股东同质化的假定也因多类别投资者的出现而显露异质化转变。公司资本单一化在 20 世纪 70 年代浩浩荡荡的证券化运动中也逐渐被瓦解，此后由股权、债权、期权以及混合

---

① 参见林少伟：《论公司利益：一种普通法的解读》，载《中山大学法律评论》2012 年第 2 期。

② See Paddy Ireland, *Company Law and the Myth of Shareholder Ownership*, 1 The Modern Law Review 32 (1999). 当然，对 Ireland 这一观点，也有不少学者质疑，See David Kershaw, *No End in Sight of the History of Corporate Law: The Case of Employee Participation in Corporate Governance*, 2 Journal of Corporate Law Studies 34 (2002)。

③ See Len S. Sealy, *Case and Materials in Company Law*, Butterworths, 1996, p. 420 –421.

④ See Adolf Berle & Gardiner Means, *The Modern Corporation and Private Property*, Harcourt, 1968.

形式等多样化资本所形成的公司资本结构意味着将公司债权人排除在董事义务体系之外显得僵化、保守甚至有迂腐之嫌。[①]

董事义务理论假定摇摇欲坠，迫使我们需要对董事义务进行反思，而互联网经济的深化发展、金融市场上"乱花渐欲迷人眼"的创新行为以及智能科技的突飞猛进，也对董事义务理论与规范造成新的冲击并提出新的挑战。

首先，互联网经济的发展，使得虚拟经济（fictitious economy）冲击实体经济的同时，也引发了权利、义务和责任的分配不均衡化问题。因为虚拟经济下的公司资本几乎成为虚拟资本，这不仅混淆股权与债权之间的界线，同时也对公司债权人利益的保护提出挑战。除此之外，层出不穷的复杂金融衍生工具也导致公司治理变数重重。比如空洞投票权（empty voting）和隐匿所有权（hidden ownership）的出现，使表决权与收益权出现了分离。而且所有权的"隐匿"意味着表决权持有者无需进行信息披露，其如同黑暗中的王子，在关键时刻横空出世即可定乾坤。[②] 这种表决权的"空洞"与所有权的"隐匿"使得对公司、股东和债权人的利益保护出现法律真空，进而引发诸如"公司归谁所有"和"董事为谁服务"的法律谜题，因而也对董事义务提出新的挑战。[③]

其次，金融市场中层出不穷的创新工具与"脱法"行为也使传统董事义务陷入适用困境。近年来出现的股权让与担保之所以纠纷重重，一方面是相关法律规制的缺位，[④] 另一方面则是股权受让者（担保权人）成为公

---

① 参见李安安：《金融创新与董事信义义务的重塑》，载《证券法苑》2012 年第 2 期。

② See Henry T. C. Hu & Bernard Black, *The New Voting Buying: Empty Voting and Hidden (Morphable) Ownership*, 79 Southern California Law Review 811 (2006).

③ 参见冯果、李安安：《家族企业走向公众企业过程中的公司治理困局及其突围——以国美控制权争夺为视角》，载《社会科学》2011 年第 2 期。

④ 让与担保因具有融资灵活、交易成本低和实现方式简便等优点而备受青睐，但由于缺乏配套法律制度，让与担保的合法性、权利冲突和实现方式在司法裁判中往往同案不同判或者同案同判不同理。2019 年 11 月 8 日颁发的《全国法院民商事审判工作会议纪要》第 71 条明确认可了清算型让与担保。《民法典》对流押流质条款的某种确认，实际上也变相认可了让与担保。

司股东后“入戏太深”或“假戏真做”，董事面对上述股东时也会无所适从。此外，不断推陈出新的对赌协议以及看涨期权和看跌期权的出现，也使公司股东与债权人之间的界限日益模糊，“投资者”取代“股东”的地位，将“股东至上”取而代之，形塑新的“投资者至上”理念并非痴人呓语，[①] 因为在看涨期权和看跌期权理论下，将公司控制权赋予债权投资者，进而让债权投资者进行合同谈判也并非不可能。即便这一观点未免过于偏激，但从中不难看出，金融创新的出现导致董事信义义务规制体系产生裂隙。

最后，智能科技的日新月异也会对公司法造成影响，其中主要体现在对公司董事的影响上。人工智能与董事之间的关系在不同发展阶段有所迥异：在弱人工智能阶段，人工智能因尚未达到可模拟人脑进行抽象思维的阶段，虽然其可作为董事的辅助工具，但公司法需解决董事是否可将部分职权授权于人工智能以及董事是否负有向人工智能咨询的义务等问题。在强人工智能甚至超人工智能时代，在人工智能独立担任董事且不存在法律障碍的情况下，因人工智能董事与自然人董事的本质差别，围绕传统代理成本理论而搭建的公司法规则框架需要重新建构，而当中所涉及的董事义务制度与体系也需进行修正与调整。

---

① 参见冯果、李安安：《金融创新视域下的公司治理——公司法制结构性变革的一个前瞻性分析》，载《法学评论》2010 年第 6 期。

第一章 董事义务之历史缘由

在具体探寻董事义务制度之前，有个前置问题亟待解决：董事会这一组织机构存在的合理性。公司诞生之初，是否已有董事会这一管理机构？如若存在即是合理，为何公司丑闻频繁不断？是董事会本身存在问题，还是公司内部其他机构弊端的体现，抑或公司内部权力配置不当所引致？之所以要先探讨这一前置问题，是因为董事义务规范之前提是存在董事会或者名称虽非董事会但事实上履行董事会职能的机构。美国公司法学者贝恩布里奇（Bainbridge）与亨德森（Henderson）就认为未来的公司不需要专门设置固定的董事会，而可以采取“外包”（outsourcing）的形式将公司管理机构外包给市场专业机构。① 如此一来，既能从外包机构中获取专业管理人才并改善公司治理结构，又能最大限度地避免董事可能的利益冲突和任人唯亲等问题的出现，可谓一举双赢。如果真的实现董事会外包，则传统董事与公司、股东之间的关系将发生革命性剧变，其中所孕生的传统董事义务也会因此销声匿迹，或至少改头换面。也有学者更为激进，认为董事会可有可无，直言董事会是公司的“扁桃体”，虽在大多数情况下并

① See Stephen M. Bainbridge & Todd Henderson, *Outsourcing the Board: How Board Service Providers Can Improve Corporate Governance*, Cambridge University Press, 2018.

无害处，但也基本无用。① 因此，本章首先要解决的是董事会的正当性依据问题，以便为董事义务的引入奠定前提性制度基础，并在此之上探寻董事义务背后的法理基础。

第一节 董事会制度之理性

2002年公司丑闻的爆发以及2008年金融危机对公司法规则的重塑，影响至今。② 其中，董事会与董事责任成为抨击的要点，业界和不少学者认为公司的崩溃与董事无能或滥权息息相关。将来要避免类似的危机，在公司法改革领域，就必须强调董事会责任以及董事义务的承担，并让“董事在哪里”这种声音销声匿迹。③ 事实上，每次金融危机发生之后，均有关于加强董事义务与责任的呼吁，要求以此入手，通过修订公司法来问责董事和改革董事会，以防止公司内部权力的失衡，避免公司丑闻波及社会经济。比如，2002年美国公司丑闻的相继爆发严重损害了投资者信心和企业公信力。为此，美国出台2002年《萨班斯—奥克斯利法案》，试图结束公司“低道德标准和虚假利润时代”。具体到公司法层面，该法案提出要进行全方位、多层次的改革，其中在董事会方面，提出了关于组成人员

---

① See Franklin A. Gevurtz, *The Historical and Political Origins of the Corporate Board of Directors*, 33 Hofstra Law Review 89 (2004).

② See Kent Greenfield, *The Failure of Corporate Law: Fundamental Flaws and Progressive Possibilities*, The University of Chicago Press, 2006; Stephen Bainbridge, *Corporate Governance after the Financial Crisis*, Oxford University Press, 2012.

③ See Nicola F. Sharpe, *Rethinking Board Function in the Wake of the 2008 Financial Crisis*, 5 Journal of Business & Technology Law 99 (2010); Amitai Aviram, *Officers' Fiduciary Duties and the Nature of Corporate Organs*, 3 University of Illinois Law Review 763 (2013).

(性别)、议事程序和责任追究等方面的诸多建议。[①] 实践中，董事被起诉和追责的案例和新闻也日益增多。一方面，人们不停地抱怨董事无能与滥权，认为恰恰是这些所谓的金领精英引发经济危机，并导致普通百姓与之共苦，何其悲哀。另一方面，董事自身则自感无辜，认为罪不在己，且因担忧诉讼而导致经营决策时束手束脚，不敢放手去干，最终影响的仍旧是公司和股东。以此而言，公司的董事会（或董事）似已成为公司之“鸡肋”——弃之可惜，留之无用。美国公司法专家富兰克林·格瓦兹（Franklin A. Gevurtz）教授在加州大学洛杉矶分校和南加州大学联合举办的公司法圆桌会议上提出，董事会是公司的“扁桃体”——“因为它是一个在惯性的基础上运行的组织机构，如果大多数情况下无害的话，那它基本上也是无用的。”[②] 甚至有声音提出疑问：既然董事会可有可无，且可能有害，公司是否可以废除董事会，而采取其他治理模式？这并非天方夜谭，事实上，对于企业而言，采取非董事会的治理模式并非异想天开。由此引申的问题是：公司是否还需要董事会？董事会的存在具有何种价值？本节以此为出发点，考证董事会制度的渊源，并论证“为什么需要董事会”这一基本命题，试图回答“为什么不是其他制度”这一问题。在此之上，本节将阐述董事会治理模式的内生价值，认为董事会本身固然有其弊端与缺陷，但这并不能否认董事会这一治理机制在过去数百年中的地位与价值，更不能简单将其视为公司的“扁桃体”。恰恰相反，公司治理的提升离不开董事会，董事会制度的理性光芒也将长照公司经济的

---

① See Charles M. Elson & Christopher J. Gyves, *The Enron Failure and Corporate Governance Reform*, 38 Wake Forest Law Review 855 (2003); Douglas M. Branson, *Enron-When All Systems Fail: Creative Destruction or Roadmap to Corporate Governance Reform?*, 48 Villanova Law Review 989 (2003).

② Franklin A. Gevurtz, *The Historical and Political Origins of the Corporate Board of Directors*, 33 Hofstra Law Review 89 (2004).

发展之路。

一、为什么出现董事会？——一种历史解读

董事会作为公司的重要治理机构，其存在可以追溯至中世纪。彼时，公司为现代董事会制度的产生奠定了最初的实践基础。在中世纪的团体治理中，几乎无一例外地逐渐出现由全体成员选出的类似于委员会的小型机关，以执行实施该团体的具体事务。小至教会中的主教与教士大会的职权划分、[①] 商人公会中由全体成员选举出的执行官以及协助执行官工作的助理团，大至中世纪城市治理中选举城市的高级行政执行官官员，[②] 这些规模不一、层次不同的团体，均或多或少采取"类委员会"的治理机制。其中，商人公会的助理团与现代公司的董事会，无论是在角色方面，抑或功能定位方面，都十分相似，[③] 而公会中的执行官则类似于现代公司的经理层。当然，这种分工与权力配置模式的形成并非一蹴而就。一开始，并无助理团这一群体，执行官直接听令于全体会议，但后来人们发现频繁召开全体会议不仅让人厌烦，且效率低下，决策成本也很高。因此，公会全体成员选举出多个理性谨慎的助理以协助执行官工作，并代表全体成员会议参与理事的决策以及作出相应意思表示。与现代董事会职能不同的是，此类助理团除此以外并无其他职权。这样的治理架构无疑为现代公司治理模式提供了思想基础，由助理团作为全体成员的受托人，代表全体成员会议参与执行官们的会议，可在很大程度上发挥决策与监督作用。故此，中世纪的企业（团体）结构逐渐出现了由一个组织统一集中管理该企业（团

---

① 参见方流芳：《公司：国家权力与民事权利的分合》，中国人民大学 1991 年博士学位论文，第 21 页。

② See Carl Stephenson, *Borough and Town: A study of Urban Origins in England*, Mediaeval Academy of America, 2014, p. 174.

③ See Peter Hampson, *The City Companies of London and Their Good Works: A Record of Their History, Charity and Treasure*, Wentworth Press, 2016, p. 19 -20.

体）日常事务的思想与实践，董事会治理身影若隐若现，但其具体职责尚未确定，董事会治理机制还处于摸索阶段。①

至近代，公司制度的形成在现代公司治理模式的发展过程中起到了承前启后的作用。正是在此阶段，董事会制度完成了从中世纪“小荷初露”到近代初步定型的转变，② 而在这一关键时期，公司形式也经历了从规约公司到合股公司的华丽转型。早期，具有行业公会性质的规约公司，其自身并不拥有特定的财产和商业经营事务，本质上仅是贸易者的联合，内部成员有自己的经营权，而作为“治理委员会”的董事会，其角色定位只是立法者和裁判者。③ 具体而言，彼时的董事会并无具体治理之权，更多的只是通过事先立规、事后调停的方式来“息事宁人”，如制定约束内部成员的规章制度、协调处理各个成员之间的贸易纠纷等。④ 撇开权力有限的“立法”权能，董事会实际上就是一种“和事佬”的融合机制。然而，合股公司的出现彻底改变了这一境况。与规约公司不同，合股公司本身具有集合财产，各个股东出资但不具有经营权，经营权交由董事会，股东（会）与董事（会）之间的“两权分离”开始浮出水面。董事会的角色定位也由规约公司中的立法者和裁判者转型为合股公司的经营管理机关。合股公司的产生演变有其复杂的社会基础：贸易区域的扩大导致航行距离的增加，并由此带来高运输风险。高经营风险直接催生了对巨额资本的需求以及对风险分散的需要，“合股”方式则可完美解决这些问题。董事会职能在合股公司中之所以会出现这种嬗变，原因可能如下：第一，采用合股

① 参见吴伟央：《公司董事会职能流变考》，载《中国政法大学学报》2009 年第 2 期。

② 参见方流芳：《公司：国家权力与民事权利的分合》，中国人民大学 1991 年博士学位论文，第 42 ~ 43 页。

③ 参见虞政平：《论早期特许公司——现代股份公司之渊源》，载《政法论坛》2000 年第 5 期。

④ See George Cawston, *The Early Chartered Companies: A. D.* 1296 – 1858, Forgotten Books, 2017, p. 249 –251.

方式是出于服务公司经营目的，以增强公司竞争力和风险抵抗力，所有资金服务于一个共同的经营权，这不同于规约公司中成员缴费入会、各自为政的性质；第二，资本募集、账面维持和卷档处理等核心管理工作以及造船、维修船舶、货源及仓库、军舰补给等大量日常事务都呼唤着一个核心的中央管理机构，故此，机构需要进行集中管理；第三，在规约公司中，自由股东手握公司经营权，个别股东在利益诱惑下会不顾整体利益，破坏公司整体垄断权，这种损人利己的情况在当时层出不穷，而将经营权收归公司则可避免此种损公肥私行为的发生。股权确实可以有多份，但公司经营权只有一个，且具有不可分性。公司经营权的具体行使可以是全员共同行使，也可以由一个代表机构集中行使，这与共同物权的行使规则并无二样，而日常事务的繁琐性以及召开全体会议的低效性决定了由一个中央机构代为集中行使经营权是最为高效的可行做法。以此而言，现代意义上的董事会制度可谓脱胎于合股公司。

合股公司发源于“日不落帝国”，这得益于当时英国的产业革命与经济基础。随后，这一“影响性权力”易主到大西洋彼岸的美利坚。1811 年纽约州公司法对董事的称谓是“受托人”（trustee），该法赋予了受托人管理公司的权力，并径直规定“公司应由受托人管理和经营”。1943 年美国《示范公司法》更是确立了董事会必设主义，规定凡在美国注册设立的公司，均须设立董事会。由此，现代董事会制度在美国得以正式确认，董事会也被视为现代公司治理的核心要素。当然，美国此种演进历程，并非“独立自主”，而是深深烙上了英国特色。比如，1606 年英国伦敦弗吉尼亚公司便开始对美国进行殖民贸易，此后美国设立的公司便深受该公司的影响，典型企业如 1791 年特许设立的美国合众国银行，就是根据伦敦弗吉尼亚公司的治理结构，有模有样地植入董事会，且采用董事会成员由股东选举产生、董事会任命总裁的治理模式。

此后，公司兼并浪潮兴起，股份公司规模渐趋扩大，经营业务也呈现多元性与复杂性。掌控庞大商业帝国经营权的董事会，逐渐出现力不从心、效率低下的问题。当初为了解决“全员开会”效率低下而出现的董事会，自身也面临着与当年同样的尴尬境地，为此，董事会不得不向下级管理层放权，以进一步提高管理效率。经理层的出现，使董事会角色再一次发生改变。现代公司董事会的职能基本限于战略管理和监督，① 比如美国《示范公司法》第 8.01（b）条规定，公司商业及日常事务应处于董事会的掌控之下。“掌控”这一术语的使用明确表达了这样一种观点，即董事会的职责是制定总体性政策并监督具体掌管公司日常运营的经理。此外，董事会还可将部分决策权授予公司高级管理人员，高级管理人员同样也可将部分职责授予更低层级的公司员工。

综上所述，从中世纪至现代，董事会作为公司拥有多数成员的重要集体机构，可谓伴随公司终生。不同之处在于，其具体角色定位随着商业环境和公司实践的变化而不断调整。历经数百年的洗涤冲刷，经过世事的不断变幻，公司组织形式虽几经更迭，但由董事会行使公司权力这一基本的治理模式却保留至今，并且面对如今日新月异的治理实践，仍表现出较强的制度包容性，这无疑反映出董事会制度的内生合理性。可以想象，董事会的定位和职能将来或许会变动和修正，但其基本定位仍将丝毫不变。

二、为什么需要董事会？——一种理论探讨

“为什么出现董事会”在某种程度上解释了“为什么需要董事会”，但历史角度的诠释无法从本质上全面、整体分析董事会为何被需要。故此，有必要从理论角度探讨董事会的被需求性。要回答这一问题，表面上似乎仅触及董事会在公司治理中的定位、功能和角色，但实际上牵涉一个更具

① 参见李建伟：《公司制度、公司治理与公司管理——法律在公司管理中的地位与作用》，人民法院出版社 2005 年版，第 147 ~148 页。

有前提性和基础性的问题：何为公司，即公司本质是什么？公司存在的目的是什么？对此问题的不同回答，代表着不同的思路，进而也将“为什么需要董事会”这一问题导向不同的诠释路径。[①] 当然，鉴于各国公司法对董事会的职能与定位存在不同程度的偏差，因此，在具体阐述“为什么需要董事会”之前，有必要勾勒一个放诸四海而皆准的“董事会”模型框架。根据邓峰教授的总结，现代公司所采用的董事会制度具有三个必不可少的特性：（1）董事会为公司的“权力中心”，掌握着公司的最高权力；（2）董事会作为一个“会议体”，是以达成决议的方式行事，并且成员具有平等的投票权；（3）董事会对公司承担最终的管理责任。[②] 尽管各国对董事会制度的具体架构不一，甚至名称都不同，但这些国家的公司法中总存在一个具有上述三项特征的机构，在德国，这样的“董事会机构”可以视为监管会，在意大利则为与监事会并立的董事会，在英美即是“兼握两权”的董事会。

（一）经济学视角

在经济学内部，对于何为公司？公司的存在价值是什么？不同的经济学流派有着不同的答案。一般而言，主要有以下三种分析范式。

1. 新古典企业理论[③]

作为传统的经济学理论，新古典企业理论对公司这一企业形式的分析主要从产品生产效率、企业利润最大化的角度着手，研究相关投入产出的边际条件和边界，进而将企业视为提高生产效率、实现规模经济和社会分

---

① 参见王文钦：《公司治理结构之研究》，中国人民大学出版社 2005 年版，第 212 页。

② 参见邓峰：《董事会制度的渊源、进化和中国的学习》，载《证券法苑》2011 年第 1 期。

③ See Thomas S. Ulen, *The Coasean Firm in Law and Economics*, 18 Journal of Corporation Law 301 (1993).

工的一种工具。[1] 然而，新古典企业理论将企业看做一个黑箱，实际上忽视了企业内部的组织结构和治理形式。因此，这一理论本质上是一种市场理论，而非企业理论。自然，该理论无法回答董事会在公司治理中的定位和职能。但不可忽视的是，该理论在反垄断法领域中的影响力颇大，它在企业的规模经济等方面具有强大的解释力。[2]

2. 现代契约理论

（1）经济学契约理论

现代经济学契约理论是企业的主流理论，尽管该理论内部存在众多分支，但其统一于一个最为基本的结论——企业的本质是契约。公司是一系列契约组成的集合体，[3] 即“以生产商品或提供服务为目的的各式输入活动集合体”，包括与职工、债权人、客户等各类参与生产的市场主体订立的各种契约。它以个人为基础将公司看成一系列个人之间的交易集合和方式，因而否定了公司的人格和独立性，该理论肇始于科斯的交易成本理论。[4]

从契约的视角解释公司治理，需要回答两个问题：一是公司应当以谁的利益为最终目标。换言之，在参与公司生产的各主体之间出现利益冲突时，应当以谁的利益作为最终评判标准？二是公司的经营控制权应当掌握在谁的手中。对于第一个问题，契约论学者的答案高度一致，即应当坚持股东利益至上，也即所谓的“最大化股东财富”。在契约论的视野中，这一安排并非法律的强制规定，而是假定所有公司参与者在自由谈判下，自

---

① 参见张维迎：《企业理论与中国企业改革》，北京大学出版社 1999 年版，第 30 页。

② 参见邓峰：《普通公司法》，中国人民大学出版社 2009 年版，第 59 页。

③ See Michael C. Jensen & William H. Meckling, *Theory of the Firm: Managerial Behavior, Agency Costs, and Ownership Structure*, 3 Journal of Finance Economics 305 (1976).

④ See Ronald Coase, *The Nature of Firm*, 4 Economica 386 (1937).

行达成的富有效率的安排，即一种私法上的合同条款。[①] 其原因在于：第一，股东利益至上为公司管理者在日常经营决策中提供了清晰明确的行为标准，尤其是当某项决策会使某个群体获益而牺牲另一群体的利益时，如无唯一性参考坐标，管理者势必陷入左右为难的境地。然而，出于决策效率的要求，管理者须果断作出决策。但随之而来的问题是，为何偏偏要选取股东利益作为判断基点？第二，股东与其他生产要素投入主体相比，其利益处于不确定、变动不居的状态。股东作为资本投入者，在两权分离的情形下，其资本一经投入公司，就丧失控制权和处分权，而退居幕后。名义是“股本”之“东家”，但其手中所握，无非是变幻莫测的“剩余索取权”，股东的这部分投资也构成了“企业特定化投资”，其投资收益与公司经营状况休戚相关。因此，在假定的谈判情形下，股东势必争取有利于自己的条款，以弥补收益的不确定性风险，否则很可能只借贷、不入股，进而造成公司融资的困难。与股东不同的是，其他利益主体会受到其他方面的保障，比如债权人、雇员和供货商等，其利益有固定或完备契约的保障，且其享受之利益也多具有确定性，不像股东那般漂浮不定。只要公司不至于落入破产境地，其利益就能得到较强有力的保障。有鉴于此，从契约论的视角来看，董事会的最高目标和判断标准是使股东利益最大化。然而，即便回答了董事会的目标，董事会在公司权力配置中的定位依然不清晰。学界对于“公司最终经营决策权应当掌握在何人手中”这个问题的不同回答，衍生出“股东会中心主义”和“董事会中心主义”两种路径。[②]

---

① See Frank H. Easterbrook & Daniel R. Fischel, *The Corporate Contract*, 89 Columbia Law Review 1416 (1989).

② 当然，也有学者根据实践的发展提出“经理层中心主义”的观点。可参见赵万一主编:《公司经理与经理权》，法律出版社 2013 年版。

（2）契约论视角下的董事会中心主义

持“董事会中心主义”论者以美国公司法专家贝恩布里奇教授为代表。① 他从当今美国公司法的规范出发，结合美国公司实践，认为董事会应当拥有公司最终决策权，因而也应是公司权力的中心。

第一，董事会是组成公司的一连串契约束的中心联结点。贝恩布里奇教授秉持契约论的基本观点，即公司本质上是一串契约的集合。同时，他走得更远，将董事会置于这串契约束的“中心签约人”地位，负责与投入各生产要素的主体签订各种契约，比如，与股东签订投资契约，与债权人签订债务契约，与职工签订劳动契约等。换言之，董事会之所以处于公司权力中心，是因为董事会是一个处在居中地位的协调组织，其作为中心签约者，肩负着根据现实状况及时灵活调整与各主体之间签订的合同内容的重要任务。当然，贝恩布里奇教授的这种论调仅仅是一种理论性的想象，即为了构建一种公司治理的理论模型，而将董事会描述为一种先于公司存在的组织者，以更好地解释及预测现实，而不是反过来“客观正确”地描述现实。正如弗里德曼（Friedman）所言，“对一个模式进行检测的标准是看它对其尝试解释的现象作出预测的能力，而非看其是否能对客观现实进行有效描述”。②

第二，董事会是公司的集权机构。关于董事会制度的生成原理，理论学说众多，其中广为人知的一种解释是“集中管理说”③，其主要观点是，董事会取代股东会成为公司的管理中心，是现代公司企业走向规模化、复杂化的必然逻辑，是适应公司集中化管理的需要。此外，以董事会作为集

---

① 参见［美］斯蒂芬·M. 贝恩布里奇：《理论与实践中的新公司治理模式》，赵渊译，法律出版社2012年版，第20~60页。

② Milton Friedman, *The Methodology of Positive Economics*, 3 Essay in Positive Economics 23 (1985).

③ 王勇华：《董事会权力法律制度研究：理论与规则》，法律出版社2014年版，第54页。

中管理机构也具有提高管理专业性和效率的正面效应。但此学说的遗憾在于，没有以令人信服的理由说明一个前提性的问题，即为何集中管理就一定需要董事会，股东会为何不能承担此种角色？对此，贝恩布里奇另辟蹊径，用肯尼斯·阿罗（Kenneth J. Arrow）教授的组织决策模式理论予以解决。[①] 肯尼斯·阿罗教授认为组织在进行决策时不外乎使用两种基本决策形式：共治（consensus）与集权（authority），这两种决策形式各有其适用条件。使用共治模式仰赖两个维度的标准：一是信息之维，即组织内所有成员在信息获取方面相同，不存在信息不对等的情况，这是施行共治的信息基础。二是利益之维，即组织内所有成员的利益指向是一致的，不存在根本利益冲突，也就是说群体成员能花费较小成本达成一致意见，这为施行共治提供效率上的可能性。反之，集权模式的适用情形是组织内成员存在信息获取和利益追求上的不一致。将此理论范式用于分析公司决策模式可发现，共治模式并不适合公众公司。在大型公众公司中，所有权与经营权分离程度较为严重，股东数量众多，持股比例不一，投资动机、专业知识和参与热情也各有差别。就第一个维度而言，众多股东之间必然存在相当程度的信息不对等，例如机构投资者和散户之间可谓天壤之别，而决策治理要求决策者须对决议事项具有充分了解，在这一点上，股东会组成人员结构决定了共治机制的低效和无能。就第二个维度而言，由于投资动机和专业知识的不同，众多股东在面对长期决策和短期决策时，其利益偏好的不同也会影响多数意见的达成。在股东利益诉求不一致的情况下所呈现的股东异质化，[②] 更导致股东之间的利益指向不可能完全重叠。

由此可见，公司采取共治的治理模式低效乏能，不适合注重效率的商

---

① See Kenneth J. Arrow, *The Limits of Organization*, W. W. Norton & Company, 1974, p. 68 –70.

② 参见汪青松、赵万一：《股份公司内部权力配置的结构性变革——以股东“同质化”假定到“异质化”现实的演进为视角》，载《现代法学》2011 年第 3 期。

事活动，而集权机制在股东会内部也缺乏适用的正当性，因为所有股东都是平等的资本输出者，股东之间只有投资数量（份额）上的差别而没有权利本质上的差别，这意味着公司大多数经营决策不可能由股东会来作出。董事会作为公司常设机构，是股东按持股比例行使表决权的产物，在理论上没有适用集权机制的障碍。而根据决策模式的两个维度标准，董事会恰恰符合共治治理机制。其一，各董事作为由股东选举出来的具有（各种不同）专业知识的管理者，在信息获取能力上具有平等性。其二，各个董事作为信义义务的受信者，作为领取薪酬的管理者，虽在某种程度上会有利益偏好与冲突，但秉持着最大化股东利益的宗旨，并不具备根本上的利益冲突。而共治机制在很大程度上能够提升董事会的决策质量和效率，并解决个人集权机制存在的有限理性和个人偏差等问题。

3. 代理成本理论

代理成本理论也是现代契约理论的一个重要组成部分。[①] 其对公司治理研究影响颇深，特别是对董事会制度研究留有深刻烙印，以至于有学者断言："代理成本理论是董事会制度的理论根源"，[②] 由此可管窥代理成本理论对董事会制度研究的影响。代理成本理论起源于科斯的企业理论，隐现于伯利与米恩斯的两权分离命题，[③] 勃发于詹森（Jensen）与麦克林（Meckling）的论断，其明确提出了代理关系的命题，将股东与经理层之间的契约关系界定为委托代理关系，并认为："委托人确保代理人作出对于委托人来说最优的决策，没有任何成本通常是不可能的。"[④] 而这些成本是

① See Andrei Shleifer & Robert W. Vishny, *A Survey of Corporate Governance*, 52 The Journal of Finance 737 (1997).

② 赵万一主编：《公司治理的法律设计与制度创新》，法律出版社 2015 年版，第 146 页。

③ See Adolf A. Berle & Gardiner C. Means, *The Modern Corporations and Private Property*, Routledge, 1932, p. 47.

④ Michael C. Jensen & William H. Meckling, *Theory of the Firm: Managerial Behavior, Agency Costs, and Ownership Structure*, 3 Journal of Finance Economics 308 (1976).

指委托人的监督成本、代理人的保证成本和剩余损失。在代理成本理论指引下，有学者甚至认为公司法规范的基本任务在于如何减少或降低代理成本。①

对于股东而言，其受限于股东内部的共同行动难题、信息不对称以及股东外部经理层的隐瞒欺骗等，股东要从外部对经理层进行监督可谓极为困难，其监督手段极为有限，监督效果亦可想象。在此情况下，要想实现有效监督，就需要在公司内部找寻一个代理人，代替其对经理层进行监督。而纵览公司内部机构，显然只有董事会这一组织能承担此种角色与职能，因为董事会具备的两大特点可满足其成为监督者的要求：第一，其享有公司日常经营决策权，具有纠正经理层不端行为的能力和权力；第二，其享有对经理层的人事任免权和薪酬决定权，这可谓对经理层实施持续监督的有力威慑和武器。在此背景下，公司治理的关注重点之一是探究如何提高董事会独立性，并确保董事会更好地履行监督职能。

经济学视角的分析方式更加注重公司的经济属性和自由属性，认为公司是自由意志的产物，这种研究进路固然可为公司研究开辟一条颇具想象力的分析路径，并提供一种富含解释力的分析工具，但也不应绝对化此种分析范式，因为其自身缺陷同样显而易见。② 以代理理论为例，经济学者视野中所谓的“委托代理关系”在法学家眼中不过是一个“比喻”而已，③ 作为法学概念的代理关系与作为经济学概念的代理关系其内涵与外延显然不同。此外，现代契约理论由于过于强调公司法的私法属性，容易

---

① See Reinier Kraakman et al., *The Anatomy of Corporate Law: A Comparative and Functional Approach*, Oxford University Press, 2017, p. 29.

② See William W. Bratton, *The "Nexus of Contracts Corporation: A Critical Appraisal"*, 74 Cornell Law Review 407 (1989); Stephen Bottomley, *From Contractualism to Constitutionalism: A Framework for Corporate Governance*, 17 Sydney Law Review 277 (1997).

③ See Lewis A. Kornhauser, *The Nexus of Contracts Approach to Corporations: A Comment on Easterbrook and Fischel*, 89 Columbia Law Review 1449 (1989).

滑向一个极端，忽视公司法的强制法属性。最后，契约论者将眼中的公司“扁平化”为一个契约集合，这显然忽略了商业实践中公司具有的层级管理属性。

（二）政治视角

从政治维度观公司，可将其视为一种政治集合体，[①] 或者如霍布斯所言，“公司是一个私的政府”。公司内部组织机构就体现着分权制衡的观念，比如股东的表决投票、内部机关的分权规则与监督制衡的理念均深受政治权力制衡的影响，这也是很多学者经常将公司与国家机关做类比的原因所在。在此种视角下，公司不再纯粹是股东的个人“财产”，公司运营的理念也不应单纯地强调股东利益至上。公司成为由众多利益相关者组成的集合体，各个参与者都为公司经营发展贡献自己的智力或体力要素，但这些利益相关者之间也存在直接或间接的利益冲突，因而公司在运营过程中不能偏废某一群体利益，而应当做到“雨露均沾”，即公司应当兼顾一定的“社会责任”，这种理论也被称为“共同体主义理论”或“利益攸关者理论”。[②]

在这一理论视野下，公司与国家无异。公司经营决策应允许一定数量的各群体代表参与，这一理念与德国的“共同决策”模式不谋而合。以此推断，该理论同时也体现了“管理者中心”的价值倾向，因为要使公司各类利益相关者能够在重大经营决策上“说得上话”，那么单纯代

---

① See Melvin A. Eisenberg, *Corporate Legitimacy, Conduct, and Governance-Two Models of the Corporation*, 12 Creighton Law Review 1 (1983).

② Thomas M. Jones, *Corporate Social Responsibility Revisited, Redefined*, 22 California Management Review 59 (1980); Lynne L. Dallas, *Does Corporate Law Protect the Interests of Shareholders and Other Stakeholders?: The New Managerialism and Diversity on Corporate Boards of Directors*, 76 Tulane Law Review 1363 (2002).

表股东利益的股东会自然不能理所当然地行使最高权力，而作为可以容纳各类群体代表机构的董事会则拥有天然的权力正当性，因为这一权力体现“民主”的属性，正如罗伯特·达尔（Robert Dahl）教授所言，“只有完全产生于民主的过程，权力才能具有正当性，才能被认为是可以接受的权威”。[①] 根据罗伯特·达尔教授这一观点，如公司中的股东所享有的股权可被比作民主社会中的公民权，那么同作为“公司社会”组成者的雇员、客户或消费者为何被排除至“公民权”范围之外？沿着这一拷问思路，不难发现，公司中的董事会有代议制属性，其职能地位也应明晰化为权力中心以及利益协调机构。据此，公司同政治社会一样，其董事会也有着与国会（议会）一样的代表不同利益的“选区”董事，[②] 这些董事会成员聚集在一起，实际上代表不同利益诉求的股东、雇员和债权人等，这种不同利益诉求主体的集合，固然会增加利益冲突的可能性，但也形塑各类主体进行利益协调的基础，进而促进董事会职能的形成。鉴于此，公司董事会的目标不在于最大化股东财富，因为其存在的主要价值在于将民主性体现于公司权力的运行过程中，并协调不同群体的利益。公司目的也不再单一化，而是呈现多元化特点。当然，这种分析路径与经济学一样，滑向了另一种极端，因为片面强调公司的政治属性，实际上忽略了公司自身的经济属性和利己属性，同时也背离了公司作为一个经济逐利组织的本质，进而减损了公司的运作效率。此外，在实践层面中，对董事会能否真正、全面体现“民主”属性，以及协调各方利益的实现，也不无疑问。

---

① Robert A. Dahl, *After the Revolution?: Authority in a Good Society*, Yale University Press, 1990, p. 80.

② See Simone M. Sepe, *Intruders in the Boardroom: The Case of Constituency Directors*, 91 Washington University Law Review 7 (2013).

（三）法学视角

上述经济学和政治学视角，均是借鉴其他学科的理论，运用法律外学科的分析方法，超越法学，以一种更多元宏观的视角认知、挖掘公司的社会、经济及政治属性，并在实证意义上从不同侧面剖析公司，进而得出规范意义上的成果。然而，鲜有学者以法学传统理论阐述公司组织原理，这实为一大遗憾。其实，传统私法上的法律行为理论和法人制度理论，同样可为解读董事会等公司组织机构提供丰富的概念体系、理论框架和分析范式。[①] 比如，法律行为理论可将董事会视为形成、实现公司意思，进行外部法律行为，与其他主体发生民事法律关系，进而产生相应法律效果的工具。[②] 当然，在具体性质界定上，有代理人和公司机关的分歧，但溯流而上，这一分歧实际上源于对公司本质的不同理解，以及在此基础上对法人是否具有行为能力的不同回答。关于法人本质的争论，学界虽已偃旗息鼓，其似不再成为论者的关注焦点，但这并不等于有关公司本质的论争已然失去意义，因为法人是否具有行为能力，在界定董事会具体性质时依然意义非凡。

主张董事会为公司代理人的观点是从法人拟制论出发，认为法人本身并不具有意思能力，因而也不具有行为能力，其法律行为需要借由代理人的行为能力来完成。[③] 另一种观点则主张董事会的性质为法人机关，言下之意即法人作为一个实实在在的组织体，有自身的组织机能，本身具有意思能力和行为能力，可以通过自身组织机关表达和实现意志。在德国，机

---

① 参见王勇华：《董事会权力法律制度研究：理论与规则》，法律出版社 2014 年版，第 64 页。

② 参见史尚宽：《民法总论》，中国政法大学出版社 2000 年版，第 158 页。

③ 参见郑玉波：《民法总则》，中国政法大学出版社 2003 年版，第 184 页。

关说实际上已经成为德国公司法理论的通说，[①] 此外，作为机关说的前提理论，法人实在论更符合社会现实。在实证领域，不同的法人组织是整个社会活动中的重要参与主体，有超然于成员的独立法人资格和独立财产。在法人实在论和机关说这一基础上，法人机关的重要使命就在于形成公司自身的意思，也就是集合多数成员的团体意思，并进行法律行为。以此观之，董事会权力的运行过程实际上是公司意思形成的过程，董事会权力的运行规则即为董事会形成公司意思的规则。董事会作为公司的意思机关之一，其享有的权力内容直接决定意思内容。从功能来看，董事会掌握的两类权力包括决策权和监督权。因此，董事会的作用就是经由一定的内部决议程序，为作为集合体的公司在决策、监督事项上形成代表整个公司的团体意志。现代董事会制度之所以能够保证此种团体意志形成的正当性和科学性，是因为董事会决议具有两大特点：多数决和程序决。多数决原则能够提升集体决策的效率，以多数人的意见排除个体的不同意见，进而形成统一的团体意志，并约束全体成员。而程序决则凭借一定的严格程式保证多数决的合理性和正当性。

以传统民事法律行为理论中的意思表示为工具进行观察，公司中的机关分离，第一层次表现为意思形成机关与代表机关的分离，即作为会议体的意思形成机关只能通过决议形成具体的意志，但该意志的表达仍需具体的自然人代表公司对外作出。在这一层次上，公司机关根据意思表示的形成和表达而分立为内部的意思形成机关和外部的意思表达机关。公司内部的意思形成机关又由于种种原因进行进一步分离，导致这种分离的因素主要有两点：一是公司事务的纷繁复杂，决定了决策事项需要进一步细分，形成合理的内部分工，以提高决策效率，这主要表现为股东会与董事会的

---

① 参见［德］福尔可·博伊庭：《德国公司法上的代表理论》，邵建东译，载梁慧星主编：《民商法论丛》第13卷，法律出版社2000年版。

权力分野。就机关性质而言，两者都为意思形成机关，但具体意思内容有别。一般而言，股东会仅就重大事项进行决议，其余的一般性事项均交由董事会处理。比如，在美国公司实践中，董事会普遍将自身的权力进一步细分，授权给各个专门委员会。二是基于权力制衡的理念，根据权力的性质进行分类，授予不同的机构，形成相互协作、互相监督的分工布局。因此，从法律视角来看，董事会制度价值体现在两个层面：第一，董事会作为公司专门的意思形成机关，为公司之法律行为的作出奠定前提基础；第二，董事会作为专门的业务决策机关，构成公司整个内部分工结构的中枢核心。

概言之，以法学视角运用法律行为这一传统理论作为分析工具，探讨董事会在公司中的地位与角色，有其独到之处。但仅从法学视角出发，又易导致分析工具的单一化与结论的不周全性，无法全方位诠释董事会独特的规范价值和制度功能。这种分析范式的主要价值体现在对董事会权力具体运行过程的研究中，但对于本研究所指向的“为什么需要董事会”这一主题而言，启发意义似有所受限。

三、为什么是董事“会”？——一种经济效率的理论诠释

无论何种理论分析范式，董事会在现代公司实践中依然扮演着一个不可或缺的角色，它是整个公司的权力中心，是公司一系列契约束的联结点、利益协调机构、公司的意思形成机关、公司事务的监督者以及权力联结者。不同的理论诠释，均可让董事会的不同身份得到相应的解释和表达。实践中的董事会也承担着事关公司成功运行的众多重要职能，肩负着公司各项事务的统领责任，发挥着“定海神针”的作用。但随之而来的问题是，上述身份、职能的发挥，是否必须得依靠一个集体机构？个人化机构是否可行？从现代公司诞生之日，集体之制的董事会就如影随形，未曾变动。但为什么是董事“会”？背后是其强大的路径依赖，还是董事“会”这种集体制有其内生的优越性？故此，有必要探析董事会集体议事方式的

优势，深刻挖掘现代董事会制度的理性之光，破除“董事会是公司扁桃体”这一偏见。

如前所述，董事会治理机制的原则之一是集体决策，董事一人一票，以决议方式作出决策。每位董事均是董事会的一员，公司法将公司权力授予董事会，而不是单个董事，故董事会所享有的权力并不意味着董事个人可享有。这一“共管”（collegial）[①] 原则几乎自公司产生之时就已确立，并持续至今。但这背后存有一个被有意或无意忽视的问题：为何从董事会产生之日起，它就被设计为一个集体机构，而非个人机构？董事会的共管模式似乎一直被视为理所当然的选择，但在此之外，是否存在其他可能性？集体决策和个人决策相比是否存在压倒性的优势？要解决这个疑惑，不得不提及董事会的职能地位。如前文所述，董事会基本职能大概有三种：一是在职责权限内代表全体股东形成公司意志；二是负责公司的经营管理，行使经营权；三是随着公司规模的不断扩大，董事会具体经营权下放，董事会作为股东受托人而衍生出对经理层的监督权。以上述基本职能为对象，可以探析集体制与个人制决策的优劣势对比。

（一）集体制与个人制决策在决策恰当性上的对比

董事会采用集体形式出于何种假定？美国《示范公司法》的起草者们认为，通过集体开会的方式可以产生观点的碰撞，也能促进意见的交流，而这正是董事会发挥其职能的需求。[②] 因此，为了保证集体决策作用的发挥，与之配套的是一系列关于董事会议事程式的规定。任何有效的董事会决议必须满足相应的程式规定，例如，我国《公司法》对董事会的程式作

① See Douglas M. Branson, *Corporate Governance*, Lexis Publishing, 1993, p. 153 –157.

② See Stephen M. Bainbridge, *The New Corporate Governance in Theory and Practice*, Oxford University Press, 2008, p. 82.

出了包括会议通知、会议程序以及具体议事规则、会议记录制作、有效决议的法定出席人数以及表决规则等相关规定。当董事会决议违反相关程序时，法律赋予股东请求撤销决议的权利。董事会中观点的交流与碰撞是否就能产生更优的决策？答案并非一锤定音、毫无争议。依中国古谚：“三个臭皮匠顶个诸葛亮”，集合群体智慧显然优于个人独自苦思冥想；但西方也有谚语云：“一头被委员会设计为马的骆驼”，这则谚语形象地指出群体决策会因意见相左而导致效率低下，其意在讽刺集体决策。中西古谚之冲突是否意味着这一问题无解？非也。事实上，贝恩布里奇教授对此曾进行研究，并证实集体决策优于个体决策，其背后原因有二。[①]

1. 有限理性的存在

根据罗伊·拉德纳教授的研究结论，一项决策的作出需要运用到四种能力：（1）信息收集；（2）信息储存，也称为信息记忆；（3）信息加工分析；（4）信息的交换。[②] 集体机制相比个人机制的优势主要体现在信息储存能力和信息加工分析能力这两项。具体而言，集体的信息储存能力优势在于，每个人都可以根据自己的认知能力、经验调动大脑中的相关记忆，最终大家的记忆汇聚到一起便可拼凑出一个完整的图景。[③] 至于集体是否具有信息加工分析能力的优势，则要视董事会决策是否可有效解决个人的有限理性问题。有限理性是行为学和新制度经济学广泛承认的一个前提假设，即人们天然地具有记忆力、计算力以及其他认知方面的限制，而不是面面俱到。在面对复杂和不确定性事项时，有限理性成为决策者的一

① See Stephen M. Bainbridge, *Why a Board? Group Decisionmaking in Corporate Governance*, 55 Vanderbilt Law Review 1 (2002).

② See Roy Radner, *Bounded Rationality, Indeterminacy, and the Theory of the Firm*, 106 The Economic Journal 1360 (1996).

③ See Susan G. Cohen & Diane E. Bailey, *What Makes Teams Work: Group Effectiveness Research from the Shop Floor to the Executive Suite*, 23 Journal of Management 239 (1997).

大硬伤。有鉴于此，公司之所以采用董事会治理模式，是因为其决策效率高于个人，并形成了一种应对个人有限理性的措施，它能够汇聚具有不同知识结构、利益偏好和专业技能的个人，并整合出一个相对完美的结果。但这一过程具体如何实现？经典行为经济学学者对此曾进行过实验，并得出结论：其一，集体决策能够找出并纠正个人在单独工作时所忽略的错误；其二，集体互动能够促进个人的评价性判断。[①] 以上两项结论可以视作对团体协作效应的证明。但也有学者提出相反意见，认为集体的最终决策优势不过是取决于团体内最优秀成员的能力。[②] 至于这两种假设孰是孰非，因各有相关的实验数据作支撑，尚无定论。不过，回到董事会决策机制研究，最佳成员假设并不具有太多的借鉴意义和启示，毕竟所谓“最佳”，在公司治理实践中无法识别，因为集体无法事先就找到对于待决事项具备最佳决策能力的成员。即便退而承认“最佳成员假设”成立，无论最佳成员是谁，在经过集体思考后决策，集体整体都能因此受益。以此而言，无论是集体决策具有协同效应抑或集体内最佳成员能够左右最终的决策质量，集体决策均相对优于个人决策，在这一点上，应无争议。

2. 个人偏见的消减

集体决策在一定程度上可以减免甚或消除个人偏见，典型例子包括羊群效应（herding）和过度自信。[③] 前者是指在面对复杂和具有不确定情况

---

① See Stephen M. Bainbridge, *Why a Board? Group Decisionmaking in Corporate Governance*, 55 Vanderbilt Law Review 1 (2002).

② See Gayle W. Hill, *Group Versus Individual Performance: Are N + 1 Heads Better than One?*, 91 Psychological Bulletin 517 (1982); James H. Davis, *Some Compelling Intuitions About Group Consensus Decisions, Theoretical and Empirical Research, and Interpersonal Aggregation Phenomena: Selected Examples*, 1950 – 1990, 52 Organizational Behavior and Human Decision Processes 3 (1992).

③ See Stephen M. Bainbridge, *Privately Ordered Participatory Management: An Organizational Failures Analysis*, 23 Delaware Journal of Corporate Law 979 (1998).

时，个人决策者往往对自己的有限理性具有高度的自知之明，并且倾向于跟随模仿他所认为的更加具有丰富经验和学识的人的行为。就其本人而言，此行为的明智之处在于，即便决策事后被证明错误，他也不会因自行其是承担责任，毕竟他所依据的是经过前人检验的经验。反言之，羊群效应的危害在于，它会使决策者出于规避风险的考量而忽略自己所具备的独特信息等优势，从而畏首畏尾，不敢大胆创新。集体决策的引入可从两方面釜底抽薪地减少羊群效应行为的激励因素：一是成员的多元化可以在很大程度上填充信息不对称和不充分的空白；二是集体决策所具有的监督机理可以更好地评价每个成员的贡献，从而激励成员勤勉工作，对自己的决策负责。过度自信的例子是指集体决策机制可避免因个人盲目自信所导致的错误冒进决策。一般而言，集体相比个人更擅长于评价判断性的工作，而不擅长充满创新要求的工作。具体到董事会职能，董事会集体治理机制的作用主要体现在对公司发展战略的规划、对高级管理人员提出议案的评判、对高级管理人员日常工作的监督等，这些工作所需要的不是天马行空和别具匠心，而是通过充分的评估论证、信息交换和明理辨析，以审慎的态度作出决策。作为顶层设计的董事会决议，具有牵一发而动全身的效应，故董事会须发挥定海神针、掌舵手般的作用，避免公司因个别人的年少气盛、满腔热血或好高骛远而坠入深渊。当然，集体决策也非万无一失，其存在“风险偏移现象”（risky shift phenomenon）① 和“集体迷思”（groupthink）② 的问题，此种集体偏见虽不容忽视，但相对个人决策而言，仍是利多弊少。

---

① Sara Kiesler & Lee Sproull, *Group Making and Communication Technology*, 52 Organizational Behavior and Human Decision Process 96 (1992).

② Irving L. Janis, *Victims of Groupthink: A Psychological Study of Foreign-policy Decisions and Fiascoes*, Houghton Mifflin Company, 1972, p. 8.

(二) 集体制与个人制决策在公司监督问题上的对比

董事会作为一个集体机构，可以解决“谁来监督监督者”这一问题。公司内部的垂直监督无需多言，基于公司层级，上级监督下级理所当然。但在整个公司中，如此自上而下的监督链总有个端点，如果由个人来扮演顶层监督者这一角色，则风险显而易见，随之而来的问题就是“谁来监督监督者”。关于这一问题，阿尔钦（Alchian）和德姆塞茨（Demsetz）主张通过给予终端的监督者以剩余索取权来形成良好激励，促使终端监督者履行职责。[①] 具体到公司背景下，这个群体毋庸置疑就是股东。这种解决路径在较小的封闭公司可以奏效，因为此类公司股东人数较少，彼此之间关系也相对较为简单，股东通常也是公司高管。换言之，此种情况下，公司代理成本问题并不突出，监督的必要性不大。但在股东人数众多、类型不同的公众公司，期望股东履行此种监督职责无异于天方夜谭，但恰恰就是此类公司的代理成本问题较为严重，更需要一种合理和可行的监督模式。因此，将董事会这一集体机构置于此位置，可以使无解的纵向监督问题转化为横向监督，通过依靠团体成员之间的监督使得外部监督问题内部化。具体而言，横向监督体制的作用机理主要通过以下两个方面实现。

1. 增加“腐败”成本

若处于监督链顶端的是某个大权独揽的个人，则他可能心慵意懒或在进行自我交易时无所忌惮，且他所监督的层级对象也能以较小成本贿赂买通他，进而导致整个体系的腐败，这无疑增加了代理成本，也与现代公司法目标背道而驰。但如若终端监督者是集体，则腐败成本会大大增加。首先，团体成员之间可以相互监督，此时监督者想要进行自我交

---

① See Armen A. Alchian & Harold Demsetz, *Production, Information Costs, and Economic Organization*, 62 American Economic Review 777 (1972).

易等腐败行为时，需要内部成员达成共识，但此种共识的达成无疑困难重重；其次，当下级想要贿赂监督者时，他所要面对的是一个团体，此时不仅会增加贿赂成本，而且更重要的是失败率会升高，即在付出一定的贿赂成本后，又因得不到部分成员的支持或包庇而导致贿赂失败。有鉴于此，集体制通过对决策权的共享，在增加腐败成本的同时，也能降低代理成本。当然，任何硬币都是两面的，监督权共享固然会增加达成腐败共识的困难，但也会产生共同行动难题，即对于正面决策事项，董事会达成一致的成本也不容小觑。

2. 社会心理机制形成的勤勉压力

这种作用机理主要是通过一系列社会规范和团体成员之间的相互信任关系形成社会性约束，[①] 而小团体的组织形式为这种效用的发挥提供了空间。首先，小团体内部具有强大的同僚压力（peer pressure），这种压力源于内部的声誉圈及相应的惩罚措施，处于该种压力下的个人较难产生欺诈动机。相反，他们更可能会格外珍视自己的成员身份，爱惜董事职位的名誉，避免被其他团体成员排挤，以免被团体免职或开除。故此，他们会与其他团体成员维持长期稳定关系，谨慎行事。这种心理上的压力会激励或倒逼成员遵守集体规范，自觉远离游手好闲和假公济私。其次，处于关系紧密团体中的成员会比较看重其他成员对自己的评价，这种想要获得他人认同的欲求会驱使董事会成员努力勤勉工作。最后，随着团体成员之间关系的发展和信任的建立，彼此之间监督的成本也会逐渐减少，进而降低代理成本。但需注意的是，横向监督机制正面效应并非没有边界，当董事会规模越来越大时，这种效用的发挥会呈减弱趋势，因为随着团体规模的扩大，成员之间的相互关系会相对逐渐疏远，而以亲密关系为基础的社会心理约束也随之减弱。

---

① 参见章元:《对横向监督理论的一个述评》，载《世界经济文汇》2003 年第 4 期。

当然，这种通过经济效率分析董事会集体议事方式形成机理的范式，不可避免地存在诸多问题。正如上述所提及的，集体制本身也存在团体偏差的缺陷，或者说，个人决策制也并非一无是处。相反，在某种特定情况下，个人管理型公司可能比集体治理型公司更为成功。因此，笔者认为，集体决策和个人决策各有优劣，单纯以其中一种模式的优势去比照另一种模式的劣势，显然无法令人信服。将这两种模式的优劣各自极端化，更无助于问题的解决。有学者认为此种经济效率分析范式只能针对当今公司的运作方式，即只能解释结果，而不能解释过去，更不能解释过程的唯一性。[①] 该批判虽有道理，但也有其不周全之处，因为集体制的正面效应虽不能解释董事会制度形成过程的唯一性，但起码能够说明其存在的合理性，且该合理性在数百年的历史长河中不断被强化，足以说明该制度的正当性以及蕴藏在制度背后的理论说服力。学古识今，鉴往知来，在可以想象的将来，无论是中国公司法的新一轮修改，抑或其他国家公司法的变革，这种正面效应在该制度的发展过程中仍将扮演不可或缺的角色。

（三）集体制的其他正面效应

除上述内容之外，董事会集体制也有其他正面效应，恰是这种效应，使其具有并能够发挥上述所提的董事会职能。第一，董事会的集体制为公司不同利益群体提供利益协调的可能。以德国的共同决定模式为例，根据德国1976年《共同决定法》，雇员人数为2000人或者2000人以上的公司，监管会应有1/2的雇员代表；雇员人数为500人或者500人以下的，监管会应有1/3的雇员代表，[②] 监管会的集体制为员工参与共同决定模式提供

---

① 参见邓峰：《董事会制度的渊源、进化和中国的学习》，载《证券法苑》2011年第1期。

② See Alfred F. Conrad, *Corporate Constituencies in Western Europe*, 21 Stetson Law Review 73 (1991).

了制度基础。此外，对于有利益冲突或取向不一致的股东而言，集体制的存在也为其选举代表自身利益的董事提供了空间。第二，董事会的集体制为“资源联合”提供制度基础。要想使公司能够享受来自具有不同身份的董事所联结的外部资源，只能依靠集体制的董事会，而公司所享受资源的多元化与董事会的规模大小紧密相关。

总而言之，虽然我们暂时无法证明董事会形成集体制过程的唯一性，但就其正面效应而言，其存在具有强大的正当性依据，这些正面效应主要包括如下几点：(1) 集体制能够保证群策群力，集思广益，最大限度规避个人所具有的有限理性，集体知识结构的完善也能更好地控制风险，且集体更适合评价性的工作，因此相较于个人而言，集体更能胜任董事会所承担的各项职能；(2) 集体制的议事程序能够保证决策过程和决策结果的透明性、正当性和合理性；(3) 就代理成本的控制而言，集体制所形成的内部监督机制相较于个人的外部监督能更好解决“谁来监督监督者”的问题；(4) 董事会的集体制在实践中形成了某些其他正面效应，而这些正面效应反过来确定了对集体制的继续保留，在某种程度上可视为一种路径依赖效应。

在过去上百年的历史发展中，董事会彰显出顽强的生命力，也为公司治理难题提供了较好的解决方案。然而，21 世纪以来，公司丑闻的频发以及金融危机的爆发，使董事会制度陷入争议的泥潭，既有怒其不争、哀其不幸者，也有人认为董事会这种公司治理模式应当予以变革，并提出其他治理模式，试图取而代之，董事会制度可谓面临百年未有之变局。董事会可有可无的声音逐渐传开，以至于有学者认为董事会是公司的“扁桃体”，虽多半无害，但也基本无用。笔者对此不敢苟同，并试图从董事会制度的历史起源、董事会的职能以及董事会议事方式的集体制优势来剖析董事会的制度价值、诠释董事会的内生优势和证成董事会存在的正当性。诚然，这种论述的背后难免存在片面之处，但也为董事会制度的研究增添了一抹色彩。20 世纪中叶，有学者曾言，任何对董事会历史起源的探索尝试都会陷入各种问题组成的迷宫当中，[①] 进入 21 世纪 20 年代，如何避免使董事会起源的研究陷入该种迷宫，显然是公司法学者应大胆无畏回应的挑战之一。笔者坚信，董事会制度目前所面临的问题终究会得以解决，因为董事会非但不是公司的“扁桃体”，而且是提升公司经营效率、维系公司内部权力制衡以及实现公司善治的核心组织。董事会制度历经数百年风风雨雨，存留至今，也必将迎风破浪、披荆斩棘地延续下去。

第二节　董事义务之法理基础

董事，“在公司从公到私的历史演变以及差异化的立法例中，分别存在着立法者、司法者、监督者、战略管理、关系投资者战略联盟以及制约霸权等不同的定位和职能”。[②] 《布莱克法律词典》将董事定义为：“根据法律任命或选举、被授权管理和领导公司事务的人。”从宏观角度辨之，作为法人的执行机关，董事的机关人格被法人人格所吸收；[③] 从微观角度辨之，董事兼具自然人与公司雇员的双重身份，与公司存在天然之法定关系。[④] 以法经济学解释，董事所行之事皆是追求特定身份下的利益最大化。俨然，董事因执行忠诚义务与抵制私利诱惑之矛盾而常常意志分裂，因而需要衡平利益、调和冲突的董事制度予以规制。尽管董事制度之法律规范

---

① See Cyril O'Donnell, *Origins of the Corporate Executive*, 26 Business History Review 55 (1952).

② 邓峰：《中国法上董事会的角色、职能及思想渊源：实证法的考察》，载《中国法学》2013 年第 3 期。

③ 参见梅慎实：《现代公司机关权力构造论》（修订本），中国政法大学出版社 2000 年版，第 314 页。

④ 参见梅慎实：《现代公司机关权力构造论》（修订本），中国政法大学出版社 2000 年版，第 314 页。

日益精进，但其仍然存在阿喀琉斯式困境，例如，董事竞业禁止的后契约义务缺失暴露了忠实义务仍存在局限性的缺陷；[①] 注意义务内涵的模糊性、不确定性使其显得扑朔迷离。笔者认为，董事义务上之所以出现众多问题与分歧，部分原因是没有厘清董事义务背后的深层逻辑，倘若默许弱化董事义务理论基础的态势野蛮发展，则董事义务就如同无源之水、无根之木。因此，本节将探析董事义务的理论基础，主要分为三条路径：第一条路径主要从董事义务的法律地位说出发，比较不同法系学者对董事法律地位的研究逻辑，并从代理、信托和委任等传统民商法制度中深究董事与公司之间的内在联系。第二条路径主要围绕董事义务的信义法学说，以董事与公司、股东、债权人之间信义关系为根基，以此延伸，推导出信义义务为董事义务的理论基础。第三条路径则分别从宏观和微观两个角度探究董事义务的缘由，以不同学者主张的学说概念为辅助，试图另辟蹊径以达到“横看成岭侧成峰”的效果。

一、董事义务法理基础之法律地位说证成

董事的法律地位是董事权利义务的理论根基，董事义务存在之根本乃是董事与公司、股东以及第三方利益的博弈与衡平。基于不同法系立法规范的差别，各国适用民商法具体制度框架不同，对董事与公司的关系进行了差异性定位。董事法律地位的主流学说大致分为“代理说”“信托说”“委任说”“代理与信托兼有说”“经理人合伙说”“法定关系说”等，故此，董事扮演的角色究竟为何？学者对此莫衷一是，概括而言，主要有以下数种学说。

① 参见王衡:《论完善我国公司立法中的董事忠实义务制度》，载《现代法学》2000 年第 5 期。

（一）英美法系

1. 代理说

“代理说”源于1865年Ferguson v. Wilson一案，[①] 该案认为董事与公司的关系与委托代理并无二致。董事经公司授权获得代理权，类似于传统民商法上的代理人。[②] 但诚如批评者所言，如此简化董事与公司的关系，完全适用于民法的代理制度，忽视了公司法的基本理论。《美国代理法重述》（1958年版）便否定代理说适用的合理性，《美国代理法重述》第14条C款认为：“一个企业的董事会以及单个董事都不是公司的代理人，也不是公司成员的代理人。”究其原因，主要为：第一，股东会决定董事的任命与罢免，但是无权干涉董事的日常经营，与代理关系甚为不同。[③] 第二，董事权利较代理人而言更为广泛，董事很少受到公司的控制，因此“代理说”的缺陷便显露无遗。另外，部分学者认为“代理说”并不能适宜地解释董事与公司的关系，更无法与中国的立法背景相融。[④]

2. 信托说

信托理论发轫于英国早期的合股公司，将董事与公司的关系定义为信托关系亦为英美法系学术界盛久不衰的主流观点。在York and North Midland Ry v. Hudson一案中，[⑤] 罗米伊（Romilly）法官曾套用信托理论来认定董事的法律地位，他认为：“董事是被选任为股东利益而管理公司者。董事义务乃为信托职务，该种职务一旦被董事承诺担任，则董事负有

① See Ferguson v. Wilson，(1866) LR 2Ch. 77.

② 参见张民安：《现代英美董事法律地位研究》，法律出版社2000年版，第29页。

③ 参见张开平：《英美公司董事法律制度研究》，法律出版社1998年版，第44页。

④ 参见王保树：《股份有限公司的董事和董事会》，载《外国法译评》1994年第1期。

⑤ See York and North Midland Ry v. Hudson，(1853) 16 Beav 485.

充分地和完全地履行义务之职责。"[①] "信托说"包含三层含义：第一，"信托"即"依信赖价值而予以托付"。公司及股东因信任董事的专业能力、人才素质、管理技能等多方因素而赋予董事执行权，受托人和托付人的利益同质化是信赖价值之根本基础。第二，"信托说"主张董事权利义务二元论。第三，"信托说"中的董事义务并非完全法定，而是肇因于信托理念中受托人本身的权利负担。有鉴于此，英美法系很长一段时期都主张用"信托说"来诠释董事之法律地位。董事作为公司的受信人，其义务始于信托法中对受信人的一系列规制，我国《信托法》第25条规定受托人的唯一目标即是"为受益人的最大利益处理信托事务"并"履行诚实、信用、谨慎、有效管理的义务"[②]。同时，美国《统一信托法》第802条点明受托人具有忠诚的职责（duty of loyalty），唯一目标即是委托人的利益。

然而，在Smith v. Anderson一案中，法官认为董事与受托人并非完全等同，董事与受托人存在"事务性质基础上的差别"[③]。笔者认为，虽然"信托说"在特定背景下能够合理解释董事的权利义务来源，但从公司法长远发展来看，"信托说"也存在不可忽视的缺陷。其一，公司不属于严格意义上的委托人。一般而言，委托人的范围限制在自然人、个体或者团体之间，[④] 作为独立法人的公司本应归属此范畴，然而董事会作为公司执行机关，代表公司作出意思表示、执行股东会决议，在此层面上董事又成为公司信托的主体。由此，董事便具备委托人和受托人的双重身份，权利和义务主体的重叠间接导致"托付"的"无效性"。其二，信托的三方主体分别为委托人、受托人和受益人。受益人，顾名思义，即享有信托收益

① 张民安：《现代英美董事法律地位研究》，法律出版社2000年版，第33页。

② 《信托法》第25条。

③ 张民安：《现代英美董事法律地位研究》，法律出版社2000年版，第34页。

④ 参见梁爽：《董事信义义务结构重组及对中国模式的反思—以美、日商业判断规则的运用为借镜》，载《中外法学》2016年第1期。

权利的人，我国《信托法》第44条也有类似规定。[①] 信托受益人不能处分信托财产，也不能任意更换受托人，若将股东类比为信托受益人，其不同之处在于股东可以转让股份以解除其与董事、公司的关系。[②] 再者，董事权利与受托人权利外延存在交集，但并非完全重合。可见，“信托说”很大程度上合理解释了董事地位，但仍存在逻辑不周延之弊。

3. 代理与信托兼有说

“代理与信托兼有说”采折中态度，分别汲取“代理说”与“信托说”的合理之处。对外，董事为公司的代理人，一般代理制度适用于董事对外签订合同等日常交易，“董事可以正确地说成是公司代理人”。[③] 对内，董事为公司受托人，“受托人系指被授予一项有合法所有权的财产，并为他人利益而管理该项财产的人。‘他人’即指对此项资产有可享受利益或者衡平利益的人，他们可以主张权益而对受托人起诉。此外，董事决不能成为公司财产的合法所有人，因公司对其财产拥有所有权。但董事可被视为公司财产的受托人，董事必须管理此项财产，并为公司利益而履行职责”。[④] 既作为公司的代理人和受信人，董事的义务便拓展为代理人与受托人义务之总和，此时董事的职责视情况由代理制度和信托制度分别调整。“代理与信托兼有说”将代理与信托优势互补，欲以一个框架解释董事的法律地位，看似逻辑严谨、证明合理，但实际上是一种杂糅式观点、乱炖式理论。

---

① 《信托法》第44条：“受益人自信托生效之日起享有信托受益权。信托文件另有规定的，从其规定。”

② See John H. Langbein, *Questioning the Trust Law Duty of Loyalty: Sole Interest or Best Interest?*, 114 Yale Law Journal 929 (2005).

③ 1879年森林煤业公司案，大法官庭判例集10集，第450页。

④ [英] R. E. G. 佩林斯等：《英国公司法》，《公司法》翻译小组译，上海翻译出版公司1984年版，第221~222页。

4. 经理人合伙说

有学者将董事共同管理公司比作合伙人共同管理合伙事务，认为董事间与合伙人间并无两异，① 该理论主张将董事地位界定为“经理人合伙说”。该说起源于董事和合伙人外观特征的相似性，认为董事执行事务、管理公司的方式及形式与合伙大同小异。然而定义概念、分析内部关系不应仅驻足于外在结构，深析内在逻辑才能正确认知事物。“经理人合伙说”并不能真正解释董事之法律地位，② 董事权利与合伙人权利差异之大殊为明显，两者之间的权利限制条件亦大相径庭。因此，“经理人合伙说”并不被学者认同。

（二）大陆法系

1. 代理说

德国为“代理说”之典型国家。《德国民法典》第 26 条第 1 款规定，“董事会在裁判上和裁判外代表社团；董事会具有法定代理人的地位”，③ 此款直接表明董事为公司的法定代理人，适用代理之规定。同时《德国股份法》第 78 条第 1 款规定“董事会在诉讼上和在诉讼外代表公司”及第 82 条第 1 款表明“不得对董事会的代表权进行限制”，侧面反映德国法律体系中将董事视为公司代表人，董事享有代表权并承担义务。代理和代表在此种情形下并无实质区别，皆以公司法人拟制论为理论基础，无形的公司实体需要实际的管理机构通过代理彰显公司权利。“代理说”认为董事与公司之间完全适用代理制度，董事义务是基于代理人身份而产生的，其义务边界由代理制度划定，义务类型同于代理人的义务类型。

---

① 参见王健：《论董事的法律地位》，载《平原大学学报》2002 年第 1 期。

② 参见张民安：《现代英美董事法律地位研究》，法律出版社 2000 年版，第 46 页。

③ 陈卫佐译注：《德国民法典》（第 3 版），法律出版社 2010 年版，第 12 页。

但是，董事并不适宜套用代理制度。首先，董事资格授予不同于代理权授予。根据区分原则，代理权之授予和代理合同并非一体概念，代理资格之获得为代理权授予之结果，此乃单方法律行为，无论代理人是否接受。而董事资格形成则截然不同，不仅需要股东会作出决议，董事本身也应作出承诺之意思表示。其次，当代理人越权代理时，可通过追认制度认定法律效果是否归属于被代理人。但当董事对外实施法律行为时，从最初的越权无效演化为越权非全部无效之结果，后者与代理可谓相去甚远。我国现行《公司法》第46条赋予董事一系列职权的同时，在该法第112条[①]对董事赔偿责任的豁免予以了规范，由此可见，我国董事享有自由裁量权并承担相应义务，说明我国并未采取“代理说”。[②]

2. 委任说（委托说）

日本主张“委任说”或“委托说”之观点，日本公司法将董事与公司之间的关系定义为委托关系，如日本《公司法》第330条规定，“股份公司与公司负责人以及会计监察人的关系，服从有关委托的规定”[③]；日本《公司法》第402条为：“提名委员会等设置公司与执行官之间的关系，服从有关委托的规定。”[④] 这直接将董事与公司的关系定位为委托人与被委托人之关系。日本《民法典》第643条定义委任是因一方委托另一方承诺导致法律行为生效，[⑤] 有学者亦曾提及“委任说”之规定，[⑥] 还有学者进一

① 《公司法》第112条第3款：“董事应当对董事会的决议承担责任。董事会的决议违反法律、行政法规或者公司章程、股东大会决议，致使公司遭受严重损失的，参与决议的董事对公司负赔偿责任。但经证明在表决时曾表明异议并记载于会议记录的，该董事可以免除责任。”

② 参见梅慎实：《现代公司机关权力构造论》（修订版），中国政法大学出版社2000年版，第324页。

③ 《新订日本公司法典》，王作全译，北京大学出版社2016年版，第142页。

④ 《新订日本公司法典》，王作全译，北京大学出版社2016年版，第174页。

⑤ 参见《日本民法典》，王书江译，中国法制出版社2000年版。

⑥ 参见王保树：《股份有限公司的董事和董事会》，载《外国法译评》1994年第1期。

步主张委任合同关系。[①] 支持“委任说”的学者大多主张股东的选任及董事的承诺构成委任合同关系。[②]“委任说”将董事与公司的关系、股东的选举和董事的任命置于委托关系中，引致董事义务与受托人或者受任人之义务重合。

委任以委任合同为基础，无合同即无委任，合同所约束的乃是双方当事人，因此委任的一大特点便是委任关系为内部关系，权利限制对外不发生任何效力。相较之下，代理则侧重于强调代理人对外之法律行为之有效性及法律效果的归属，偏重代理之外部关系。根据我国《公司法》的相关规定，董事对内享有人事权、决策权等内部管理行政职权，对外享有签订合同、提供担保等涉及第三方的权利，故董事地位之“委任说”并不符合当下公司董事基本情况。

3. 法定关系说

“法定关系说”与“代理说”、“委任说”、“信托说”不同的是，其并未将董事置于某个特定法律关系中，而是认为董事与公司长期处于法定关系之中，是一种长期、稳定、持续的法律关系。从我国公司法角度出发，董事的权利、义务和责任皆由公司法规定，“就内部关系而言，董事与公司已成为法定‘有机统一体’；就公司外部关系而言，董事亦为公司的法定个别机关”。[③]“法定关系说”由我国学者梅慎实提出，但是由于“法定关系说”对于董事与公司的关系界定过于模糊，故其未能真正解释董事之法律地位。

① 参见耀振华：《公司董事民事责任制度研究》，载《法学评论》1994 年第 3 期。

② 参见郑玉波：《公司法》，台北，三民书局 1971 年版，第 132 页；王保树：《股份有限公司的董事和董事会》，载《外国法译评》1994 年第 1 期；耀振华：《公司董事民事责任制度研究》，载《法学评论》1994 年第 3 期。

③ 梅慎实：《现代公司机关权力构造论》（修订本），中国政法大学出版社 2000 年版，第 328 页。

（三）评析

结合我国目前的发展形势，商法界部分学者认为“委任说”更加符合实际国情。[①] 董事与公司之间的法律关系虽未在民法、商法中具体规定，但董事的民事责任、产生方法皆有法可依，责任与权利义务相对应，进而认为董事亦处于一段民事关系中，加之以大陆法系作为背景，选举产生董事之方法，故董事适用委任合同之规定。[②] “就公司和董事的委任关系而言，委任人是公司，受任人是董事，委任标的是公司财产的管理与经营。这种委任关系，与其他委任契约不同，它仅依股东会的选任决议和董事答应任职而成立。”[③] 笔者认为，目前董事的法律地位无法限于单一的法律关系构造中，无论是“信托说”、“代理说”、“委任说”、“机关说”还是“信托兼委任说”，都不适宜形容董事之法律地位。“信托说”和“代理说”在一定程度上可以合理解释董事之法律地位，但是无法形成严谨完备的逻辑证明体系，“机关说”和“经理人合伙说”则差之甚远，而“委任说”因其偏重内部关系也无法合理解释董事的对外行为。

二、董事义务法理基础之信义法证成

（一）董事身份刍议：适格受信人

1. 信义关系：信托理念的延伸化

“信义关系”源自英国衡平法中的信托理念。信托可谓是普通法皇冠上的宝石，英国法律史学家梅兰特曾说道：“如果有人要问英国人在法学

---

① 参见范健、蒋大兴：《论公司董事之义务——从比较法视角考察》，载《南京大学法律评论》1998 年第 1 期。

② 参见耀振华：《公司董事民事责任制度研究》，载《法学评论》1994 年第 3 期。

③ 王保树：《股份有限公司的董事和董事会》，载《外国法译评》1994 年第 1 期。

领域取得的最伟大、最独特的成就是什么，那就是历经数百年发展起来的信托理念，这不是因为信托体现了基本的道德原则，而是因为它的灵活性，它是一种具有极大弹性和普遍性的制度。”[①] 有学者认为，信托理念不仅源于信托的衡平性质，更为重要的是信托乃权利与义务的结合体，赋予信托受益人衡平所有权的同时，亦向受托人施加一定的义务。[②] 信托理论一定程度上成为信义关系的载体，[③] 但信义关系中不单有信托关系。可以说信托关系是信义关系的“发源地”，但不是信义关系的“目的地”，信义关系的内涵逐渐延伸之时，可调整的领域亦愈加宽广。

如何认定信义关系？在 Breen v. Williams 一案的判决中，法院认为若是法律关系中的一方具备受信人的地位，对于这段法律关系则无法进行准确的定义。[④] 有学者认为信义关系没有固定的标准；[⑤] 或认为信义关系源于信托，类比信托，如公司与董事、合伙人之间的为他人利益的关系；[⑥] 又或通过列举的方式，认为信义关系除了包含信托、董事、代理、合伙这四种典型形式，还发展延伸到遗嘱执行、遗产管理、破产清算、金融机构与客户等关系。[⑦] 英国学者西利教授将信义关系分为五种类型，但董事与公司间的关系没有单独成为一类。另有学者主张从“信义权”来认知信义关系。“信义权”乃是受信人对他人拥有的控制性、操纵性或者具有影响力的权力，包含三层含义：第一，受信人行为能力并不是由委托人的授权产

---

① 何宝玉：《英国信托法原理与判例》，法律出版社 2001 年版，第 1 页。

② 参见陈雪萍、豆景俊：《信托关系中受托人权利与衡平机制研究》，法律出版社 2008 年版，第 1 页。

③ 参见王莹莹：《信义义务的传统逻辑与现代建构》，载《法学论坛》2019 年第 6 期。

④ See Breen v. Williams，(1996) 186 CLR 71.

⑤ See Andrew S. Gold & Paul B. Miller，*Philosophical Foundations of Fiduciary Law*，Oxford University Press，2014，p. 65.

⑥ See F. W. Maitland，*Equity：A Course of Lectures*，Cambridge University Press，1936，p. 229.

⑦ 参见楼建波、姜雪莲：《信义义务的法理研究——兼论大陆法系国家信托法与其他法律中信义义务规则的互动》，载《社会科学》2017 年第 1 期。

生，这在本质上与代理、委托需要通过授权获得行为能力不同。[①] 受信人基于自身的权利能力和行为能力实施法律行为、产生法律效果，不同于单方授权行为。第二，“信义权”代表从事某种行为之自由，直接体现在受信人的自由裁量权上。第三，“信义权”存在于固定的关系中，终极目的是实现一方的愿望，信义关系的中心即受信人为受益人利益付诸努力，核心也即信义义务。

故此，信义关系的本质是当事人处于不对等的地位层次，受信人占据优势地位而受益人处在弱势地位。法律为了保护处于弱势地位的受益人和当事人之间的信任关系，遂要二者在信义关系中产生一定的关联，此种关联即为信义义务。

2. 判例演进：董事受信人身份之认同

长期以来，域外法院的司法判例中存在众多董事违反信义义务而承担责任的判决，这无疑是间接承认了董事是适格受信人。例如，在 Regal (Hastings) Ltd. v. Gulliver 案中，即使董事并非故意为之，但因其个人获得私人利润，也被认定为违反信义义务。[②] Industrial Development v. Cooley 案中的董事从创建公司辞职，与原任职公司的客户打交道，法院认定其违反了董事的信义义务。[③] 在 Peso Silvermines v. Cropper 案中，董事利用职位获取的商业机会并不被法院所承认。[④] 故此，从判决的结果来看，法院已将董事是适格受信人这一观点作为前提，并认同董事对公司、股东或第三方具有法律意义上的信义义务。但为何董事可被视为一名适格的受信人？

第一，董事因所饰之角色而被视为受信人。董事会是公司的执行机

① See F. W. Maitland, *Equity: A Course of Lectures*, Cambridge University Press, 1936, p. 70.

② See Regal (Hastings) Ltd. v. Gulliver [1967] 2 AC 134.

③ See Industrial Development v. Cooley [1972] 2 All ER 162.

④ See Peso Silvermines v. Cropper (1966).

关，同时也是决策机构，是公司重要的职能部门。根据我国《公司法》第46条的规定，董事会享有11项职权，权利范围非常广泛，对外涉及交易、借贷、担保等日常营业事项，对内则涵盖公司管理的人事权、监督权等。同时，董事权利具有派生性、自由裁量的特点，[①] 董事的权利由股东会授予，当失去董事资格时权利随之消失。董事权利与信义关系中的“信义权”具有相似的外观特征，如同“信义权”般的董事权利对公司、股东发挥了控制性或者支配性的影响力，并且此种权利反倒致使公司、股东处于弱势地位。

第二，董事的行权目的乃是董事作为适格受信人的鲜明特点。股东会选举合格董事的根本诉求是希冀董事能够为股东利益最大化行事，但并不代表董事的任何行为都需要符合股东会的意思表示。特殊情况下，董事的自由裁量权可能使其通过商业判断规则之所为，与股东会意思不符。董事的自由裁量权不同于传统的代理人、信托人及委托人的权利范畴，故将董事定位为受信人也具有十分妥帖的适应性。

（二）董事的信义义务

1. 信义义务：受益人利益最大化

信义义务是信义关系的核心，义务主体为能够避免利益冲突、极限接近受益人利益最大化的理想受信人。信义义务与信托义务功能相似、性质类同，1939年大法官道格拉斯（Justice Douglas）曾在Pepper v. Lipton案中明确表达信托义务基本含义：“一个负有信托义务的人，不能利用本身权利厚己薄人、失其公正立场、谋一己私利而害及公司、股东及债权人的利益。”[②] 同样，信义义务的产生亦用于保护公司、股东和债权人的利益不

---

① See F. W. Maitland, *Equity: A Course of Lectures*, Cambridge University Press, 1936, p. 82.

② 梅慎实:《现代公司机关权力构造论》(修订本)，中国政法大学出版社2000年版，第418页。

受董事权利的损害。1726 年英国 Keech v. Sanford 一案[①]最早将信义义务用于托管财产的场合。随着信义义务的扩大适用，不同的判例逐渐出现在各领域，如 Hytech Builders Pte Ltd. v. Tan Eng Leong 案[②]中便认为信义义务可调整董事与公司之关系。有学者将信义义务解释为当事人之间基于信义关系产生之义务；[③] 亦有学者认为，董事所负有的信义义务意味着其应毫无保留地代表全体股东寻求公司最大利益，当发生利益冲突时，其自身利益处于下位。[④] 笔者认为信义义务的本质特点为消除诱惑和追求最大利益，消除诱惑即避免受信人因利益冲突而滋生腐败因素，禁止牺牲受益人的利益；追求最大利益则主要体现在董事的义务与禁止事项中。"避免冲突，从而消除不当履行的诱惑；促进受益人的最大利益；履行职务从而维护身份关系"[⑤] 可谓完整地诠释了信义义务本质特点。

2. 董事的信义义务分类

董事之信义义务可从宏观和微观两个维度理解，从宏观角度观之，信义义务即为一项基本义务，任何时候、任何情况追求委托人的利益最大化；从微观角度观之，信义义务按照不同学派观点主要存在二分法和三分法的差异，其争议点为诚信义务是否为单独的一类信义义务。

(1) 二分法体系

二分法体系中信义义务由注意义务和忠实义务构成，认为诚信义务为下位概念并且可视为忠实义务的一部分。[⑥] 首先，注意义务要求董事在执行职务和作出任何商业决策时，根据已有的信息、具备的专业能力和商业

---

① See Keech v. Sanford [1726] 25 ER 223.

② See Hytech Builders Pte Ltd. v. Tan Eng Leong [1995] 2 SLR 795.

③ 参见王继远：《控制股东对公司和股东的信义义务》，法律出版社 2010 年版，第 2 页。

④ 参见王衡：《论完善我国公司立法中的董事忠实义务制度》，载《现代法学》2000 年第 5 期。

⑤ F. W. Maitland, *Equity: A Course of Lectures*, Cambridge University Press, 1936, p. 43.

⑥ See Melvin A. Eisenberg, *The Duty of Good Faith in Corporate Law*, 31 Delaware Journal of Corporate law 1 (2005).

经验，做到真诚、谨慎，对于未知风险和事态发展怀有合理的注意，避免因董事的职务过失而导致公司、股东受到损害。而忠实义务“以信任为基础，以信赖和依赖为前提”[①]，以“利益取得的博弈”[②] 作为根本内涵。忠实义务重在处理公司利益与个人利益冲突之下董事如何忠诚履职的问题，实践中主要用于董事的自我交易、公司商业机会竞争与竞业禁止这三个领域的规制。主张信义义务采用二分法体系的学者认为，忠实义务和注意义务已经可以涵盖所有董事义务，二者总和的外延周密。若是再另外加入新的义务类型，反而使义务与义务间的界限变得模糊，可能导致重叠，划分不再清楚明晰。

（2）三分法体系

主张三分法体系的学者认为诚信义务应该成为一项单独的义务类型。[③] 诚信义务与大陆法系的诚实信用原则字义上较为相似，对于诚信义务的界定，不同学者提出不同的观点。第一种观点认为，公司法中的诚信义务与合同法中的诚信义务内涵相同，但这种观点很快便受到学者的质疑。笔者认为，若将二者等同，那么变相意味着合同关系可以取代信义关系，这显然是不可能的。第二种观点认为诚信义务等同于信义义务，即董事的信义义务就是诚信义务。该观点将诚信义务作为注意义务和忠实义务的上位概念，但如此将诚信义务宽泛化，将使其概念模糊、界限不清，消解了划分意义。第三种观点为艾森伯格（Eisenberg）学者所主张，认为诚信义务是独立于注意义务和忠实义务之外的新类型。艾森伯格认为诚信义务由基本概念与具体义务组成，基本概念主要为：主观的诚实、不违反适用于商业行为的公认礼仪标准、不违反公认的公司基本准则、忠诚于办公室；具体

---

① 张民安：《现代英美董事法律地位研究》，法律出版社 2000 年版，第 176 页。

② 姜雪莲：《信托受托人的忠实义务》，载《中外法学》2016 年第 1 期。

③ See Melvin A. Eisenberg，*The Duty of Good Faith in Corporate Law*，31 Delaware Journal of Corporate law 1（2005）.

义务则为不故意使公司违反法律规定。笔者更加赞同采用三分法体系对信义义务进行分类，诚信义务的独立性不言而喻，其从道德义务上升为法律义务本身就包含大众期望因素和社会责任，侧面则突出董事的行为本身与社会责任具有密切联系。注意义务、忠实义务和诚信义务并属同位概念也可使信义法体系更为完整。

三、董事义务缘由之宏观逻辑

董事义务为何产生？其产生的缘故究竟为何？英美法系将信义义务作为董事义务的理论基础，董事与公司之间的信义关系导致各国立法皆将董事义务规定为法定义务，董事义务基于董事之法律地位，源于信义义务，依据各国标准不同有二分法与三分法之区别。董事作为受信人承担信义义务，从宏观角度而言，董事信义义务的产生缘由呈现共性特征，大致归为以下二类。

（一）董事主观心理：信赖与信任理论

学者穆尔（Muir）曾提出："当一方当事人对另一方当事人产生支配或影响，且该种支配或影响是基于另一方当事人对其表现出的信任而产生时，则……彼此之间产生了受信托关系。"① 信赖理论以当事人之间相互信任为基础，以二者之间产生信义关系为结果。信赖理论的核心是"信赖"一词，"信赖"即信任并依靠，扩展延伸为诚信。无论是"代理说"、"委任说"还是"信托说"，代理人与被代理人之间、委托人与受托人之间尽管法律关系不同，但是其道德基础都是源于对行为人的信赖，而行为人承担的义务及违反义务后的责任制度也是为了保护此种信赖而

① Robert C. Muir, *Duties Arising Outside of the Fiduciary Relationship*, 3 Alaerta Law Review 359 (1954).

设立的。

信赖理论中的“信任”与中国传统中“信任”之道德情感是否有区别？与孩提信任父母、学生信任老师这样的情愫是否类似？英国学者贝克（Barker）曾将法律关系中涉及的“信任”作了以下三种分类：第一，“背景预期”①，即为了保持经济、政治、文化等各领域生活能够正常持续而存在的信任。这种普遍的信任以宪法、刑法等公法保护为社会背景，并不属于信赖理论中的“信任”。第二，“称职预期”，即存在于买卖合同、借贷合同等双务合同中的信任。情势变更规则、履行抗辩权制度、违约责任、损害赔偿等合同法和侵权法的规则用来保护该种信任，此种信任与诚实信用原则息息相关，但是也不归为信赖理论中的“信任”。第三，“信义预期”②，即他人利益优先原则，在自我利益与他人利益冲突的情况下以他人利益为首要的信任。“信义预期”以当事人存在信义关系为前提，通过法定的信义义务来实现受益人利益的维护。商事契约中，受益人与受信人之间依意思自治签订契约，受信人因其享有权利而对受益人存在支配性、重要性的影响，受益人只能选择信赖受信人，相信受信人能够在任何情形下坚持追求受益人效益的最大化，此种信赖的具体表现就是受信人的信义义务及违反信义义务所应承担的责任。可以说，在信义义务的理论基础上信赖理论是不可或缺的。

（二）董事客观样态：董事会中心主义下的隐患

公司治理权力配置一直存在两大学说：董事会中心主义与股东会中心主义。董事会中心主义的典型代表国家为美国，其中《特拉华州普通公司

---

① 参见张开平：《英美公司董事法律制度研究》，法律出版社 1998 年版，第 153 页。

② Gerard M. D. Bean, *Fiduciary Obligations and Joint Ventures: The Collaborative Fiduciary Relationship*, Oxford University Press, 1995, p. 33.

法》的具体制度将董事会中心主义思想表现得淋漓尽致。而股东会中心主义思想是大陆法系国家的早期认识，无论是《法国商法典》还是《德国公司治理法典》都致力于肯定股东会的权力地位。[①] 随着公司法的持续发展，越来越呈现董事会优位而股东会后位的现象，并默许了董事会中心主义的野蛮发展态势。董事会中心主义长期成为美国公司治理中所有权与控制权分离的典型，[②] 然而，我国主流观点认为股东会中心主义才是我国《公司法》的根本体现，立法中仍然将股东会作为权力机构，赋予其重大事项的决策权，并没有所谓的“权力过渡”。[③] 我国《公司法》中规定董事会对股东会负责，董事会不过是股东会控制延伸的手臂，[④] 股东会才是公司真正意义上的掌权者。虽然股东会中心主义思想在大陆法系几乎根深蒂固，但也呈现逐渐弱化的趋势。如我国《公司法》立法中分别列举了股东会、董事会的具体职权，但并不认为股东会权力范围可作为董事会权力边界的兜底内容，故此有学者认为立法中并没有采纳股东会中心主义。[⑤] 同时股东会的权力范围也在渐渐缩小，股东手中的资产负债利润表等财务审批权慢慢被剥夺，[⑥] 一些实质性权力已悄然转移。董事会中心主义理论有成为主流观点并肆意发展的苗头。

如何看待董事会中心主义？从“合同集束”理论角度诠释，公司以合同作为载体，董事、监事、高级管理人员作为参与者与公司订立合同，[⑦]

---

① 参见许可：《股东会与董事会分权制度研究》，载《中国法学》2017 年第 2 期。

② 参见赵渊：《“董事会中心说”与“股东中心说”：现代美国公司治理学说之辩》，载《比较法研究》2009 年第 4 期。

③ 参见叶林：《公司治理机制的本土化——从企业所有与企业经营相分离理念展开的讨论》，载《政法论坛》2003 年第 3 期。

④ 参见邓峰：《董事会制度的起源、演进与中国的学习》，载《中国社会科学》2011 年第 1 期。

⑤ 参见许可：《股东会与董事会分权制度研究》，载《中国法学》2017 年第 2 期。

⑥ 参见汤欣：《降低公司法上的代理成本——监督机构法比较研究》，载《民商法论丛》1997 年第 7 卷。

⑦ 参见赵渊：《“董事会中心说”与“股东中心说”：现代美国公司治理学说之辩》，载《比较法研究》2009 年第 4 期。

相互形成联系。整个公司如同连接网一般，从一个中心向四周发散联系，如同一束光源，有中心点也有发散点。有学者认为股东仅仅是合同集束当中的参与者,[①] 位于中心的不是作为拟制法人的公司，而是董事会。[②] 从公司控制理论角度诠释，在大规模公司或者公司规模逐渐扩大的情况下，股东人数逐渐增加，股东之间的磋商成本也不断提高，获取和传播成本已经大于中小股东分散投资的预期效益。[③] 股东的股权被稀释后占比减小，相应的话语权比重减少，大部分股东会呈现理性冷漠之态度，继而不再将关注点放置在公司管理上。在这种情况下，董事便成为掌握企业决策权和管理权的实际控制者，也就是真正意义上的董事会中心主义。董事会中心主义的无限蔓延，一旦超越合理性及正当性之边界，将会导致董事权力的膨胀，进而使代理成本激增。

1. 代理成本问题

代理成本论最初产生于伯利和米恩斯的《现代公司与私有财产》中的公司控制理论,[④] 之后“代理成本”一词逐渐适用于各领域。在现实生产中，不同类型董事如独立董事、代表董事的出现是“选民”票选的必然结果，不同股东所选举的董事代表的是该股东的利益诉求，因此董事与董事背后的利益方从公司整体转变为“股东”选区，利益冲突便在这种摩擦中自然而生。[⑤] 董事对公司拥有控制权，但控制权不等同于所有权，所有权

---

① See Frank H. Easterbrook & Daniel R. Fischel, *The Economic Structure of Corporate Law*, Harvard University Press, 1991.

② See Stephen M. Bainbridge, *Director Primacy: The Means and Ends of Corporate Governance*, 97 Northwestern University Law Review 547 (2003).

③ See Jeffrey N. Gordon, *The Mandatory Structure of Corporate Law*, 89 Columbia Law Review 1549 (1989).

④ See Adolf Berle & Gardiner Means, *The Modern Corporation and Private Property*, Harcourt, 1968.

⑤ 参见林少伟:《董事异质化对传统董事义务规则的冲击及其法律应对 以代表董事为研究视角》，载《中外法学》2015 年第 3 期。

与管理权的分离体现在股东为委托人而董事为受托人，委托人与受托人之间通过一种契约达到平衡，于是代理成本便在这种平衡中产生。在公司治理中，由于信息之不对称，公司利益最大化目的与董事作为理性经济人之间存在潜在冲突。例如，在面对被收购或者被兼并的情形时，董事往往更偏好于不被收购以便能够保持自己的职位，对于股东而言，收购或者兼并都极有可能创造更大的价值，但控制权却掌握在董事手中。[①]这样一来，股东的利益难以得到充分的保障。如此，代理成本将成倍递增。如何降低公司的代理成本？不仅股东是合格的监督者，而且董事也可进行自我监督。[②] 在公司权利义务构造中，代理成本是信义义务的理论基础之一，董事义务的产生在一定程度上节约了公司的代理成本。董事信义义务中的注意义务是对董事管理公司事务提出谨慎、合理性的要求，有效节约监督成本。忠实义务则可迫使董事在公司利益冲突时保护公司、股东利益，弥补剩余成本中的差值。如违反信义义务的基本要求，董事将承担一定的法律责任，即减少管束成本的代价。有鉴于此，代理成本理论是董事义务的理论基础之一，采用法经济学的方法解释了董事义务产生的经济效益，从节约公司成本角度诠释董事义务的合理性。

2. 董事权力的膨胀

有学者从“合同集束”理论延伸出“团队生产”理论，认为处于中心地位的董事享有几乎完全的自由裁量权，多得（Dodd）在《哈佛法律评论》发表的一篇文章中提及董事权力理论，认为股东会权力不断缩小而董事会权力不断扩张。[③] 权力不断扩大导致权力膨胀，因此公司的虚拟人格

---

① 参见陈道晖：《代理成本下的资本结构与公司治理研究》，载《中国商贸》2012 年第 5 期。

② 参见［美］斯蒂芬·M. 贝恩布里奇：《理论与实践中的新公司治理模式》，赵渊译，法律出版社 2012 年版，第 85 ~88 页。

③ See E. Merrick Dodd Jr, *For Whom Are Corporate Manager Trustees*, 45 Harvard Law Review 1145 (1932).

发生转变，此时外在的干预就具有正当性和必要性。[①] 有权力必然对应相应的义务，对董事会权力制衡的乃是“使股东剩余索取权价值最大化的契约义务”[②]，董事的信义义务能够有效抑制其自身权力膨胀，时刻警醒董事作为受信人的基本职责。同时注意义务、忠实义务、诚信义务要求董事成为忠诚、谨慎、正直的受信人，一旦违反信义义务的要求，公司或股东有权以此作为法律依据要求董事承担法律责任。

3. 以契约说为基础的三理论

契约说最早的完整表述来源于《公司理论：管理层行为、代理成本和所有权结构》一文。[③] 企业是契约集合体，承载着与卖方之交易契约、劳动者之雇佣契约、与资本方之借贷契约、与销售方之购买契约，同时契约中的每一个参与者都是“理性的经济人”。公司之契约犹如公司之关系网，董事与公司、股东、债权人之关系皆在公司契约之中，探寻董事义务的来源可以该关系网为背景。契约论存在理想化的前提为：信息对称、自由、平等的合同关系，但现实世界难以达到完美的合同关系。现实情况因公司管理所存在的信息不对称而导致合同双方并不能完全通过合同保障自己的利益，契约制衡、利益博弈的有效性受到冲击。公司契约的局限性导致契约的不完全性，即不完全合同问题。契约也难以实现真正的地位平等，并不能实现合同中每一个当事人的意思自治，因此契约论导致了不平等关系问题。最后，如何保障契约中私人行为的有效秩序，如何保障权利者正确行使手中的权利，跟权利与自由决定理论息息相关。因此，笔者试图以契约说作为背景学说，从不完全合同理论、不平等关系理论和权利与自由决定理论三个维度阐述董事信义义务产生的根源。

---

① 参见林少伟：《论公司利益：一种普通法的解读》，载《中山大学法律评论》2012 年第 2 期。

② 张路：《公司治理中的权力配置模式再认识》，载《法学论坛》2015 年第 5 期。

③ See Michael C. Jensen & William H. Meckling, *Theory of the Firm: Managerial Behavior, Agency Costs and Ownership Structure*, 3 Journal of Financial Economics 305 (1976).

（1）不完全合同理论

不完全合同理论是与“剩余索取权”概念相对应的理论，随着“剩余索取权”概念的适用越发吃力，大多学者将公司资产权利分为特定控制权与剩余控制权，合同中确定之权利即为特定控制权，而不完全合同无法列明的即为剩余控制权。[①] 公司章程就是典型的不完全合同，约束公司、股东、董事和高级管理人员，初始公司章程往往记载事项简洁、考虑范围局限，具备不完全合同的基本特征。章程修改需要经过大部分股东同意，难以通过频繁的修改弥补初始的不完全性，并且公司作为长期存在的主体，期限越长合同越不稳定。[②] 董事与公司之合同亦是如此，在合同拟定时，事前预见所有可能不仅成本巨大并且难以完成，即使能够预见，双方对所有情况进行谈判并达成一致也需要付出超额代价。谈判中若将所有情况拟定清楚，语言中亦无法规避所有漏洞，合同难以抑制董事的自利动机和机会主义。面对该种情形，公司法的强制性规则和默认规则可以填补合同的空白，[③] 董事的信义义务即具有填补漏洞、规避风险的功能。董事信义义务应作为公司法的强制性规则、强制性义务，禁止股东、董事通过任何协议免除。法律通过明确规定管理层尤其是董事的信义义务，加强对管理层的监督管理，信义义务作为一般条款，在法律诉讼和法律责任承担中起到一定程度的威慑作用。总而言之，董事信义义务作为不完全合同的备用条款，不可或缺、举足轻重。

（2）不平等关系理论

不平等关系理论指在法律关系中当事人双方的法律地位不平等，可分为法律上的不平等和事实上的不平等。[④] 如信托关系中信托人与受益

---

① 参见朱慈蕴、沈朝晖：《不完全合同视角下的公司治理规则》，载《法学》2017 年第 4 期。

② 参见朱慈蕴：《公司法原论》，清华大学出版社 2011 年版，第 9 页。

③ 参见朱慈蕴、沈朝晖：《不完全合同视角下的公司治理规则》，载《法学》2017 年第 4 期。

④ 参见张民安：《现代英美董事法律地位研究》，法律出版社 2000 年版，第 159 页。

人之地位差异属于法律上的不平等，事实上的不平等指一方对另一方出现支配情形。权利与自由决定理论中，董事承担信义义务源于董事在对外交易中拥有一定的自由裁量权，这种自由决定的权利某种意义上影响了董事的法律地位，影响了利害关系中的其他当事人。① 这使得董事与一般雇员之间产生区别，也导致董事在信义关系中处于优势不平等的法律地位。

（3）权利与自由决定理论

基于信义关系中的不平等，一方可能出于自利动机，利用自由决定权而滥用权利，迫害另一方当事人。② 因此权利与自由决定理论要求，权利人享有自由决定权，可以改变法律地位，影响他人，但为了维护受该权利影响的人，也要对权利行使附加一定义务，而这种义务即为信义义务。董事信义义务出于维护处在脆弱性地位的受益人、制衡受信人地位的强势性，作为强者与弱者之间的平衡点而诞生。

四、董事义务缘由之微观逻辑

信义义务理论是董事义务的主要理论基础，加之法律地位说的辅助，结合董事与公司信义关系，学者从不同角度和立场提出许多微观解析董事义务的学说理论。这些学说理论成为信义义务的法理基础，进一步解析了信义义务的内在渊源，分别剖析了注意义务、忠实义务、诚信义务背后的逻辑，从信义义务组成部分观微观法理学本质。信义义务的核心种类主要为董事作出良好的决策、遵守良好的决策程序、避免程序中的障碍以及避免自身故意的不当行为。二分法主张忠实义务和注意义务为信义义务两大组

① See H. L. Misener & Son Ltd. v. Misener (1977) 77 DLR (3d) 428.

② See Sidney Wolinsky & Janet Econome, *The Need for a Seller's Fiduciary Duty toward Children*, 4 Hastings Constitutional Law Quarterly 249 (1977).

成部分，而三分法则认为诚信义务应作为第三类义务单独存在。朱利安（Julian Velasco）提出通过股东关注内容以及董事行为范围将信义义务划分为五个范式，分别是在“决策”（process）、“利益冲突”（conflicts）、“结构性偏见”（bias）、“不当行为”（misconduct）、“浪费”（waste）五种情况下，董事具有“注意”（care）、“忠诚”（loyalty）、“客观”（objectivity）、“诚信”（good faith）、“合理性”（rationality）五种信义义务。[①] 此类划分方式较为罕见，不同于二分法与三分法体系。大部分学者认为“浪费”情形的前提是极端情况下董事的非理性决定，故不具有讨论的意义。笔者认为第五个范式是前四个范式的兜底义务，没有太大讨论价值，故在此不作过多阐述。本书在此对前四个范式进行讨论，希望通过深度剖析四个范式的行为范围，发现董事义务更深一层的理论渊源，通过行为范围推出义务产生的根源，从结果推理缘由，从审查标准推断义务法理。

（一）董事决策下的过失

众所周知，作为执行者的董事应该秉持小心谨慎、合理注意的态度行事，但上述目标是否值得上升到“法律义务”的层面？注意义务之缘起为何？实践中，董事可能出现失误或者过错，当董事存在决策上的过失进而导致公司利益受到损害时，董事是否需要承担责任？笔者将从风险分散、专长、诉讼缺陷以及非标准化四个维度论证商业判断规则与注意义务之间的联系，[②] 以此解读为何需要将司法审查标准上升到行为标准，继而成为一项特定的董事义务。

《布莱克法律词典》对商业判断规则的解释为：“豁免管理者在公司

---

① See Julian Velasco, *How Many Fiduciary Duties Are There in Corporate Law?*, 83 Southern California Law Review 1231 (2010).

② See Kenneth B. Davis, *Once More, The Business Judgement Rule*, 2000 Wisconsin Law Review 573 (2000).

业务方面的责任的规则，其前提是该业务属于公司和管理者的权限范围，并且有合理根据表明该业务是以善意方式为之。”商业判断牵涉董事作出的决策，若董事不作为则无法获得商业判断规则的保护；若不积极决策是基于信息判断之后为公司福利最大化作出的，则会受到商业判断规则的保护。[①] 侵权体系下董事的过失不可避免，“过失”制度可以分散侵权人的责任承担，在商业判断规则下达到平衡。法院不会干预董事的商业判断，是因为他们认为董事所为乃属于合理的努力，[②] 一个糟糕但是谨慎之决定会受到法院保护，而一个糟糕且粗心之决定可能不会。[③] 至于过失的程度，学者一般将之分为“重大过失”与“一般过失”，重大过失在偏离有效注意标准方面具有明显性和实质性。[④] 而一般过失仅指未尽到理性人的注意义务。侵权法则将过失事实分为轻微过失、普通过失与重大过失。对于董事而言，企业性质、面临情形、案件适用之谨慎程度以及专注度呈现差异化。美国法院对董事承担责任之过失的认定从早期的普通过失逐渐转变为重大过失，[⑤] 认为仅仅是在重大过失的情况下董事才承担个人责任，同时绝大多数法院不对董事的自由决定权进行二次审查，仅审查决定的合理性等道德层面。是否应将商业判断规则上升到法律义务层面？笔者认为，董事合理利用信息并保持谨慎、效率的履职行为不应仅停留于道德层面，更应上升至法律层面。注意义务的范围大于商业判断规则包含的范围，商业判断规则保护的是积极决策之董事，而面对不作为之董事更应

---

① 参见夏利民：《董事谨慎职责与经营判断规则之关系刍议——以美国法为视角》，载《比较法研究》2010 年第 6 期；Kenneth B. Davis，*Once More*，*The Business Judgement Rule*，2000 Wisconsin Law Review 573（2000）.

② See Casey v. Woodruff，49 N. Y. S. 2d 625，643（Sup. Ct. 1944）.

③ See Kenneth B. Davis，*Once More*，*The Business Judgement Rule*，2000 Wisconsin Law Review 573（2000）.

④ 参见张新宝：《侵权责任构成要件研究》，法律出版社 2007 年版，第 447 页。

⑤ 参见丁丁：《商业判断规则研究》，吉林人民出版社 2005 年版，第 67 ~70 页。

强调其注意义务的担当。如果董事履行注意义务，那么其行为受到商业判断规则的保护，商业判断规则是法院审查董事行为合理性的标准，体现法院评价董事义务的审慎态度。[①] 同时法院将商业判断规则作为审查标准，表明法院认为董事需要承担注意义务，司法体系的期望成为注意义务部分法理基础。为了实现公平与效率的平衡，董事也应当履行注意义务，因为违反注意义务是董事承担民事责任的前提，商业判断规则恰好可以免除该责任。非标准化维度下，法院的专长是处理法律纠纷，解决法律问题，而判断董事是否作出正确的商业决策更多涉及的是经济、管理等专业领域，且事后诉讼一直是评估商业决策最不完善的手段之一。但是诉讼会产生责任的威胁以及名誉的受损，致使董事不希望因为自己的草率而被起诉。如果不存在注意义务的执行和诉讼影响，董事的负面风险就会大大降低。[②]

（二）利益与忠诚的抉择

信义义务在抽象层面上可理解为受信人为了委托人或者受益人的利益最大化而奋斗，即使与受信人本身的利益互为龃龉，受信人也应以委托人或者受益人的利益优先。从美德的角度观之，这意味着董事无论何时何地都要保持忠诚，遵守忠诚义务。为何董事作为受信人必须具备忠诚的美德？董事的忠诚是否一定要上升到法律义务层面？董事之忠诚又是否必不可少？

忠诚，属于中华民族的传统美德，乃人之品性道德，即“忠心、诚实”。作为美德的忠诚往往出现在特定关系中，如家庭关系中子女对父母

---

① 参见夏利民：《董事谨慎职责与经营判断规则之关系刍议——以美国法为视角》，载《比较法研究》2010 年第 6 期。

② See Kenneth B. Davis, *Once More*, *The Business Judgement Rule*, 2000 Wisconsin Law Review 573 (2000).

的忠诚、夫妻之间的忠诚；雇佣关系中劳动者对雇佣者的忠诚；合同关系中卖方对买方的忠诚。可见，忠诚往往是基于特定身份关系所具备的美德，推之董事在信义关系中受信人之身份是其保持忠诚的身份基础。忠诚的核心可以理解为面对困难时不放弃的精神，但是忠诚也有一定的限度。有学者认为最低限度的忠诚即“你不能背叛我”，最高限度的忠诚为“你必和我一体”[①]。而忠诚在信义义务的语境下，可从两个方面理解：第一，法律意义上的忠诚，受信人为委托人的最佳利益行事，是一种不顾自己利益的意愿，一种无私的状态；第二，从现实意义上理解，忠诚具体指向委托人的情感因素。对董事而言，忠诚与信义义务紧密联系，忠诚要求董事在任何情况下皆有无私的美德。[②] 将忠诚的道德情感上升到法律义务层面，利用董事对忠诚达成的共识，借此传达社会价值，将其上升为法律义务更能起到长期的教化作用。董事的忠诚品德必不可少，将忠诚作为法律义务能够强化其功能。首先，忠诚乃是消极的美德，本质上意味着没有反面的价值，不忠诚便可能说明董事具备某种犯罪意图，可能实施某些非法行为。设定董事忠诚义务，即肯定董事从一开始便立于委托人一方。其次，董事作为受信人的角色，应当给予委托人协商的排他性，受信人以上帝视角紧紧盯着受益人的利益，不受他人的染指。董事之忠诚上升到法律义务能够有效避免利益冲突的情形，更能履行受信人之职责。

（三）董事的结构性偏见

结构性偏见，指董事会成员之间和对管理层的偏见。结构性偏见主要

---

① See George Fletcher, *Loyalty: An Essay on the Morality of Relationships*, Oxford University Press, 1995, p. 61.

② See Andrew S. Gold & Paul B. Miller, *Philosophical Foundations of Fiduciary Law*, Oxford University Press, 2014, p. 130.

分为董事人情、董事群体思维和董事站队三个方面。[①] 首先，董事人情体现在董事的礼尚往来、董事人脉之中，人情关系已经成为社会资本，社会资本的多少决定了办事的效率、能力的高低，[②] 而董事效率和能力则直接决定董事之地位、薪酬和发展前景。在董事的人情往来中，基于相似专业水平、留学背景、教育文化、管理理念等价值观、世界观、人生观的高度重合性，共同的文化纽带和自然的同理心合谋导致董事之间"董董相护"，[③] 对于董事之间的"徇私枉法"，外部董事有时则睁一只眼闭一只眼。权力不仅体现在对资源的控制上，更体现在资源网的脉络中。[④] 若是权力被滥用，监督者成为权力滥用中的支持方或者受益者，则监督者的岗位形同虚设。其次，董事群体思维也会诱致结构性偏见问题。董事通过召开董事会做出决策，群体商议决策最易出现的问题便是董事的盲目从众，有时往往群体决策没有理性的个人决策那么理智。因为群体决策存在说服与被说服、认同与被认同、多数意见统领少数意见的状态，而真理往往掌握在少数人手里。最后，董事的站队。董事分为外部董事和内部董事，外部董事不在公司任职，主要起着监督、审查的作用。当外部董事和内部董事利益一致，如肆意地加薪、恶意巩固董事地位时，外部董事与内部董事身处同一方队，最终目标从维护公司利益转变为追求私人利益，公司的利益遭受损害却没有合格的监督者加以制止。由此可见，结构性偏见问题导致董事无法成为一个理性的经济人，公司和股东的利益无法得到有力的保障。

董事的结构性偏见不受注意义务和忠诚义务的规制。第一，董事的结构性偏见不属于董事的自我交易，将董事的人情往来视为自我交易颇为牵

---

① 参见朱羿锟:《董事会结构性偏见的心理学机理及问责路径》，载《法学研究》2010 年第 3 期。

② 参见孙立平:《"关系"、社会关系与社会结构》，载《社会学研究》1996 年第 5 期。

③ 参见朱羿锟:《董事会结构性偏见的心理学机理及问责路径》，载《法学研究》2010 年第 3 期。

④ 参见郑春燕:《现代行政过程中的行政法律关系》，载《法学研究》2008 年第 1 期。

强。如果不符合自我交易的前提，那么结构性偏见问题自然不属于忠诚义务的规制范围。并且董事的结构性偏见不适用完全公平审查标准，该标准是指在利益冲突情况下，审查自我交易的董事因具有利害关系是否做到决策的完全公平。若是将完全公平原则适用于董事的结构性偏见，那么就无法区别外部董事与有利害关系的董事的差异。[①] 第二，结构性偏见并没有涉及决策的谨慎程度，因为决策谨慎程度的前提是董事意识到自己有意做出决策，而董事的结构性偏见常常是潜意识的行为，并不归类于深思熟虑之行为，因此不受注意义务的调整，自然不适用商业判断规则。但是董事的结构性偏见问题在外部董事的监督上至关重要，对公司利益和股东利益的保障起到举足轻重的作用，因此解决结构性偏见刻不容缓。

董事的客观性义务便凸显其存在的必要性与必然性。虽然董事可能存在偏见，但是他们必须遵守特定义务来证明这样做是合理的，并保持理性和客观，该特定的义务即是客观性义务。客观性义务没有消除董事之间的偏见，而是认为即使在结构性偏见的情况下，董事也应站在客观的角度，尤其是外部董事应当清楚自己监督者的身份，秉持理性、客观行事的态度。从三分法的角度理解，客观性义务可归为广泛的诚信义务，董事行事不受干扰，遵守内心的美德秩序。若是违反客观性义务，法院则采取理性的审查标准，即合理性审查标准。在合理性审查标准下，董事决策内容的实质性不受审查，法院更注重审查董事是否出于客观、理性的角度做出决策。总之，董事的结构性偏见将造成董事无法成为合格的受信人，使董事客观性义务必然存在，进而导致法院合理性标准成为一种中间审查标准。

---

① See Julian Velasco, *Structural Bias and the Need for Substantive Review*, 82 Washington University Law Quarterly 821 (2004).

（四）董事之故意不当行为

在美国特拉华州法院 Chancellor Allen in Blaise's Iudus. v. Atlas Corp[1]一案中，一位股权占比9%的股东试图将董事会成员由7名增加至15名，并请求任命8名董事。该股东在遵守特拉华州公司法的前提下合理地行使自己的投票权和选举权，但董事会在收到该股东的提议后，迅速将董事会成员扩大至9名，导致该股东可以提名的董事减少。相应地，股东选举的董事在董事会的投票权比重也降低。在本案中，法院认为董事会采取该行为的目的是阻碍股东的投票权，因此必须充分证明其行为的正当性。[2] 如果无法证明董事会行为存在正当性，则董事会所为便是故意的不正当行为。除此之外，在2002年美国联邦第七巡回法院的 Abbott Laboratories 案中，药品管理局曾多次对公司董事发出警告，但董事会成员无视外界的警告与监督，仍然明知故犯、不闻不问，法院将此种行为认定为违反诚信义务的行为。上述两个判例中所展现的就是董事的故意不当行为，即董事采取的行为不属于自我交易和商业决策，也不属于结构性偏见的故意的不合法举措。主观上，董事怀有故意损害公司或者股东权利的意图，并且无法证明其行为的正当性。

董事的故意不当行为主要分为故意违法行为、不坦率行为、肆意行为以及渎职行为。[3] 董事在日常经营管理中违反商业营业规范或者违反行业规范、破坏竞争而营业，违反劳动法进而打击职工等行为皆属于故意违法行为。不坦率行为是在没有涉及利益冲突的情况下，董事的隐瞒、误导、作假行为，董事本身负有告知义务，但出于某种目的故意不告知或者片面

---

① See Chancellor Allen in Blaise's Iudus v. Atlas Corp. 564 A. 2d 651 (Del. Ch. 1985).

② 参见林少伟、王弯：《美国特拉华州收购规则的历史变迁：勃兴与衰落》，载《证券法苑》2017 年第 1 期。

③ 参见朱羿锟：《论董事问责的诚信路径》，载《中国法学》2008 年第 3 期。

告知。董事的肆意行为主要表现为董事会未经股东会批准的越权行为、董事会内部的恶意罢免行为。最后，董事的渎职行为体现在有意失职或者懈怠失职，有意失职或者懈怠失职就是不诚信。董事的故意不当行为是董事的新类型行为，在 Cede & Co. v. Technicolor Inc. ①一案中，针对董事的故意不当行为，法院首次明确将诚信义务列为一项独立的义务。诚信是主客观的统一，诚信义务的定义也应从主客观入手，② 包括诚实表达、诚实守规和诚实守职。③ 诚信义务属于信义义务的一部分，从主观和客观两个角度规范董事的故意不当行为。

① See Cede & Co. v. Technicolor Inc. 634 A. 2d 345 (Del. 1993).

② 参见李安安:《金融创新与董事信义义务的重塑》，载《证券法苑》2012 年第 2 期。

③ 参见朱羿锟:《论董事问责的诚信路径》，载《中国法学》2008 年第 3 期。

第二章　董事义务之内涵检讨

我国《公司法》第147条明确规定董事对公司负有忠实义务和勤勉义务，这一规定虽然寥寥数字看似风平浪静，但实际背后暗流涌动。因为无论是忠实义务还是勤勉义务，基本涵盖了董事经营、管理公司的日常行为，也成为悬在董事头上的“达摩克利斯之剑”。然而，这把剑是否能利刃出鞘谁与争锋却不无疑问。如若董事义务之规定仅为停留于纸面上的法，而难以落实成为董事内心深处的准则和行为规范依据，那无论多么美好的立法愿望和精巧的立法技艺也是竹篮打水一场空。在司法实践中，忠实义务因其争议焦点在于董事个人与公司利益之间是否存在冲突，并且识别董事个人利益与公司利益相对较为清晰，因此其判断标准较为明确。但对于董事勤勉义务而言，存在如何举证证明董事是否履行勤勉义务的难题。此外，以何种标准认定董事是否已尽勤勉之责，公司法也无明确规定。举证上的困难加上判断标准的模糊导致勤勉义务无法真正有效激活。鉴于此，本部分针对董事忠实义务和勤勉义务，通过实证研究探析公司机会篡夺和勤勉义务，以检视其在实践中的应用效果。

第一节 忠实义务之禁止篡夺公司机会*

我国《公司法》对董事、高级管理人员篡夺公司商业机会的规定位于第148条第1款，但《公司法》并未进一步明确何谓“属于公司的商业机会”，理论上的标准也是众说纷纭。这就导致在司法实践中，“篡夺公司机会”案件在众多层面上仍存在诸多有待讨论的焦点问题，比如：“属于公司的商业机会”是否有更为具体的裁判标准？如何认定某一行为属于“篡夺公司商业机会”？监事和控股股东是否受该规则的约束？除了“股东会或者股东大会同意”这一法定情形，公司处于某些特殊的状态（如公司被吊销营业执照而停止经营时）是否能够成为董事和高级管理人员合理利用相应商业机会的豁免理由？如今商事争议频发，我国《公司法》引入“公司机会规则”无疑具有积极的意义，但由于现行《公司法》和其他相关法律法规只用单一的条文对该规则作出原则性的规定，从而导致不同法院做出的最终裁判结果存在较大差异。随着商业社会的发展，篡夺公司机会案件的数量只会逐步增多，在缺少具体裁判标准的情况下，法院面对越发错综复杂的社会现象难免无所适从。故此，本部分拟立足我国司法实践，对2005年该制度确立以来的相关案例进行实证研究。从具体案件和数据入手，利用统计分析的方法，并在对裁判文书深入分析的基础上探寻司法实务对“禁止篡夺公司机会规则”的考量因素和认定标准，反思我国公司机会规则移植的法律效果，以期弥补以往研究仅从理论方面论述的不足，使该规则有关的理论探讨更加贴近现实，亦可为未来的研究提供一些参考。

---

* 本节实证部分由西南政法大学民商法2017级研究生王小玲负责资料搜集和初稿撰写。

一、"禁止篡夺公司机会"规则司法适用分析

（一）数据来源

此处主要以"北大法宝"为工具统计数据，选取自2006年1月1日（2005年《公司法》施行之日）到2020年1月1日的篡夺公司机会案例进行研究，时间跨度为14年。笔者以北大法宝为主要检索工具，另外以中国裁判文书网和威科先行两个检索网站作为补充。在北大法宝案例数据库高级检索界面选取"全文"检索范围，输入"商业机会"，选取案由为"与公司有关的纠纷：损害公司利益责任纠纷"的案件，查询结果共有判决书635份。笔者在逐一浏览检索结果的基础上，基于以下原因对初选样本进行筛选，剔除了不合格的案例，包括重复的案例和与"禁止篡夺公司机会"规则无关的案例：《公司法》第148条中，仅第1款第5项涉及"谋取属于公司的商业机会"，因此，尽管许多案件涉及该条款，但是本质上系其他违反公司忠实义务的情形。第一，由于《公司法》第148条第1款有8项，只有其中第5项涉及谋取属于公司的商业机会，因此很多案件尽管涉及该"公司机会"条款的引用，但是属于其他违反对公司忠实义务的问题。反映在关键词的命中频次上则体现为，全文中"商业机会"命中频次仅为1次，基本为原告、被告陈词论述或者法院引用法律依据时提及，严格来说，该类案例均须剔除。第二，大量案件涉及董事、高级管理人员设立新公司或者在其他有相同经营范围的公司中任职，无论是原告、被告的诉讼请求，还是法院归纳的争议焦点往往都将"谋取属于公司的商业机会"与"竞业禁止"混为一谈，并且我国立法将"谋取属于公司的商业机会"与"竞业禁止"放在同一条款下，有将两者视为种属关系之意，将"谋取属于公司的商业机会"视为竞业行为前提之一。初选样本中涉及的大量案例严格意义上均属于竞业行为，这类案例也排除在笔者

筛选范围外。

严格来说，在我国立法表述中，竞业行为和篡夺公司机会行为确实没有严格区分，实务案件也往往错综复杂，许多案件当事人最后实现篡夺公司机会均须通过设立其他相同营业范围的公司作为实体或工具谋取属于原公司的商业机会。因此，在检视初选样本时，笔者将以下两个条件作为确定最终样本的标准：第一，法院在“本院认为”部分明确将本案的争议焦点归纳为“是否谋取属于公司的商业机会”或者在没有明确归纳争议焦点的情况下，法院对“是否谋取属于公司的商业机会”这一问题单独进行阐述。第二，案件虽与“竞业禁止”规则存在竞合，但明确涉及特定的商业机会或者特定客户流失的争议。逐一阅读初选样本文书，将符合以上两个条件之一的，确定为“禁止篡夺公司机会”规则所涉及的案件，共计50起。

（二）案情与裁判要素分析

1. 争议焦点

图2－1展示了篡夺公司机会案件中法院对相关争议焦点的归纳情况。50起案件中，除14起案件未明确归纳争议焦点外，有16起案件将争议焦点明确归纳为“是否谋取了公司机会”，占样本总数的32%；另在10起案件中，法院将争议焦点归纳为“是否损害公司利益”，占样本总数的20%；此外，有5起案件的争议焦点为“是否违反忠实义务”；2起案件的争议焦点为“是否违反高管禁止性行为规范”。从法院对篡夺公司机会案件争议焦点的归纳情况来看，只有不到一半的案件明确将裁判说理聚焦于“是否谋取了公司机会”这一关键问题上。

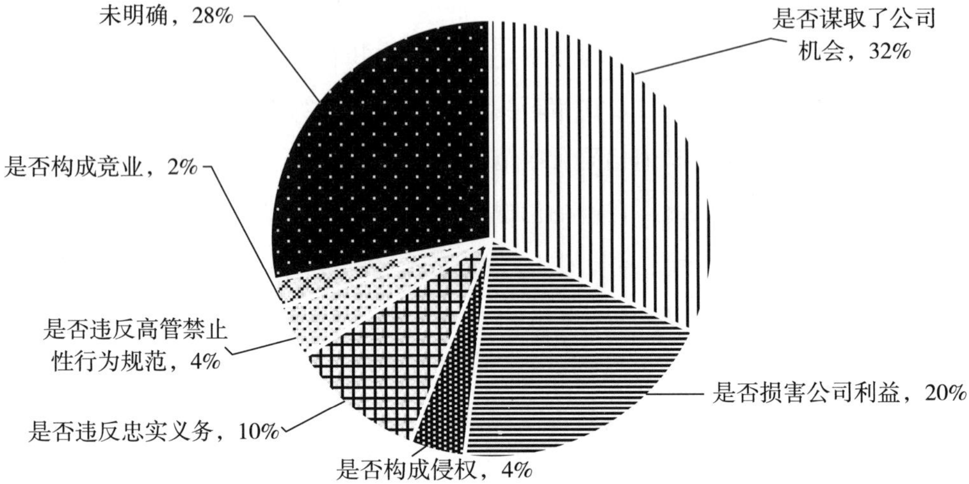

图 2-1 争议焦点归纳情况

样本统计的另一个直观感受是，二审法院在判决中对争议焦点的把握往往比一审法院更加明确和精准，通常将“是否谋取了公司机会”作为案件的争议焦点，进而裁判说理。就法院归纳的其他争议点而言，从“是否违反忠实义务”、“是否违反高管禁止性行为规范”到“是否损害公司利益”，呈现外延逐渐扩大的趋势。部分法院在篡夺公司机会案件中很难明确裁判的重点，或者因为对具体规则的运用没有把握而选择较为笼统但稳妥的方式。法院甚至把部分篡夺公司机会案件的审查重点聚焦于“侵权”，进而以侵权行为的证明标准对相关行为进行认定，结合后文败诉原因的统计进行分析，也就不难明白“证据不足”成为出现频率最高的败诉理由的根源。

2. 生效裁判结果

图 2-2 显示我国篡夺公司机会案件的生效裁判结果，显然，50% 的案件是以原告败诉结束的。

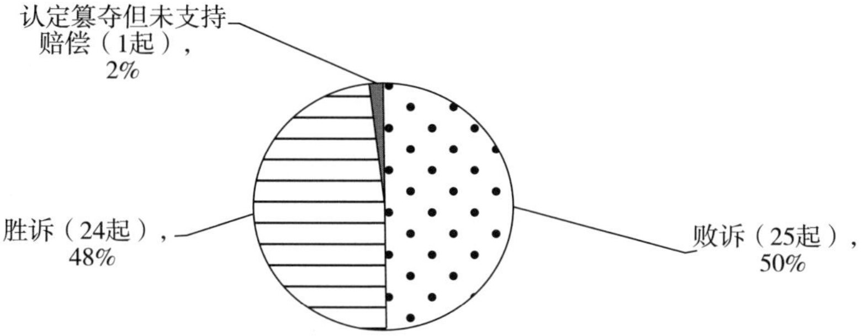

图 2－2　生效裁判结果

3. 原告败诉原因

如图 2－3 所示，对败诉案件的裁判原因进行分析，我国司法实践在处理篡夺公司机会案件时并没有较为统一的说理思路和裁判标准。笔者对相关裁判文书进行细致梳理和归纳发现，篡夺公司机会案件败诉原因各不相同。总体而言，包括机会无专属性或必然性、公司未付出实质努力、公司无能力履行等 10 种因素。具体来看，“证据不足”是败诉原因中出现频率最高的。在多数案件中，尽管被告的确存在经营与所任职公司同类业务的行为，但由于原告无法证明被告具体的侵权行为或者公司机会的丧失与被告行为之间存在因果关系等，法院均简单以证据不足为由驳回原告的诉求，对于“是否存在属于公司的商业机会”“被告是否篡夺公司的商业机会”等核心问题未作进一步阐述。① 此外，“公司无能力履行所诉商业机会”是法院认定被告未篡夺公司机会的另一个重要原因，25 起败诉案件中，有 6 份案件裁决书以此为据进行裁判。法院在 2 起案件中关注原告公司当时的经营状态，如北京昊千通汇贸易有限公司与马千里等公司利益责任纠纷上诉案，② 法院考虑了公司股东已经协商一致准备关闭公司的实际

① 参见北京市海淀区人民法院民事判决书，(2008) 海民初字第 30729 号。

② 参见北京市第三中级人民法院民事判决书，(2008) 京 03 民终 584 号。

情况，而在叶某某诉陈某威公司利益责任纠纷案[①]中，法院则考虑了原告公司被吊销营业执照并实际停止经营这一实际情况。除上述败诉原因以外，有5起案件的裁判理由为“被告未利用职务便利”，占到败诉案件的1/5。“机会无专属性或必然性”、“公司未付出实质努力”和“机会提供方意愿”是除以上败诉原因之外的裁判认定因素，大约有10起案件分别从上述这些方面否认原告的诉求。

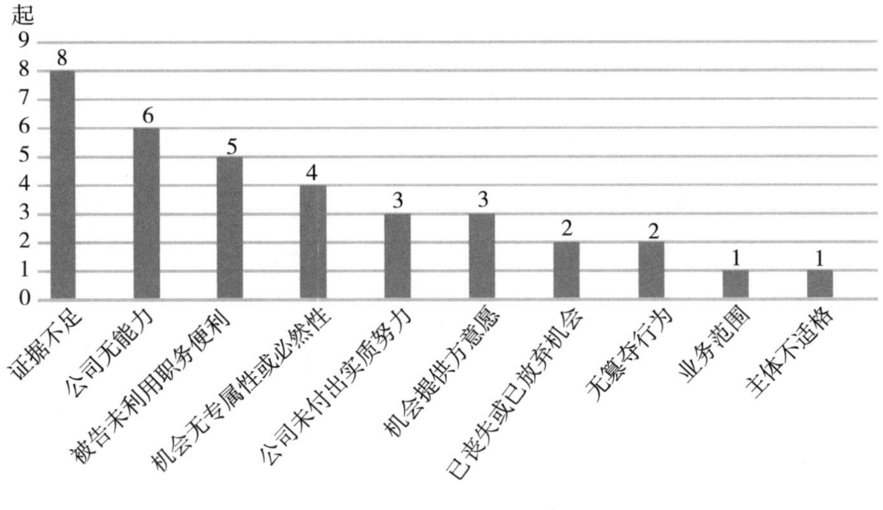

图2－3　原告败诉原因汇总

二、篡夺公司机会案件裁判思路探究

（一）义务主体界定的实证分析

1. 任职情况依据

传统理论认为董事是公司机会的主要篡夺者，但我国司法实践却表

① 参见北京市第二中级人民法院民事判决书，（2015）二中民（商）终字第06210号。

明，公司机会更多地被高级管理人员所侵夺。[①] 实践显示，经理（包括副经理）是篡夺公司机会案件中出现次数最多的被告。根据《公司法》的规定，经理是禁止篡夺公司机会的义务主体，这一点毫无争议。但是，法律上“经理”的含义同商业实践中的“经理”这一职位称呼的含义是否完全相同？在具体的篡夺公司机会案件中，原告主张被告为公司经理，而被告往往辩称在公司内并未担任经理职务，双方各执一词，此时，法院如何认定被告的身份，究竟以何为据就成了首先需要解决的问题。显然，法律所规定的“经理”是指由董事会决定聘任，对公司日常经营管理工作负责的管理人员。但实践中被告可能从任职程序、薪酬待遇或者相关合同或协议的签订情况来否认自己的经理身份。经理或者高级管理人员身份认定是否有特定的依据，是按照工商登记、内部章程、劳动合同确定，还是以具体的任命文件来确定？笔者通过几份有关经理身份争议的典型裁判文书一窥法院的态度。

（1）薪酬抗辩

在中冶全泰案中，被告辩称，原告公司从未根据法律规定任命被告为公司总经理，而且拒绝与被告签订劳动合同和聘用合同，没有兑现其承诺的与被告工作任务和贡献相匹配的薪酬和待遇，更没有签订有关竞业禁止的协议，因此，被告不属于公司高级管理人员，不具备适格身份。

对此，一审法院在判决中指出：2008 年 3 月 20 日宣武公安分局刑侦支队对丛某某进行讯问的过程中，丛某某自述其自 2005 年 3 月至 2007 年 11 月担任全泰公司总经理职务，这一陈述与全泰公司主张的事实相一致，法院予以确认。丛某某作为全泰公司总经理属于公司法意义上的高级管理人员。庭审中，丛某某以公司从未与其签订劳动合同和聘用合同，从未兑现与工作任务和贡献相匹配的薪酬和待遇为由否认自己的总经理身份，其

---

① 参见薛前强：《质疑公司机会准则制度移植的法效果》，载《湖北社会科学》2019 年第 3 期。

抗辩理由与其自认的事实相互矛盾。[①]

该案二审判决对被告身份的认定理由与一审一致。从该案判决中可以看出，法院出于诚信原则，对经理身份的认定遵循类似“禁反言”规则，根据被告在刑事案件中的自认直接认定被告的高级管理人员身份，而不考虑薪酬待遇和相关协议的签订情况。可见，在有某种明确证据的情况下，被告提出的反驳未能完全推翻确有证据时，法院根据确有证据可以直接认定被告身份，而不拘泥于该证据的种类和形式。

（2）任职程序抗辩

在苏州勤俭进出口有限公司与周某某损害公司利益责任纠纷一案中，被告周某某认为自己与苏州勤俭进出口有限公司签订的劳动合同是格式合同，不能单凭双方的劳动合同认定自己是公司高级管理人员，且自己从来没有享受过高级管理人员的福利待遇，完全凭自己的业绩赚钱，薪资结构与其他员工大同小异，只是因为工龄长、经验多，底薪才比其他员工多1000多元；同时，高级管理人员的任职应符合公司法的程序，必须履行一定的任职程序，比如有任职文件或者具有相应的聘书等，而苏州勤俭进出口有限公司没有出具相应的任职文件或聘书，也没有在公司会议上将自己指定为负责公司业务的副总经理。此外，苏州勤俭进出口有限公司在工商所备案的公司章程显示，苏州勤俭进出口有限公司的组织架构为执行董事、经理、监事，故副总经理并不是该公司的高级管理人员。

对此法院分析认为：苏州勤俭进出口有限公司提供的其与周某某签订的劳动合同明确约定，周某某从事副总经理工作，故由此可认定周某某高级管理人员的身份。关于周某某提出的任职程序的答辩意见，因其并非公司高级管理人员任职的必经程序，故法院不予采信。[②]

① 参见北京市第一中级人民法院民事判决书，（2010）京一中民终字第10249号。

② 参见江苏省苏州市吴江区人民法院民事判决书，（2016）苏0509民初1621号。

对于未履行相应任职程序是否影响被告的高级管理人员身份，法院明确任职程序并非公司高级管理人员任职的必经程序，因此不影响高级管理人员身份的认定。而对于公司章程未明确规定副总经理属于高级管理人员的抗辩，可以通过对公司章程的其他条款解释进行反驳。本案中，在劳动合同明确约定被告职务这一确切情况下，被告提出的薪资、任职程序和章程规定均未能从反面有力反驳现有证据，法院据此认定被告的高级管理人员身份。

（3）否认态度

在北京巨龙盛世投资咨询有限公司案中，原告提供了被告王某某签字的公司提成汇总表，表中王某某岗位记载为总经理，以此证明被告在公司任总经理一职。而法院在判决中指出：法院无法仅依据一张签字单认定被告在公司的管理地位和发挥的作用，对于公司员工之间邮件往来中“王总”的称呼，一方面法院不能认定其邮件双方的真实身份，另一方面，以往来中的称呼认定高级管理人员也不具有说服力。①

同样是争议双方对被告身份意见不一，本案中支持被告高级管理人员身份成立的证据是签字的提成汇总表和公司内部邮件称呼，法院的态度也很明确：两份证据均不足以直接证明被告的总经理职位和具体履职情况，从而不予认可被告的高级管理人员身份。

2. 高级管理人员的外延

根据我国《公司法》的规定，董事和高级管理人员是“禁止篡夺公司机会”规则的义务主体，也就是说，我国采取封闭的义务主体限定模式，除法律规定的董事、经理、副经理、财务负责人以及上市公司的董事会秘书和章程规定的其他人员外，其他人员不受“禁止篡夺公司机会”规则的约束。上述规定看似简单明了，但是结合我国公司运作的实际情况，立法

---

① 参见北京市朝阳区人民法院民事判决书，（2017）京0105民初64794号。

条文和司法适用之间难免会出现偏差，实务中主要发生以下情形导致法院在高级管理人员身份认定问题上产生困惑。

(1) 职位不明

在上海谷诏服饰有限公司案中，原告诉称被告利用职务便利将公司业务交给其他公司经营，但是双方对被告身份存在争议，被告认为双方是合作关系，非原告公司的董事或总经理。对此，法院认定：

“本案被告虽非原告股东或董事，但根据其在原告处任职情况看，应当认定被告在原告处的总经理身份，属于原告的高级管理人员。”①

同样，在徐某某案中，原告公司并未明确被告所担任的具体职务，以其负责相关项目为由提起诉讼，法院根据证据认定：原告与被告之间虽未签订聘用合同，也无聘书，也未有书面形式的任命，但被告至少在2004年3月至11月向原告领取工资，且至2005年也在行使原告单位财务方面、其他业务方面的审批职权并且负责软件开发工作，故可认定徐某某曾是原告单位的高级管理人员。②

以上两个案例，在被告于公司职位不明的情况下，法院通过实质审查，分别从被告的实际任职情况、在公司发挥的作用、行使权力等方面认定被告在公司的高级管理人员地位，但由于裁判说理十分简单，直接给出结论，难以从中窥探出法院完整的论证逻辑。我国《公司法》对公司高级管理人员做了限定性定义，从严格适用的角度来说，高级管理人员应仅限于法律明确列举的人员。由于客观情况，法院运用实质审查标准认定高级管理人员身份时，应当在裁判文书中明确阐述认定理由，如诉讼中法官全面审查被告身份情况的证据，全方位结合公司规模和架构分析被告在公司所处的地位和权力行使情况等。

① 上海谷诏服饰有限公司诉谷口某某损害公司利益纠纷案，该案件裁判文书不完整，案号不可查。

② 参见浙江省宁波市鄞州区人民法院民事判决书，(2007) 甬鄞民二初字第2号。

（2）暂时的职能交叉

佛山市古莱斯智能科技有限公司与黄某某、佛山市鑫莱汇家居科技有限公司损害公司利益责任纠纷案中，法院认为被告是否具备高级管理人员身份，应根据实际情况作出实质性的判断……损害公司利益属于侵权行为，而该侵权行为具有一定的身份限制，故原告有义务举证证明侵权人在实施侵权行为时具有高级管理人员的身份。①

该案中，法院在既有证据下只能认定被告在某段时间内曾经行使过公司高级管理人员的某些相关审批权，但是无法确认其长期担任该管理职务。从另一角度而言，公司作为相关会计凭证的持有方和保管方，有能力提供而不提供相关凭证，应承担不利推定的后果。从该案可见法院的裁判思路，当被告出现暂时职能交叉情况时，需严格界定诉争商业机会被篡夺时被告是否履行相关高级管理人员职务，因为暂时的履职行为不能证成被告的高级管理人员身份。

（3）部门高级管理人员

部门高级管理人员是篡夺公司机会案件中除经理、董事之外最常见的被告，尤其是负责销售、业务拓展的部门高级管理人员。由于篡夺商业机会案件的特殊性，大部分的商业机会涉及下游的客户、销售机会等商业信息，与之对接的一般是公司的销售部门，因此销售负责人成为掌握关键信息的重要人物。而关键部门的主管篡夺公司商业机会的潜在可能性明显要比《公司法》明确规定的财务负责人等高级管理人员更大。法院在面对部门高级管理人员篡夺公司机会案件时明显有不同的裁判思路。

在A公司损害公司利益纠纷案中，一审法院针对被告是否属于公司的高级管理人员作出如下论述：“董事和高级管理人员，并不是泛指公司所涉部门的任何有此称谓的成员。从本案看……保洁部主任一职也仅是公司

---

① 参见广东省佛山市禅城区人民法院民事判决书，（2018）粤0604民初15086号。

下设部门的部门负责人，而非公司法意义上的经理。”① 二审法院就此问题认为：“本案中A公司称范B是其公司的业务经理和保洁部主任，显然不属《公司法》所规定的高级管理人员范畴。”②

本案中两审法院均严格根据《公司法》进行认定，根据被告担任职务的名称直接将其排除在公司的高级管理人员范围外，未进一步解释和说明。法院认为，被告在公司担任的保洁部主任显然不属于公司法意义上经特别选举和聘任程序产生的负责公司事务的特定成员，从而未对被告的实际职责权限进行审查。

在上海A实业有限公司与蒋a、上海B实业有限公司高级管理人员损害公司利益赔偿纠纷一案中，法院持有不同的观点：“原告A公司是仅有贸易部一个部门、数名员工的小型公司，被告蒋a在A公司担任该唯一部门的经理，虽然名称是贸易部经理，但全面负责公司经营，其实质系公司高级管理人员。”③

与前案相比，该案法院对身份认定的说理也较为简单，但是认定结果却截然相反。由于存在公司规模极小、所涉部门为公司的唯一部门的特殊情况，法院肯定了被告的高级管理人员身份。无独有偶，在北京联创案中，法院同样对被告职务进行实质审查，但得出的结论又与之不同。法院认为：“应当从其实际任职和履职情况判断被告是否是公司章程规定的其他管理人员。……公司大概有7个与被告所在部门同级的部门，被告系其

---

① 上海市浦东新区人民法院民事判决书，（2011）浦民二（商）初字第1913号。

② 上海市第一中级人民法院民事判决书，（2011）沪一中民四（商）终字第1689号。同类案件还可参见：江苏省苏州市相城区人民法院民事判决书，（2016）苏0507民初5286号。该案中，被告孙某某辩称在公司并没有任何决策权，人事财务等事项全是由张某某总经理签字确认，法院则根据证据认定：“被告孙某某在原告乐胶公司尚未成立之前即参加了筹建工作，在公司设立过程中即发挥重大作用。在原告乐胶公司工作期间，孙某某又担任‘经理’职务，且以‘总裁’及‘总裁办’名义对各部门行使管理权力，故应认定为公司高级管理人员。”

③ 上海市闵行区人民法院民事判决书，（2008）闵民二（商）初字第964号。

中一个部门的总监，其主要工作内容系招商洽谈……没有充分的依据证明被告系联创聚兴公司的高管。”①

比较两起经过实质审查的案件，我们可以发现，尽管结论大相径庭，但是两个法院在面对部门主管是否属于公司高级管理人员的问题上，仍有相对一致的裁判标准。第一个案件中，法院有“原告A公司是仅有贸易部一个部门、数名员工的小型公司，被告蒋a在A公司担任该唯一部门的经理”的表述，而第二个案件中，法院注意到，案涉公司大概有7个与被告所在部门同级的部门，作为部门总监之一的被告不属于高级管理人员。显然，在法院对涉案部门主管的身份进行审查时，案涉部门在公司的地位是主要考虑因素。当公司规模较小，案涉部门在公司本身即为核心部门时，该部门主管实质扮演的就是负责公司经营的主要人员，应属高级管理人员。而在公司分设部门较多时，部门主管只承担某一具体业务，而不是《公司法》规定的特定层级的管理人员。因此，结合公司规模和整体组织架构，细察案涉部门在公司的地位及其扮演的角色不失为法院实质审查的一个有效标准。

3. 监事的适用

监事主要是公司中监督业务执行情况和检查公司财务状况的负责人，是监督权的行使主体。② 监事（会）是为了解决公司内部监督问题而设置的独立于董事会的机构，监事（会）与董事会并立，两者之间成员不得兼任，主要目的是实现业务执行和业务监督的分离。美国公司法在内部监督的问题上采取独立董事的模式，因此其公司法中并没有监事这一职务存在，“公司机会规则”也不涉及监事是否适用的问题。而我国采取的是监事会模式，由于监督权主体这一特殊身份，为确保监事（会）独立于董事

---

① 北京市朝阳区人民法院民事判决书，（2017）京0105民初68193号。

② 参见王肃元：《禁止篡夺公司机会规则的立法完善》，载《甘肃政法学院学报》2011年第4期。

会和管理层行使业务及财务的监督职能，我国《公司法》明确规定，监事一职不得由董事和高级管理人员兼任。但由于各种原因，我国监事会制度在实然层面存在诸多不尽如人意的地方，如在人合性极强的小公司，股东身兼数职的现象十分普遍，经营决策追求“短平快”，容易出现管理结构不规范、忽略程序等情况，监事兼任高级管理人员现象也并不罕见。在篡夺公司机会案件中，该兼任行为如何定性将直接影响法院对被告是否适格的裁判。

（1）肯认态度

在北京巨龙盛世投资咨询有限公司案中，关于被告身份，除前述经实质审查未被认可为公司高级管理人员的王某某外，另一被告林某在任公司监事时，也兼任高级管理人员。该案中，林某承认本人是巨龙公司高级管理人员。法院认定被告身份时认为：“被告系巨龙公司的监事，并任高级管理人员，一审法院对此不持异议。”①

在朗易酩庄案中，原告主张被告身为公司董事，将朗易酩庄公司的商业机会转由北京酒易酩庄酒业有限公司履行并获取利润的行为篡夺了公司机会，被告辩称其不是朗易酩庄公司的执行董事，而是监事，不适用《公司法》第148条的规定，并且工商登记的监事任职证明的确显示，被告张某某为监事。对此，法院经审理认为：“被告担任‘董事长’职务，负责葡萄酒的买进、公司所有人员的技术培训等工作，故认定被告属于朗易酩庄公司高级管理人员。”②

在朗易酩庄案中，在确认被告监事身份的情况下，法院仍进行实质审查，最终通过确认被告在公司担任“董事长”，同时负责进酒、技术培训等工作的事实，迂回认定其高级管理人员的身份。

---

① 北京市朝阳区人民法院民事判决书，（2017）京0105民初64794号。

② 北京市第三中级人民法院民事判决书，（2016）京03民终10666号。

（2）否认态度

并非所有法院在监事适用“禁止篡夺公司机会”规则这一问题上都持肯认态度，比如在沈阳铭创房产经纪有限公司与沈阳铭炬地产营销策划有限公司等公司利益责任纠纷上诉案中，一审法院认定：

“本案中，原告铭创公司于公司章程中既规定被告李某为董事会成员，又规定其为公司监事，违反《中华人民共和国公司法》第一百一十八条第四款‘董事、高级管理人员不得兼任监事’的规定，应属无效，不能依据其确定被告李某在公司所任职务。依据《中华人民共和国公司法》第一百一十八条、第一百四十七条的规定可知，监事是与董事、高级管理人员并行的职务。本案中，原告向法庭表示其认为被告李某在原告公司担任监事一职。同时，原告主张权利的法律基础为《中华人民共和国公司法》第一百四十八条，该条系对公司董事、高级管理人员行为的限制。现在原告于庭审中认可被告李某系公司监事的情况下，原告主张被告李某的行为存在违反《中华人民共和国公司法》第一百四十八条规定的情形，缺乏法律依据。”①

在该案中，一审法院以法律限制性规定和原告认可被告监事身份为由，否定了被告适用“禁止篡夺公司机会”规则的主体适格性，从而驳回原告的诉讼请求。尽管本案经由二审，最终认定被告需要承担篡夺公司机会的法律责任，但二审法院在裁判中直接越过被告身份得出结论，对其身为监事是否适用“禁止篡夺公司机会”规则只字未提，笔者认为二审判决的合理性有待商榷。

无独有偶，在上海晶人玻璃机械有限公司案②中，一审法院在面对监事是否为原告所诉条款的义务主体这一问题时，也采取了否定的态度，尽

① 辽宁省沈阳市中级人民法院民事判决书，（2017）辽01民终1083号。

② 上海市第二中级人民法院民事判决书，（2009）沪二中民三（商）终字第510号。

管该案二审法院确认被告曾以副总经理身份参加过商业活动的事实，但仍然坚持不能以此认定被告为公司的高级管理人员，最终支持一审法院的观点，认为监事的义务中不当然包含不得篡夺公司机会义务和竞业禁止义务，从而驳回原告的请求。

4. 离任主体的适用

“禁止篡夺公司机会”规则对离任主体是否适用同样是一个值得仔细权衡的问题，这是从时间维度审视该规则的义务主体范围。传统理论认为，“禁止篡夺公司机会”义务是典型的身份性义务，因董事和高级管理人员“在其位”，占据相对优势的受托人地位，为防止其滥用权力，对董事和高级管理人员的某些行为进行限制。但有学者认为，职务关系区别于一般雇佣关系，董事离任后，其在公司任职而产生的权利及其影响具有天然的惯性力，不会因其离职自动终止。因而，只要义务主体是在任职期间获得的商业机会，就负有不得篡夺的义务，无论离职与否。① 就篡夺公司机会案件而言，法院又该如何处理离任主体的适用问题？

在赣州七鲤陶瓷公司案②中，经理离任后将原公司尚未履行完毕的合同转移至新任职的公司并促成交易，法院最终判决被告经理承担篡夺公司机会的责任，但法院并未对离任主体适用“篡夺公司机会”规则的合理性作出必要的阐述，而是从具体案情中归纳出被告将在职期间知晓的商业机会转移至其他公司这一事实，据此直接进行裁判。在此问题上，下述两起同时涉及篡夺公司机会行为和竞业行为案件的裁判文书或许可以带来更多司法实践方面的启发。

在黄某某案③中，二审法院对离任主体是否适用“禁止篡夺公司机会”

---

① 参见蒋大兴：《董事离任义务立法规制研究——兼论我国〈公司法〉之修改》，载《法学评论》2001年第5期。

② 江西省赣州市章贡区人民法院民事判决书，（2016）赣0702民初4268号。

③ 上海市第二中级人民法院民事判决书，（2008）沪二中民三（商）终字第283号。

规则的说理与一审裁判一致，认为：由于董事、高级管理人员对企业无形资产（信息、客户）的控制力和利用力会在离任后一段期间内继续存在，并且不因其解任或辞任便立即丧失，因此董事在离任或被辞退后的一段时间内，仍负有相应义务。在黄全甲、黄全乙损害公司利益责任纠纷案中，二审法院认为："对公司股东和高级管理人员竞业禁止限制的期限主要是其任职期间，对离任后的竞业禁止限制应遵守公司章程的规定或双方的书面约定，除此以外，认定股东和高级管理人员离任后违反竞业禁止义务的，应举证证明股东和高级管理人员利用其任职期间的影响。"①

在上述两起案件中，法院均认为义务主体对公司的竞业义务（或禁止篡夺公司机会义务）并不止于离任之时，尤其是针对离任后篡夺公司机会的行为。区别在于，前案着眼于董事、高级管理人员对企业客户等信息的控制，法院认为义务主体在离任后仍可利用该类信息资源而获益，因此在离任后篡夺公司机会仍应受到规制。法院这一观点与蒋大兴教授分析的"职务影响（行为）惯性理论"② 不谋而合。而后案则从举证角度强调离任主体适用相关规则的特殊性，法院明确在任期间的竞业禁止义务是法定义务，离任后的禁限义务应以公司章程和双方约定为据。除此之外，虑及权益平衡而认定离任后违反竞业禁止义务的，须举证证明"利用任职期间的影响"和"不正当手段夺取"两个事实。两起案件分别从理论方面论证规制离任义务主体行为的合理性，以及从实操角度明确案件裁量的标准，为"离任主体不得篡夺公司机会"的立法规制提供了有益的探索。

（二）"篡夺公司机会"认定的实证分析

如前文所述，"禁止篡夺公司机会"规则适用的实例并不丰富，法院

---

① 河南省新乡县人民法院民事判决书，（2017）豫0721民初237号。

② 参见蒋大兴：《董事离任义务立法规制研究——兼论我国〈公司法〉之修改》，载《法学评论》2001年第5期。

也未就如何具体认定篡夺公司机会形成统一的裁判思路。在笔者收集的有限的裁判文书中，法院要么不加分析地直接认定被告“谋取属于公司的商业机会”，要么以证据不足为由直接否认原告的诉求，真正就“被告是否构成篡夺公司机会”进行详细的分析说理得出结论的案件寥寥无几。笔者对裁判文书中就“篡夺公司机会”进行具体分析的典型案件予以简要梳理（见表2－1），以期找到司法实践中此类案件的考量因素和裁判特点。

表2－1　典型案例考量因素一览

序号	案号	裁判要点	考量因素或抗辩
1	（2018）苏05民终8545号	一审：（1）证据不足以认定被告曾参与项目磋商； （2）原告难以对后续如何实现交易机会作出证明； （3）未证明不正当履职行为。 二审：（1）未证明机会属于原告公司（关联公司以自己名义签订合同，无欺诈行为）； （2）被告未对公司隐瞒机会； （3）未证明原告公司履行合同的条件和签约的必然性	（1）利用机会的能力（资质、土地等）； （2）不正当篡夺行为； （3）机会实现的必然性
2	（2016）沪01民终4102号	一审：（1）证据不足以认定诉争业务属于公司的商业机会； （2）合作对象为交易对方选择； （3）未举证证明违法所得。 二审：（1）交易对方确认因个人原因选择合作对象（否认商业机会属于原告）； （2）其余股东也有竞业行为，不能因关联公司经营范围相同认定篡夺商业机会	交易对方意愿（出于被告个人能力）
3	（2010）一中民终字第10249号	（1）被告经营关联公司，利用原告公司资源，有“搭便车”嫌疑； （2）项目磋商时被告在原告公司任职； （3）签订和履行利用了原告公司的资源	（1）职务身份； （2）利用公司资源； （3）放弃机会（抗辩）； （4）利用不能（抗辩）

续表

序号	案号	裁判要点	考量因素或抗辩
4	（2016）京01民终5874号	一审：（1）无证据证明被告行为为个人作出的决策； （2）无证据证明被告行为损害原告公司利益。 二审：由于诉争业务涉及的产品与现有产品不能同时生产，不能证明原告公司还有履行诉争业务的能力	利用机会的能力
5	（2018）京03民终584号	一审：（1）股东已达成一致关闭公司； （2）业务变更系因对方指定变化所致（不属于公司的商业机会）。 二审：同一审	（1）交易对方意愿（已丧失机会）； （2）利用机会的能力（公司状态）
6	（2007）二中民初字第00395号	（1）两公司具有同业竞争关系，被告未向公司披露该关系； （2）被告在职期间将原告公司人、财、物与关联公司混同； （3）发通知行为明显属于谋取公司机会	（1）披露； （2）利用公司资源； （3）不正当篡夺行为
7	（2019）京03民终169号	一审：（1）王某某不是高管； （2）证据不足以认定存在转介客户行为； （3）原告公司不存在损失。 二审：同一审	不正当篡夺行为
8	（2015）一中民（商）终字第435号	机会实现所依赖的软件的发表时间晚于诉争商业机会确定的时间	利用机会的能力
9	（2012）苏商外终字第0050号	（1）涉案来自日本企业的业务系三立公司的商业机会： ①涉案业务与三立公司的经营活动存在关联； ②机会提供方有给予公司该商业机会的意愿； ③公司从未放弃该商业机会。 （2）明知涉案业务属于公司商业机会，仍交给其他公司经营，拒绝将该业务带来的收益交给三立公司	（1）经营活动； （2）交易对方意愿； （3）放弃机会（抗辩）

续表

序号	案号	裁判要点	考量因素或抗辩
10	(2012)穗中法民二终字第1316号	一审:(1)在任期间设立同业公司,利用原告公司主要客户资源; (2)经营管理期间知晓的公司商业秘密,无论是否离任均应遵守忠实义务。 二审:(1)原告公司为商业机会积极筹备; (2)关联公司所筹备比赛与原告公司原有比赛基本一致	(1)公司付出实质努力; (2)职务身份; (3)不正当篡夺行为
11	(2015)二中民(商)终字第06210号	吊销营业执照并停止经营的情况下,不存在被告谋取商业机会的可能	利用机会的能力(公司状态)
12	(2017)沪0115民初20934号	(1)公司的商业机会是指有可能增加公司现有利益或实现其预期目标,而公司必然会利用的机会; (2)行业惯例,交易对方基于对个人能力的认可而给予交易机会; (3)任职期间,交易机会均由原告实现,被告已经履行忠实义务	(1)机会实现的必然性; (2)交易对方意愿(出于被告个人能力)
13	(2015)沪二中民六(商)终字第32号	原告公司所诉称商业机会已经违反法律规定	利用机会的能力(法律不能)
14	(2012)民四终字第15号	一审:(1)交易对方先与原告公司签订了合同,承诺向原告出让诉争土地; (2)原告积极履行合同义务,符合相关条件; (3)被告在实际运作过程中,未经公司同意,将合同主体换为自己的关联公司。 二审:(1)根据涉案合同,原告公司获得该商业机会必须满足相应条件,原告公司不具备在内地从事房地产开发的条件; (2)根据公告内容,竞买人并非仅限于原告公司; (3)原告股东曾明确放弃相关项目,作为股东之一并未付出实质努力; (4)最终获得商业机会是被告的努力,与原告股东无关,与公司无关; (5)不存在欺骗、隐瞒等在原告不知情情况下的谋取手段,原告完全知情并放弃	(1)交易对方意愿; (2)公司付出实质努力; (3)公司同意(抗辩); (4)利用机会的能力; (5)机会的专属性; (6)公司放弃(抗辩); (7)不正当篡夺行为

续表

序号	案号	裁判要点	考量因素或抗辩
15	(2015)朝民(商)初字第63850号	交易方明确将设计项目交给被告是因为认可其设计能力，而非认可公司	交易对方意愿（出于被告个人能力）
16	(2017)浙0303民初3586号	(1)诉争业务不属于原告公司现有的业务范围； (2)原告公司的现有经营状况不足以支撑商业机会实现需要的物质投入； (3)原告公司并未准备对诉争业务的开展作出决议和必要投入，不期待诉争的商业机会	(1)经营范围； (2)公司的能力； (3)公司付出实质努力
17	(2012)武侯民初字第1875号	(1)被告未将涉案项目的商业机会向公司披露； (2)虽然与关联公司磋商的时间早于原告，但若披露，仍有争取可能； (3)关联公司一直利用原告公司名义承办涉案项目，利用公司的经营地点、工作人员和网站	(1)披露； (2)利用公司资源
18	(2016)苏0509民初1621号	(1)认定公司商业机会应基于公司所处行业的客观性标准，综合考虑以下四个方面的因素：一是必须与公司经营活动密切相关；二是该机会为公司所需要或追寻，公司曾就该机会进行过谈判、磋商，投入过人力、物力、财力等，没有拒绝和放弃；三是机会提供者有给予公司该商业机会的意愿；四是高级管理人员有无向公司披露该机会的义务。 (2)公司关闭实质涉及公司解散，其需由股东会决定，在勤俭公司仍继续经营的情况下，难以认定勤俭公司有放弃商业机会的意思表示	(1)经营活动； (2)公司付出实质努力； (3)机会提供者意愿； (4)披露； (5)放弃机会（抗辩）
19	(2017)赣10民初57号	(1)交易对方一直视原告公司为合作对象； (2)原告公司已经履行了部分义务，涉案项目机会来源于原告公司； (3)被告未向公司披露该机会	(1)交易对方意愿； (2)公司付出实质努力； (3)披露

续表

序号	案号	裁判要点	考量因素或抗辩
20	(2015) 东民二初字第 54 号	(1) 只要公司尚未终止注销，就无法剥夺其依法享有的权利能力； (2) 公司在该项目上的投入体现了公司争取该商业机会的意思表示； (3) 被告以个人名义与第三人签订合同，属典型的篡夺公司商业机会	(1) 公司付出实质努力； (2) 利用机会的能力(公司状态)
21	(2013) 集民初字第 2992 号	(1) 客户的帐篷订购单被更改至关联公司是因为客户为了自身利益而决定更改供应商，并且该事宜也经过了原告公司法定代表人的同意； (2) 原告未证明被告关联公司成立以后有实际利用原告公司的客户信息、销售渠道等行为； (3) 被告自特定机会出现时已经实际未在原告公司履行高级管理人员职务，实际已不享有原告公司高级管理人员的职务便利	(1) 交易对方意愿（已丧失机会)； (2) 利用公司资源； (3) 职务便利
22	(2018) 粤 01 民终 12713 号	(1) 无证据证明实际履行财务负责人的职务； (2) 未证明被告利用职务便利	职务便利
23	(2015) 沪二中民四 (商) 终字第 706 号	(1) 原告公司为争取诉争机会付出实质性努力； (2) 无任何被告为原告争取诉争业务而进行沟通联系或者成功签订任何协议的事实； (3) 被告通过权利转让的合法形式使关联公司凭借未出分毫签订的协议而轻易享有 50 万元的经济利益	公司付出实质努力
24	(2016) 沪 02 民终 4978 号	(1) 被告未将诉争合同告知原告公司，确有不当； (2) 从原告和交易对方的合作历史来看，原告所称商业机会并非原告排他性享有； (3) 无证据证明交易提供方和关联企业的合作是由被告撮合的，也无证据证明被告从中获益	(1) 披露； (2) 机会的专属性或排他性； (3) 不正当篡夺行为

续表

序号	案号	裁判要点	考量因素或抗辩
25	(2007) 甬鄞民二初字第2号	(1) 原告已不存在所谓商业机会（与交易方的商业合同因原告无力履行而终止）； (2) 原告后续无任何继续争取诉争商业机会的努力； (3) 交易方已明确不愿再与原告合作	(1) 交易对方意愿（已丧失机会）； (2) 公司付出实质努力
26	(2009) 一中民终字第13800号	(1) 被告进入原告公司之前已经获得相应的客户资源； (2) 进入公司后有披露相关机会，原告自己决定放弃合作； (3) 原告基于汇率问题决定放弃合同，被告并无决策权	(1) 职务便利； (2) 披露； (3) 公司放弃

表2－1展示了26起典型案例中法院说理部分认定被告是否构成篡夺公司机会的考量因素；表2－2汇总了法院认定过程中的主要考量因素，并根据具体情况将其中两项考量因素进行细分，以便下一步探索法院的裁判思路。

表2－2　典型案例主要考量因素汇总

考量因素		案例序号
利用机会的能力	资质、土地、财产等资源	1、4、8、14、16
	公司特殊状态	5、11、20
	法律限制	13
交易对方意愿	出于被告个人能力	2、12、15
	交易对方消极意愿	5、21、25
	交易对方积极意愿	9、14、18、19
公司付出实质努力		10、14、16、18、19、20、23、25
职务因素		3、10、21、22、26
利用公司资源		3、6、17、21
经营（业务）范围		9、16、18

1. 总体裁判逻辑

理论上，“禁止篡夺公司机会”规则的适用包含两个阶段：其一是认定商业机会的归属，即确定涉诉商业机会是否属于公司，这是确定义务主体是否构成篡夺公司机会的前提；其二才是认定被告对公司机会的篡夺行为，这与公司机会合理利用是一体两面的问题。只要某个商业机会被认定为公司机会，义务主体就负有不得利用的义务，一旦利用，即构成篡夺公司机会。除非在某些特殊情形下（如公司批准义务主体利用相应机会），义务主体得以据此抗辩，则其对商业机会的利用就不属于篡夺公司机会。反之，如果认定某个商业机会不属于公司，相关人员利用该机会无可厚非，无所谓构成对公司机会的篡夺。学者明确指出，公司商业机会与侵犯公司商业机会行为是两个完全不同的法律现象，侵犯公司商业机会行为是由特定主体实施的侵权行为，公司商业机会是违法行为者侵权的对象。① 但由于我国立法结构上的逻辑限制②和实践中对“禁止篡夺公司机会”规则理解得不深入，在此类案件的审判中，法院首先想到的是义务主体的行为是否违反对公司的忠实义务，将上述两者的认定混同进而裁判。求证实践案例，笔者发现，所研究样本中仅有两起案件，法院明确分“两步走”，完整阐述商业机会的归属以及被告是否篡夺公司商业机会两个方面。在蔡某某等诉王某等公司利益责任纠纷案中，法院明确双方争议的焦点是被告之间在本案中的行为是否构成单独或者共同侵权。首先，要确认是否应当认定为公司的商业机会；其次，从案件事实来看，被告是否采取了剥夺或

① 参见沈贵明：《公司商业机会的司法认定》，载《法学》2019 年第 6 期。

② 我国《公司法》关于董事义务的规定均采取概括性条款和具体的禁止性行为相结合的立法规则。《公司法》第 148 条是关于董事禁止性行为内容的具体列举，利用职务便利为自己或他人谋取属于公司的商业机会为其中的内容。参见刘霄鹏：《侵犯公司商业机会要件之认定——规则差异引致的思考》，载《财会月刊》2018 年第 4 期。

者谋取商业机会行为。[1]

此外，在常州三立案[2]中，法院首先从若干角度论证来自日本企业的业务系案涉公司的商业机会，其次论证被告行为构成对三立公司合法利益的侵害，同样形成了清晰完整的论证逻辑。而其他大部分案件从具体案情出发，结合商业机会来源、双方意愿以及被告的行为等若干要素直接认定被告是否违反忠实义务或禁止性行为规范，如成都工博文化传播有限公司诉陈某某公司利益责任纠纷案[3]。此外，典型如公报案例林某某与李某某等损害公司利益纠纷案，尽管最高人民法院在二审中就“案涉700亩土地使用权是否应当专属于香港新纶公司的商业机会”作出认定，仍有学者撰文质疑法院的裁判逻辑：“由于二审判决认定相关商业机会并不属于香港公司，所以无需进行第二步检视，即可排除‘禁止篡夺公司机会’规则的适用。”由此，结合我国司法实践裁判特点，笔者选取法院在此类案件裁判时整体分析的若干代表性的考量因素，分析法院的裁判思路，以厘清我国篡夺公司机会案件的大体裁判逻辑。

2. 考量因素分析

（1）利用机会的能力

梳理案例并结合表2－1和表2－2可以看出，公司因各种原因不能利用商业机会是篡夺公司机会案件中被告常提出的抗辩理由之一，法院也多以此否认原告的诉讼请求。尽管目的均为证明公司无能力利用诉争商业机会而避免责任承担，但不同原因之于公司机会认定的逻辑关系仍值得进一步探讨。

公司并不一定能够利用公司机会。从实际发生的案件来看，被告经常

---

① 参见浙江省温州市龙湾区人民法院民事判决书，（2017）浙0303民初3586号。

② 江苏省高级人民法院民事判决书，（2012）苏商外终字第0050号。

③ 四川省成都市武侯区人民法院民事判决书，（2012）武侯民初字第1875号。

以公司缺乏某种实现公司机会的核心资源为由，为自己未利用公司商业机会进行辩护，法院似乎默许了被告的此种辩护方式。如吉孚动力技术（中国）有限公司案，[①] 两审法院在认定被告是否篡夺公司机会时均审查原告公司是否具有实现商业机会所要求的相关资质和土地等条件，并最终以与交易对方签订合同不具备必然性为由认定案涉项目不属于原告公司所有的商业机会。

区别于资质、财力、无形资产等核心资源的缺乏，法律不能成为法院在裁判篡夺公司机会案件中所认可的另一项免责事由。在上海圆融典当有限公司案[②]中，由于原告诉称的商业机会本身违反法律强制性规定，法院认为原告公司如果承接诉称业务可能存在经营上的违规，只有符合典当监管规定的部分，才是圆融典当公司的现实商业机会，法院最终据此驳回原告的诉讼请求。

公司利用某个商业机会的能力还体现在公司的某些特殊状态。一个疑问是，当公司出现破产、终止经营或者被吊销营业执照等特殊情况，在面临相应的商业机会时，仍要求董事和高级管理人员遵守不得自行利用该商业机会的义务是否过于苛刻？实务中的确出现过若干情形，法院的态度也相对明确。在叶某某案[③]中，法院认为原告公司被吊销营业执照且停止经营，被告不具备将原告公司的商业机会提供给其他公司的可能，从而否认被告篡夺公司商业机会。同样，在北京昊千通汇贸易公司案[④]中，法院指出，公司业务流失是交易对方对售后服务商的指定发生变化所致，同时提及“公司已决定关闭业务”，基于以上两方面理由，法院最终未认定被告篡夺公司机会从而损害公司利益。可以看出，在公司发生终止经营、吊销

① 江苏省苏州市中级人民法院民事判决书，(2018) 苏05民终8545号。
② 上海市第二中级人民法院民事判决书，(2015) 沪二中民六（商）终字第32号。
③ 北京市第二中级人民法院民事判决书，(2015) 二中民（商）终字第06210号。
④ 北京市第三中级人民法院民事判决书，(2018) 京03民终584号。

营业执照的情况下，法院一般不认可涉诉的商业机会仍然归属于公司，并豁免义务主体在特殊状态下的禁止篡夺公司机会义务。

（2）交易对方意愿

“交易对方意愿”是从第三人的主观角度出发，对被告是否构成篡夺公司机会进行考量，根据交易对方意愿不同，笔者对法院纳入裁判考量的第三人意愿及其对裁判结果的影响进行归纳分析。

案例研究发现，大部分篡夺公司机会案件的原告诉称商业机会均为公司前期经营中合作的长期客户或者业务，由于客户中断与公司的既有业务转而与其他企业（一般为被告的关联企业）合作，从而引发争议，原告公司认为被告篡夺公司机会。这种情况下，被告常以第三方的消极意愿进行抗辩，认为系第三方明确拒绝与原告公司进行合作，原告公司不存在任何对后续商业机会的期待利益，被告利用该机会不属于篡夺公司机会。

在徐某某案①中，法院认为，交易对方由于不满意原告公司前期合作表现而明确拒绝与公司合作，在这种情况下，仍然坚持被告不能利用该机会可能会造成社会资源的浪费，尽管被告后期未披露机会有违忠实义务，但不能据此认为被告篡夺公司机会。笔者认为，法院在该案中运用自由裁量权探寻个案正义所表现出的灵活裁判思路值得赞许，严格来说，公司法对于什么是商业机会，什么是属于公司的商业机会，如何认定篡夺公司机会均未置一词。结合本案案情，在第三人明确拒绝与公司进行交易的情况下，从事实上来讲，公司对此业务已不存在任何现实期待。而机会本身代表一种不确定的可能性，于公司而言，此时是否仍然存在某个可能的商业机会？诉争业务是否为“属于公司的商业机会”？笔者认为答案是否定的。本案法院虽未通过完整严密的逻辑推演得出诉争机会不是“属于公司的商业机会”这一结论，但明确提及在原告无法利用商业机会的情形下，不容

① 浙江省宁波市鄞州区人民法院民事判决书，（2007）甬鄞民二初字第2号。

许被告利用商业机会是对公司高级管理人员忠实义务的极端理解。在此，法院从利益平衡的角度对相关法条进行一定程度的扩张解释，以实现个案的实质公平。

法院常将提供商业机会的交易对方之意愿作为认定公司商业机会的考量依据,[①] 在经典案例常州三立案[②]中，江苏省高级人民法院在判决中明确，“第三人有给予公司该商业机会的意愿”是认定公司商业机会应该考虑的因素之一。其中，针对第三人有给予公司商业机会意愿的问题，法院从涉案客户明确承诺向原告公司提供业务、双方一直积极履行约定等方面论证第三人有给予原告公司商业机会的明确意愿。另外，在苏州勤俭进出口有限公司与周某某损害公司利益责任纠纷案中[③]，法院也给出一致表述。

考量交易对方的积极意愿在司法裁判中并不少见，上述两起案件，法院明确指出“交易对方意愿”为认定公司商业机会的关键要素，其他案件的裁判说理部分也将“交易对方承诺出让相应土地”[④]“交易对方一直视公司为合作对象”[⑤] 等作为论证商业机会归属的重要依据。尽管如此，认定公司商业机会是否必须要求交易对方明确有与公司合作的积极意愿，这一点仍值得商榷。

在交易对方意愿如何影响公司商业机会认定这一问题上，除了上述交易对方明确的积极意愿和消极意愿以外，实践中还有一种特殊情形值得关注，即在某些特殊行业中，交易对方明确表示诉争业务的选择的主要考量因素是被告个人能力，与被告所任职企业无关。如在万谷某某案中，法院

---

① 参见沈贵明:《公司商业机会的司法认定》，载《法学》2019 年第 6 期。

② 江苏省高级人民法院民事判决书，(2012) 苏商外终字第 0050 号。

③ 江苏省苏州市吴江区人民法院民事判决书，(2016) 苏 0509 民初 1621 号。

④ 林某某与李某某等损害公司利益纠纷案，载《最高人民法院公报》2014 年第 11 期。

⑤ 江西省抚州市中级人民法院民事判决书，(2017) 赣 10 民初 57 号。

论及："根据设计行业一般惯例，委托方基于对设计师的设计资历、设计能力等方面的信任将项目委托该设计师所在公司承接，故设计公司的商业机会往往和设计师的能力密切相关。由于'8 号桥'项目的业主方基于对被告设计能力的信任，才将该项目交予原告完成，现由于被告已不在原告处任职，业主方基于对被告设计能力的认可而将项目设计工作委托原告的基础已经不复存在，其自行将'8 号桥'项目四期的设计工作委托被告及其所在公司处理，符合行业惯例……故原告有关被告攫取客户资源、篡夺其商业机会的主张，本院不予采信。"①

同样，在北京德远案中，法院也有相关论述，但就本院调查的结果来看，时合公司的冯某永明确表示其将标识设计工作交付给郝某，是因为其认可郝某的设计能力，而非认可德远公司……故德远公司不能以郝某谋取其商业机会为由要求郝某进行赔偿。②

笔者认为，发现"交易对方意愿"是法院认定能否构成篡夺公司机会的重要考量因素之一，根据可查的案例，法院的裁判观点大体如下：其一，交易对方对与公司的合作明确表达消极意愿的情况下，法院一般认定案涉机会不属于公司商业机会；其二，部分案件将交易对方的积极意愿作为认定公司商业机会的必要因素；其三，在某些特殊行业中，一旦交易对方明确表示是基于被告个人能力而选择交易对象，则不应认定被告构成篡夺公司机会。

(3) 公司付出实质努力

从表 2-2 可以看出，"公司付出实质努力"是诸多法院在审理篡夺公司机会案件时纳入考量的重要因素之一，而由最高人民法院审理并作出裁判的公报案例——林某某与李某某等损害公司利益纠纷案明确提炼了

---

① 上海市浦东新区人民法院民事判决书，(2017) 沪 0115 民初 20934 号。

② 参见北京市朝阳区人民法院民事判决书，(2015) 朝民 (商) 初字第 63850 号。

这一要素。类似地，在前述苏州勤俭进出口有限公司与周某某损害公司利益责任纠纷案中，法院也明确提及认定公司商业机会应考虑“公司曾就该机会进行过谈判、磋商，投入过人力、物力、财力等”。[①] 除公司付出实质努力外，法院在这两起案件中，结合其他要素，最终驳回了原告的诉求，以公司并未为争取机会或实现机会付出实质努力为由否认商业机会属于公司。

案例表明，无论是正向论证还是反向论证商业机会的归属，大部分的司法裁判都认同将公司是否付出实质努力作为认定公司机会的依据。

（4）职务因素

严格来说，我国成文法规定的“利用职务便利”只涉及职务因素，《公司法》同样没有对“利用职务便利”作进一步解释。有学者针对“利用职务便利”在公司商业机会纠纷案例中的适用情况进行研究发现，司法裁判中完全未涉及“利用职务便利”这一要件的案件数量占50%，而在提及该要件的案件中，对其进行单独认定和释明的也寥寥无几，可以说相关规则几乎形同虚设。[②] 笔者以对“职务身份”或者“职务便利”的认定释明为标准，择取若干典型裁判，考察法院在篡夺公司机会案件中对职务因素的考量情况。

在客贝利（厦门）休闲用品有限公司诉夏某等公司利益责任纠纷案中，原告主张被告夏某、杨某某用其掌握的原告客贝利（厦门）休闲用品有限公司的商业信息，操控原告参与重组的孟加拉国博希尼亚公司，使原告的客户对被告博希尼亚公司与案外人孟加拉国博希尼亚公司产生混淆，导致原告的客户将属于客贝利（厦门）休闲用品有限公司的订单转移至被

---

① 江苏省苏州市吴江区人民法院民事判决书，(2016) 苏0509民初1621号。

② 参见刘霄鹏：《侵犯公司商业机会要件之认定——规则差异引致的思考》，载《财会月刊》2018年第7期。

告博希尼亚公司。对此，法院认为：被告自2013年5月开始实际已经未在客贝利（厦门）休闲用品有限公司履行高级管理人员职务，实际已不享有客贝利（厦门）休闲用品有限公司高级管理人员的职务便利。因此，即使夏某、杨某某有谋取客贝利（厦门）休闲用品有限公司的商业机会、自营或为他人经营与客贝利（厦门）休闲用品有限公司同类的业务的行为，也是基于其之前任职时知悉的信息，而不是基于现实的职务便利。[①] 该案中，法院以被告当时已经离任，不具备现实的职务便利为由驳回原告的诉讼请求。

与之相对，在刘某某案中，法院明确："公司的商业机会是指在执行公司职务过程中获得的商业信息。"[②]

至于其他案例，法院虽未针对"利用职务便利"进行专门的认定和释明，但如前所述，绝大部分判决书均以被告的职务身份作为进一步认定案件性质的前提。在被告就其职务身份进行抗辩的案件中，法院以相当的篇幅就其董事或者高级管理人员的身份进行阐释证明，至于双方未就被告身份发生争议的案件，自然无需赘言。可以说，"职务因素"是所有篡夺公司机会案件均纳入考量的唯一因素，绝大多数案件中，法院在认可被告义务主体资格的同时，也考虑被告职务因素对商业机会归属的影响；在部分特殊案件中，法院对职务因素的分析略有分歧，有以在篡夺公司机会纠纷发生时被告现实的职务身份认定商业机会的归属的，有认为公司机会必须是被告在执行职务中知悉的，还有以知悉商业机会时被告的职务身份来认定公司机会的。结合前文对离任主体是否适用相关规则的实证分析，笔者认为第一种裁判思路——以被告现实的非高级管理人员职务身份为由否认相关商业机会属于原告公司，显然值得商榷。

① 参见福建省厦门市集美区人民法院民事判决书，（2013）集民初字第2992号。

② 广东省广州市中级人民法院民事判决书，（2012）穗中法民二终字第1316号。

至于职务因素的考量，商业机会的获得必须是在“执行职务中”还是只要基于义务主体身份（不拘于何时获得）均应认定为公司机会，这是另一个值得深究的问题。

（5）利用公司资源

“利用公司资源”是篡夺公司机会案件中法院认定公司机会的又一重要因素，在中冶全泰案中，法院认为，丛某某在《供货合同》的签订和履行过程中利用了全泰公司的资源。[①] 结合得到案涉商业机会时的职务因素，法院认定被告篡夺公司机会。

同样，成都工博文化传播有限公司诉陈某某公司利益责任纠纷一案中，法院指出：“成都文联已直接向工博公司支付了涉案项目的启动资金，新时光公司一直在利用成都国际影像艺术基地（由工博公司经营）的名义承办涉案项目，使用工博公司的经营地点、工作人员和网站，并在《“5.12”策划执行合同》中冒称成都国际影像艺术基地的项目开发单位，这说明工博公司就经营涉案项目而言有一定的经营资源和优势，亦有获得该商业机会的可能。”[②] 由于案涉项目的签约和履行均利用了原告公司的资源，法院肯认其公司机会的属性。

与之相对，客贝利（厦门）休闲用品有限公司诉夏某等公司利益责任纠纷案[③]中，法院以原告未证明被告有实际利用公司的客户信息、销售渠道等为由，认为无法证明被告存在谋取公司商业机会的行为。

上述案件表明，是否利用公司资源是法院考量公司机会的重要因素之一，甚至在一些案件中，没有利用公司资源直接成为否认被告谋取属于公司商业机会的理由。

---

① 参见北京市第一中级人民法院民事判决书，（2010）一中民终字第10249号。

② 四川省成都市武侯区人民法院民事判决书，（2012）武侯民初字第1875号。

③ 福建省厦门市集美区人民法院民事判决书，（2013）集民初字第2992号。

（6）经营（业务）范围

统计样本发现，经营范围这一因素在认定篡夺公司机会案件中出现频率较高，其原因在于我国立法将“禁止篡夺公司机会”规则与“竞业禁止”规则规定在同一条款，且在篡夺公司机会案件中，被告往往另设公司作为利用相关机会的实体工具，兼具篡夺公司机会和违反竞业禁止规则的外观。因此，法院在审查中常将“经营范围”纳入考量。排除与竞业案件竞合的情况，单论公司经营范围对篡夺公司机会案件认定的影响，可从两起典型案例一窥法院的观点。

在蔡某某案[①]中，原告公司主张被告篡夺公司机会，谋取私利。被告以诉争项目本身是中介拓客业务，而原告房信公司的业务范围是代理广告，二者经营范围不同为由抗辩。对此法院结合工商登记中的经营范围，认为原告公司经营范围未包括诉争业务，过往经营中也从未进行相关拓客业务，因此诉争机会不属于公司的业务范围，结合其他情况，法院最终以诉争项目不构成原告公司可期待的商业机会为由驳回原告的诉求。

与之相对，常州三立案[②]中，就商业机会的归属与公司经营范围之间的关系，法院给出了截然不同的答案。在认定公司机会时，法院明确指出认定公司商业机会应当考虑商业机会与公司经营活动是否有关联。结合具体案情，法院从案涉业务属于公司经营范围、被告负责该类业务以及商业机会来源与公司密切相关等方面肯定案涉项目与公司经营活动的关联性，从而认定商业机会属于公司机会。

比较上述两起案例可以发现，尽管将公司的经营（业务）范围纳入认定公司机会的考量因素，但法院的裁量标准却呈现极大差异，前案严格以公司现有的经营范围为标准，从工商登记和实际经营活动两方面考察，并

---

① 浙江省温州市龙湾区人民法院民事判决书，（2017）浙 0303 民初 3586 号。

② 江苏省高级人民法院民事判决书，（2012）苏商外终字第 0050 号。

且严格限定于公司已有的业务。但事实上，商业社会中公司的经营范围有发展扩大的天然趋势，公司借助在某领域的特殊能力，有可能将业务范围扩展到一个与之相关的领域，[①] 严格以现有经营范围否定一个潜在的公司机会，有保护范围过度狭隘之嫌。后案的认定标准为“与公司经营活动有关”，尽管同样提及公司经营范围，但其实质却是从多角度探讨商业机会与公司经营活动的关联性。

（三）合理利用抗辩的实证分析

根据规定，篡夺公司机会的唯一豁免情形是“经过股东会或者股东大会同意”，遗憾的是，公司机会可合理利用这一抗辩事由在我国司法实践中的适用情况并不乐观。如前所述，法院在审理篡夺公司机会案件中，尚未形成“两步走”的裁判思路，在综合考量上述若干要素之后，直接给出结论，或以公司无能力利用商业机会为由否认公司机会存在，或从股东行为推定公司放弃商业机会的意思表示，或从被告披露机会且公司知晓被告相关行为，推定公司默许，均未出现“法院认定公司机会存在，进而明确阐释被告利用公司机会可豁免”的情况。但可以明确的是，在所研究的案例中，没有任何一例案件的被告通过“股东（大）会同意”这一法定抗辩事由豁免篡夺公司机会的责任。

实证研究还发现，除上诉法定事由外，有的法院在部分裁判说理中流露出对篡夺公司机会豁免事由的扩张态度，如在中冶全泰案[②]中，法院认为，除股东会同意外，认可公司明确放弃机会和公司因其他原因无法利用机会均为被告合理利用公司机会的理由。又如，苏州勤俭进出口有限公司

① 参见薛前强：《质疑公司机会准则制度移植的法效果》，载《湖北社会科学》2019 年第 3 期。

② 北京市第一中级人民法院民事判决书，（2010）一中民终字第 10249 号。

与周某某损害公司利益责任纠纷案[①]中，法院提及“在勤俭公司目前仍继续经营的情况下，碍难认定勤俭公司有放弃商业机会的意思表示”。可推知，该法院同样认可公司放弃商业机会是豁免被告篡夺公司机会责任的理由之一。

上述实证研究在一定程度上表明，我国《公司法》对篡夺公司机会豁免事由的严苛规定造成司法实践与法律适用难以吻合的窘境。

三、既有法律规制思路的反思

（一）立法上的逻辑谬误

我国《公司法》第148条第1款第5项[②]为“禁止篡夺公司机会”规则的明文表述，按其规定，构成篡夺公司机会需要具备“未经股东会或者股东大会同意”、“利用职务便利”和“谋取属于公司的商业机会”三项要件。细究该条款，实际是将董事和高级管理人员的若干禁止性行为规定在同一条文中，然而只有“禁止篡夺公司机会”这一消极义务存在“利用职务便利”的要求。按理说，基于董事、高级管理人员与公司之间的委任关系，其在代表公司执行职务的过程中，均存在因“职务”因素而实施上述禁止性行为的可能，并非篡夺公司机会所特有，[③] 难道挪用公司资金或者不正当自我交易不需要利用职务便利吗？事实上，董事和高级管理人员的主体身份本身具有执行职务权限，原则上只要其利用了属于公司的商业机会，就违反了忠实义务，应该承担篡夺公司机会的责任。因此，“利用

---

① 江苏省苏州市吴江区人民法院民事判决书，(2016) 苏0509民初1621号。

② 《公司法》第148条第1款第5项：“未经股东会或者股东大会同意，利用职务便利为自己或者他人谋取属于公司的商业机会，自营或者为他人经营与所任职公司同类的业务。”

③ 参见刘霄鹏：《侵犯公司商业机会要件之认定——规则差异引致的思考》，载《财会月刊》2018年第7期。

职务便利”不应被视为“禁止篡夺公司机会”规则的构成要件。2013 年发布的《上海证券交易所上市公司董事选任与行为指引》（已失效）在规定董事禁限行为时就未将该要件纳入相关条款。[①]

之所以将“利用职务便利”作为篡夺公司机会行为的要件，是因为在法律移植的过程中对“职务”因素的应有归属认识不清，以致错配了要件构成。“职务”因素长期以来是法院认定商业机会归属的重要判断标准之一。白兰廷针对公司机会“公平性标准”提出的 7 项具体事实要素就包括：“……第二，该机会是否是属于公司高级管理人员这一职位所知悉的……”[②] 后期《公司治理原则》中，以成文法形式确立的公司机会判定标准也把“职务”因素作为重要认定因素之一。[③] 由此可知，我国在借鉴英美法系公司机会准则时，将“公司机会认定”与“篡夺公司机会行为认定”两个不同属性的法律问题混为一谈，将“职务”因素视为篡夺公司机会行为的构成要件，缺乏支撑。准确的理解是，立法凝练表达的“利用职务便利”要件应该是认定商业机会是否属于公司的重要裁量标准。

（二）司法实务的迷思

1. 义务主体外延不明

尽管我国《公司法》对“禁止篡夺公司机会”规则义务主体的规定比较明确，义务主体限定为董事和高级管理人员这一范围，尽管公司通过公司章程拓宽高级管理人员范围，但就实践状况而言，大多数公司内部管理机构设置并不规范，公司章程也大多充当工商登记的一份必要文件，并未

---

① 2013 年修订的《上海证券交易所上市公司董事选任与行为指引》（已失效）第 22 条规定：“未经股东大会同意，董事不得为本人及其近亲属寻求属于上市公司的商业机会。”

② 张开平：《英美公司董事法律制度研究》，法律出版社 1998 年版，第 272 页。

③ 参见杨川仪：《美国公司法公司机会原则探析——以美国缅因州东北海岸高尔夫俱乐部诉哈里斯案为例》，载《当代法学》2013 年第 3 期。

发挥其内部契约的功能。在纠纷发生前，期待公司将可能的义务主体纳入章程并不现实，可以说该规定仍是一个范围狭窄的封闭性规定，极大地限缩了“禁止篡夺公司机会”规则的义务主体。由于各种现实原因，司法实践中案涉被告往往实际掌握公司经营权，拥有篡夺公司商业机会的职务便利，而形式上却未担任《公司法》明文限定的董事或高级管理人员职位，这就出现法律与现实情况的错位，导致法院在裁判中无所适从，同案不同判的情况也时有发生。

前述实证分析表明，现实中广泛存在的职位不明或者暂时的职能交叉现象极易引发篡夺公司机会案件中被告身份的争议。未担任任何职务的股东经协议安排实际掌握公司的经营管理权，并篡夺公司机会，若按照《公司法》进行严格解释，该情形显然不能纳入“禁止篡夺公司机会”规则规制范围，此为刻板成文法与鲜活商业实践之间的典型错位之一。再者，部门高级管理人员是否属于《公司法》规定的高级管理人员而负有禁止篡夺公司机会的义务也令人疑惑，尤其是负责销售等业务拓展职能的部门，其对公司核心商业信息（如客户资源）的掌握情况极大地增加篡夺公司机会的可能性。此外，“禁止篡夺公司机会”规则是否适用于监事和离任主体也是困扰法院的一大难题。

2. 公司机会认定标准不一

我国成文法对公司机会认定标准未予明确，法院在实践中发展出一系列判定公司机会的考量标准，通过审查广泛的案件事实来确定特定的商业机会是否属于公司机会，大致涉及公司意愿、交易对方意愿、经营范围、公司能力、职务因素和公司付出的努力 6 个方面。公司利用机会的能力也被看重，因为公司必须有能力进行交易，法院才能认定商业机会可能属于公司机会，该能力不仅涉及商业机会所需的土地、资金、相关资质等物质条件，也可能体现在公司现实的经营状态或者法律能力上。此外，部分法院除考虑公司的运营能力和财力外，也会考量他们得到商业机会是否运用了公司资源、是否实际投入人财物来积极追求商业机会，更有甚者还会运用宽泛的合理性标准，通过审查是否有欺诈、混淆等不正当行为来分析董事或者高级管理人员如何得到机会，从而认定其是否构成篡夺公司机会。

上述可知，我国司法实践并未形成统一的检验标准，即便部分典型案例在判决书中明确提及认定公司机会的标准，[①] 实际上也只是个案本身的结论，是具体案件的个性化表达，其参考价值还受制于法官的专业审判能力以及个案之间的差异等因素。对法院裁判中考量因素的实证分析亦表明，不同法院对于公司机会的界定标准存在分歧，在缺乏相关司法解释指引的情况下，很多法院提出的观点也只是多项考量因素的罗列，并未形成统一的认定思路和标准，如何界定公司机会成为司法难题。

四、禁止篡夺公司机会的规则重构

（一）义务主体重述

1\. 高级管理人员的实质审查

根据我国现行《公司法》的规定，负有禁止篡夺公司机会义务的“高级管理人员”范围包括公司的总经理、副经理、财务负责人、上市公司董事会秘书和公司章程规定的其他人员，尽管该范围得以依公司章程拓宽，但总体而言该规定是一个相对封闭的规定。而“禁止篡夺公司机会”规则所规制的群体是有着很大弹性边界的主体，这种立法上对主体范围的封闭性规定，与现实中篡夺公司机会案件主体的开放性之间存在错位，引起法律调整相关关系的困难。[②]

有学者认为，之所以义务主体范围存在争议，是因为我国和英美法系

---

① 参见江苏省高级人民法院民事判决书，（2012）苏商外终字第0050号。

② 参见胡海涛、杨毅：《公司机会规则概念之检讨及其体系性解释》，载《河北法学》2017年第12期。

国家在董事、高级管理人员的内涵界定方面存在诸多差异。[①] 英美法系国家的“董事”是一个功能性概念，泛指一切在公司履行董事职务的人，而不论其在公司的称谓是什么。对于董事，强调的是其功能而非称谓。因此，英美法上的董事概念可以涵摄所有实际履行经营管理职责的人，包括未经任命而实际履职的人或者职位不明的人。而在我国，董事特指董事会成员，是由股东选举产生的掌管公司事务的经营决策人员，其形成有资格上、数量上和工作安排上的具体要求。加上高级管理人员含义的列举式限定，我国“禁止篡夺公司机会”规则对应的义务主体总体上是一个封闭范围。

面对立法与实践之间的差异，如果法院严格按照《公司法》列举的特定职务来界定不得篡夺公司机会的义务主体，无疑会将管理者篡夺公司机会的大量行为排除在“禁止篡夺公司机会”规则的适用范围之外，前述“股东通过协议安排获得公司经营权，并篡夺公司机会”的情形即为典型情况之一。该情况下股东在公司并未明确担任任何职位，既非董事也非经理或其他高级管理人员身份，按严格解释，并不受“禁止篡夺公司机会”规则的约束，依此个案正义无法得以伸张。因此，笔者认为，改革“禁止篡夺公司机会”规则适用主体的一条可行路径（或者现阶段法院对相关规则的解释路径）是以主体在公司中所发挥的实际功效界定其高级管理人员身份，而非仅凭名义职称的定义。个案中往往是透过被告的名义职称对发生争议的被告身份进行实质审查以界定其是否为高级管理人员，从而判定是否适用“禁止篡夺公司机会”规则。

在这种裁判思路下，前述由于职务不明、特殊安排以及暂时职能交叉等原因引起被告身份适格的争议都能得到有效解决。职务不明和特殊安排情形的审判思路自不待言，在暂时的职能交叉情况下，法院可以撇开行为

① 参见王肃元：《禁止篡夺公司机会规则的立法完善》，载《甘肃政法学院学报》2011 年第 4 期。

人名义上的职务，重点审查相关事实发生时，行为人在公司的经营管理职务内容、决策权以及对重要商业信息的掌握程度，从而界定其是否为公司的高级管理人员。实质审查的确切标准在司法实践中难以量化，这就需要法院在审理案件时进行个案解释和自由裁量，法院可以从实际履职内容、职权范围、在公司的地位、是否掌握重要商业信息、决策影响力等方面进行综合衡量。司法实践中，已有法院进行实质审查以确定高级管理人员身份，这种探索也给未来《公司法》司法解释对相关规则的完善提供了有益经验。如前述法院在判定部门高级管理人员是否负有不得篡夺公司机会义务时，结合公司规模和整体组织架构考量涉案部门在公司的地位及其角色，从而判定被告是否属于高级管理人员。这种对公司法规则有限度的扩张解释不失为裁判者在审判思路上的一种智慧。

2. 监事兼任高级管理人员的认定

董事、高级管理人员和监事各司其职，分别履行其“运动员”与“裁判”的职责，是《公司法》设置公司机构的初衷，立法上把监事排除在禁止篡夺公司机会义务主体之外也是基于这种理想的假设。理论界也有一些声音主张将监事纳入禁止篡夺公司机会和竞业禁止的义务主体，其立足点是监事基于自身监督职责，有机会接触到广泛的公司机会，理论上有充分理由将其纳入规制范围。①

但商业实践是否真能契合公司法规范？现实情况是，监事一职确实不太可能接触到公司商业信息，然而考虑到我国现实情况，公司董事、监事、高级管理人员之间的职责权限并非泾渭分明，小公司的人合性和经营失范往往导致一人身兼数职，如一人兼具监事与高级管理人员身份。实证研究结果也表明，监事兼任高级管理人员的情况并非少见。由于《公司法》明文禁止董事、高级管理人员兼任监事，在明确监事身份的情况下，

---

① 参见冯果：《“禁止篡夺公司机会” 规则探究》，载《中国法学》2010 年第 1 期。

将其纳入义务主体范围似有悖法律禁限规定，而不将其纳入规制又有违公平。因此，规制监事篡夺公司机会的问题关键在于监事兼任高级管理人员的法律后果的判定。

笔者认为，一旦监事实际参与公司经营，其监事任职应当无效，对其忠实、勤勉义务的要求应当提升至董事、高级管理人员标准。首先，如前所述，“禁止篡夺公司机会”规则实际上是在公司内部设定的一种“归属”秩序，这种“归属”秩序虽无对世性，但其排除半径至少涵摄公司的经营阶层——任何掌握公司经营权的人。[①] 无论任何原因，监事一旦参与公司一定层级的经营管理，即应通过实质审查认定其高级管理人员身份而被纳入“禁止篡夺公司机会”规则的规制范围。其次，若以《公司法》禁止兼任的强制性规定为由理所当然地排除“禁止篡夺公司机会”规则对监事的适用，可能导致极端不利的后果——股东为逃避责任，名为担任公司监事，实则通过经营管理之便实施机会主义行为，此时监事身份可能成为股东篡夺公司机会行为的天然“保护伞”。最后，将监事纳入规制范围实际上与现有规定并不矛盾。公司坚持董事、高级管理人员不兼任监事，特殊情况下，通过实质审查否认其形式上的监事身份，以高级管理人员身份对其规制即可。

3. 离任主体的适用

“禁止篡夺公司机会”规则适用主体的疑难点除“范围不明”外，还有“时间维度”的起止问题。董事、高级管理人员在任期间负有不得篡夺公司机会的义务，但其离任后是否仍然受该义务拘束？笔者认为，只要是在任职期间获得的商业机会，离任主体就负有不得篡夺的义务。在信息高度发达的现代社会，商业机会对于一个企业的生存和发展具有重要意义，一份合同的签订，一项商业计划的执行都可以使公司获得成千上万的利

① 参见胡海涛、杨毅：《公司机会规则概念之检讨及其体系性解释》，载《河北法学》2017 年第 12 期。

润。由于管理者在公司所处的特殊地位，其可利用信息优势获取大量的公司商业机会，而无形的商业机会在董事离任时不可能像有形财产一样完全由公司收回或控制。义务主体可能隐瞒本应由公司获得的大宗合同（订单），而在离任后，由本人或其指定的他人利用该商业机会获取利润。因此，义务主体在离任后不得使用在任期内隐瞒的商业机会，这是董事不得篡夺公司商业机会义务的延续。①

在实务中，已有法院对此观点持肯定态度。② 法院认为，管理者离职后，对公司财产虽不再拥有控制力，委任合同的效力也随之终止，但是高级管理人员对无形财（资）产（信息、客户）的控制力和利用力并没有立即消除，还存在后续影响。如果董事利用任职期间获取的商业机会损害公司利益，应当承担相应的责任。当然，由于离任主体所负义务只是“不得篡夺公司机会义务”在时间上的自然延伸，因此要求已离职的主体承担相应责任时应持谨慎态度。司法实践中，公司应当举证证明“该商业机会是董事在任期内获得的”，并且董事在离任前未向公司披露这一机会。如果董事、高级管理人员在离任前已向公司披露相关商业机会，后续利用应当属于商业社会中的正常竞争行为。

（二）公司机会的认定

1. 公司机会认定逻辑

公司机会的认定是“禁止篡夺公司机会”规则的核心问题。在确立我国公司机会认定标准时，立法采取相对严格的标准认定公司机会，再以美国判例法“所有权原则”中的若干认定要素作为行为人承担篡夺公司机会

---

① 参见蒋大兴：《董事离任义务立法规制研究——兼论我国〈公司法〉之修改》，载《法学评论》2001年第5期。

② 参见上海市第二中级人民法院民事判决书，(2008) 沪二中民三（商）终字第283号。

责任的抗辩事由。正如学者所言，一个好的判断标准，应当保持相对严格，但在公司不能合理利用机会的情况下，又可允许董事利用。[①] 之所以采取相对严格的基本判断标准，是因为现阶段法官的专业素养难以胜任逐一审查繁杂的案件事实，综合考量公平、经营范围、利益以及期待利益等因素，从而合理裁夺商业机会归属的工作，而相对严格的认定标准可以降低司法成本和裁判人员的工作难度。

（1）第一步检视：公司是否有参与可能性

“公司机会”一词最鲜明的特点是“机会”一词的未来指向性和不确定性，董事和高级管理人员在担任公司职务期间必然会接触形形色色的商业信息，而并非所有信息都能成为商业机会，故首先应通过“期待测试”标准判断公司参与商业机会的可能性。

商业机会意味着商事主体获得某种商业利润或达成某项交易的可能性。[②] 因此，公司机会首先表现为公司有参与洽谈的可能性。由于机会本身具有不确定性，因此公司只要对参与竞争或者进一步洽谈争取交易有期望即可，无需达到专属性或者排他性地享有交易机会的程度。可以说，第一步“期望检视”标准极低。在笔者看来，法院不能仅因为该商业机会不在公司当前经营范围或者公司目前对这个机会不感兴趣，而直接否定公司对这个机会主张权利的可能性。

如果由于外部因素而导致某个商业机会自始不可能存在，比如第三方因信任基础拒绝与之交易，或者公司因主体身份自始不存在以自己的名义参与竞争的可能性，则董事可以个人身份去争取这个机会。这是公司机会第一步检视中唯一的负向排除理由。当行为人主张公司并不存在参与可能性时，应当由被告提供充分的外部证据证明。

---

① 参见薛前强：《质疑公司机会准则制度移植的法效果》，载《湖北社会科学》2019 年第 3 期。

② 参见吕来明：《论商业机会的法律保护》，载《中国法学》2006 年第 5 期。

（2）第二步检视：是否“利用职务便利”

前已述及，我国《公司法》规定将“利用职务便利”视为篡夺公司机会的构成要件，这是在法律移植的过程中对公司机会和篡夺公司机会行为两个法律关系的误解而产生的立法疏漏，有意义的理解是，“利用职务便利”仅关乎公司机会认定这一核心问题。而对“利用职务便利”，可以从以下两个方面进行认定：是否基于公司中的职务身份或地位；是否利用公司资源。①

其一，基于职务身份认定公司机会。公司作为法人实体，其行为需要依靠代表公司执行具体事务的自然人实施。面对商业社会林林总总的信息，公司需要作为自然人的董事和高级管理人员为其搜集、分辨、筛选，以发现符合公司发展目的的商业机会，即使是交易对方主动提供信息，也需要董事和高级管理人员作为公司的代理人予以接受。大多数情况下，商业机会的提供者是基于董事或高级管理人员作为目标公司的决策者这一特殊身份而向其提供机会，这是商业机会的职务因素。② 正如美国法院在 Rapistan Crop v. Michaels 一案的判决中指出：“在商业机会的认定中，首先需要确认的是公司高级职员或董事获得该机会是基于个人身份，还是基于职务身份。”③ 因此，董事和高级管理人员作为公司的代理人而获取的商业机会，均应属于公司的商业机会。

但就董事和高级管理人员代理公司获得商业机会的认定，在其判断标准上存在一个较大的争议，即必须是董事和高级管理人员在执行公司日常经营管理职务过程中接触到的商业机会才应当被认定为公司机会，还是只要基于其职务身份接触到的商业机会均属于前述范畴？有学者强调，现任

---

① 参见车传波：《公司机会准则的司法裁判》，载《法律科学（西北政法大学学报）》2010 年第 5 期。

② 参见杨川仪：《美国公司法公司机会原则探析——以美国缅因州东北海岸高尔夫俱乐部诉哈里斯案为例》，载《当代法学》2013 年第 3 期。

③ 王肃元：《禁止篡夺公司机会规则的立法完善》，载《甘肃政法学院学报》2011 年第 4 期。

董事、经理，其在与执行公司职务无关的时间和场合获得的交易机会均不应认为是公司机会，即使该商业机会与公司经营活动密切相关。[①] 前文实证研究也表明，我国法院的确主张公司机会需在“执行职务中”获得。[②]

但司法实践表明“执行职务中”这一公司机会认定标准“过于狭窄”。[③] 申言之，执行职务过程并没有确定的衡量标准，况且在现代商务活动中，个人生活与工作职务根本无法分开，由于各种远程办公模式，工作时间与休闲时间无法明确区分，如何认定这样的商业机会是否属于前述情形已成为很大的问题。

而职务身份与“在执行公司职务中获得”这种表述相比，开放而富有弹性，其中深意大抵与《公司治理通则：分析和建议》第 5.05（b）条所指情形相一致。因此，鉴于董事具有从事公司活动的职责，而该职责又会带来公司商业机会，若董事以职务身份遇到一项商业机会，且将该商业机会提供给公司是其忠实义务的要求，[④] 应毫无疑问认定该商业机会属于公司机会。基于“禁止篡夺公司机会”规则设定特殊“不争义务”的规范目的，在不明确董事和高级管理人员是否因职务身份获得商业机会时，均应认定为公司机会。即只要行为主体被确定为规制范围内的义务主体，原则上，无论该商业机会在何种时间场合，以何种方式呈现，均应认定为公司机会。

当然，基于职务身份的判定并非绝无例外。“个人身份”即是一项备受公认并针对公司主张商业机会保护请求权的有力抗辩，如果抗辩人宣称

① 参见张耀明：《论公司机会准则》，载《社会科学》2006 年第 9 期。

② 参见广东省广州市中级人民法院民事判决书，（2012）穗中法民二终字第 1316 号。

③ 参见［英］保罗・戴维斯：《英国公司法精要》，樊云慧译，法律出版社 2007 年版，第 195 ~ 199 页。

④ 参见刘霄鹏：《侵犯公司商业机会要件之认定——规则差异引致的思考》，载《财会月刊》2018 年第 7 期。

自己获得某一机会时，其呈现个人身份而非公司受托人身份，那么他就能够利用该机会。我国司法实践部分案例已经体现出这种裁判思路，即有充分证据证明相关商业机会是由于交易对方认可董事和高级管理人员个人的能力而提供，法院一般不认定被告篡夺公司商业机会。这种情况在建筑设计、品牌设计等强调服务提供者个人能力的特殊行业中尤为典型。笔者认为，假定特殊行业（如设计行业）或者交易性质（交易本身强调人身专属性而非公司资源或能力）给管理者利用“个人身份”获得商业机会提供了可能，那么法院应当考虑这种可能。值得注意的是，法院应当将证明责任交由抗辩人，由抗辩人证明这一机会的确是因其个人身份而获得的。这种证明责任首先体现在证据来源方面，因与商业机会相关的信息往往掌握在被诉管理者手上，如果仅将董事和高级管理人员的证言作为唯一的证据，法院不应草率认定这一机会是其基于“个人身份”而取得的。总而言之，“商业机会系基于董事和高级管理人员的个人身份而取得的事实”是认定基于职务身份取得商业机会的唯一负向排除情形。

其二，基于“利用公司资源”认定公司机会。司法实践中，有一种特殊情形难以通过“公司职位”标准来界定公司机会来源。例如，企业管理者通过管理公司的便利，利用公司的名义、商标、专利或设备等资源，私自承接订单生产并销售产品获利。由于企业管理者面向的是不特定的交易对象，很难界定特定的商业机会的来源是否基于其在公司的职务身份，且行为人并未直接转移公司的财产或者侵占公司的可消耗品，这种机会主义行为很难受到侵占公司财产等其他规则的规制，即使通过迂回解释纳入规制范围，“返还原物”或者“赔偿损失”等责任承担方式也无法涵盖公司的真实损失，而“禁止篡夺公司机会”规则所特有的归入权——“所得收益归公司所有”能在更广泛的范围内维护公司利益。事实上，这也是“禁止篡夺公司机会”规则的应有之义，如果某一商业机会产生所需的核心资源，如资料或相关信息等都属于公司，那么该商业机会的价值主要是由公司的相关资源转换而来，由此形成的商业机会通常也应当属于公司，[①] 此处公司资源包括但不限于资金、技术、人力、设备、商标、企业和品牌影响力等。当然，如果某个特定的商业机会本身的形成即依赖公司资源，该机会也当然属于公司机会，而无须迂回采用“职务身份”判断标准。正如学者所言，董事或者高级管理人员利用公司的资源（公司的财产、信息、资质或者无形资产等）接触到一个商业机会，该商业机会理应被认定为公司机会。[②] 如果董事和高级管理人员未向公司披露，而是自己擅自利用该机会，应被认定为篡夺公司机会，因为其利用公司的财产、信息谋取自身的利益。[③]

事实上，美国的 Guth 案也为公司机会准则“利用公司资源”的认定要素提供了一个注脚，即如果董事利用公司资产谋取个人利益，那么该董事因为侵占公司机会而应受到规制。[④] 学者认为，美国判例法中的“资产利用标准”举足轻重，即使被利用的资产对公司而言无足轻重，也可适用公司机会准则。[⑤] 此时，篡夺公司机会责任的认定是对信托关系的适用。

2. 公司机会认定标准的限缩

上述分析表明，对公司商业机会的认定应当分两步检视：第一步从公司是否有参与可能性方面检视，即是否存在所谓机会；第二步从行为人的职务身份和案涉商业机会是否利用公司资源两方面审查，即是否“利用职务便利”。这就将公司物质能力、是否付出实质努力和交易对方意愿等因

---

① 参见沈贵明：《公司商业机会的司法认定》，载《法学》2019 年第 6 期。

② 参见杨川仪：《美国公司法公司机会原则探析——以美国缅因州东北海岸高尔夫俱乐部诉哈里斯案为例》，载《当代法学》2013 年第 3 期。

③ See Melvin A. Eisenberg, *Corporations and Other Business Organizations*, Foundation Press, 2006, p. 484.

④ See James Carpenter Gries, *The Doctrine of Corporate Opportunity, Has It Meaning in Arizona?*, 9 Arizona Law Review 59 (1967).

⑤ 参见薛前强：《质疑公司机会准则制度移植的法效果》，载《湖北社会科学》2019 年第 3 期。

素排除在外。因受美国公司机会规则“所有权原则”判断标准的影响，司法实践中出现将众多因素纳入案件裁判考量范围，且将公司机会认定与篡夺公司机会行为的认定相混的情况，以下逐一廓清与公司机会认定无关的其他因素。

（1）公司物质能力

法院将公司物质能力作为认定公司商业机会的考量因素之一，显然是深受美国“公平标准”的影响，公司财力是该标准的重要考量因素之一。笔者认为，这一观点是备受质疑的。从法理角度看，公司是否有能力实现商业机会与义务主体是否对公司负有不得篡夺商业机会的义务，本身是两个问题。[①] 即使公司目前没有足够的资源和条件利用商业机会，身为掌握公司经营管理权限的董事和高级管理人员本身负有为公司筹措资金、争取资源去谋取商业机会的义务，从而使公司发展壮大，而非以此为由，为自己利用相应机会谋取私利进行辩护。法院的观点可能会助长管理人员应对公司经营困境的消极情绪，转而为自己谋取商业机会。如汉密尔顿所言，这种抗辩可能导致董事倾向于不尽自己最大努力为公司谋取利益。从法院审判角度而言，在案件中法院应当扮演中立角色，判断被告的行为是否违反公司法规定的“禁止篡夺公司机会”规则，而非充当商业社会中的经营管理者替公司判断某个商业机会是否可能实现，公司是否具备相应条件或资源，抑或公司如何利用该机会，这些都不应当在法院考量的范围内。再者，法院审判时，往往也是依据掌握公司经营管理权的董事和高级管理人员提供的事实材料，其客观性无从保证。因此，法院将公司利用机会的能力作为认定是否篡夺公司机会的关键因素，就专业程度和裁判依据来源两个方面而言均不适合。

① 参见钱瑾：《禁止篡夺公司机会的司法裁量路径探索》，载《开封大学学报》2015 年第 3 期。

（2）交易对方意愿

前文实证研究表明，法院普遍将交易对方意愿视作认定公司商业机会的考量因素。法院的裁判观点大体如下：其一，交易对方对与公司的合作明确表达消极意愿的情况下，法院一般认定案涉机会不属于公司商业机会；其二，部分法院将交易对方的积极意愿作为认定公司商业机会的必要因素；其三，在某些特殊行业，一旦交易对方明确表示是基于被告个人的能力而选择交易对象，则不认定被告篡夺公司机会。理论界对该问题的态度同样有较大差异。有学者认为，在交易对方不愿与公司交易的情况下，该机会便不能被认定为公司机会，董事当然可以利用。[①] 也有学者认为，依据交易对方意愿来认定公司商业机会，实际上是混淆了商业机会的利用与商业机会的含义。事实上，交易对方意愿并不是认定公司机会的必要条件。[②]

上述观点各有道理，法院的裁判思路也大体符合公平原则。综合梳理，笔者发现尽管实务界和理论界说法不一，但基本遵循如下原则：其一，交易对方的积极意愿不是认定公司商业机会的必要条件，在交易对方意愿不明朗或者无法确证时，不能就此否认公司机会的存在。尽管部分案件中提及交易对方的积极意愿，那也只是对公司已经形成的商业机会的认同和佐证。其二，交易对方的消极意愿即明确拒绝与公司交易的事实，可以否认公司机会的存在。因为公司机会首先是一种获得商业利益的可能性，而对方的消极意愿显然否认了这种可能性的存在，因此无所谓机会的归属。其三，在特殊行业中，当交易对方明确选择合作对象是基于个人能力而非公司时，事实上否认了相关机会来源的职务因素，因此也不能认定为公司机会。当然，由于交易对方的意愿是一种主观态度，在司法实践中

① 参见曹顺明、高华：《公司机会准则研究》，载《政法论坛》2004 年第 2 期。

② 参见沈贵明：《公司商业机会的司法认定》，载《法学》2019 年第 6 期。

需要外化的客观证据予以证明，这些证据可以体现为商业谈判、会议记录、第三人出具的意向书、合作声明或类似的文字语音材料等。[①]

(3) 公司付出实质努力

司法裁判将公司对商业机会作出何种反应作为认定公司机会的依据，这也是认可度颇高的做法，但笔者认为这一做法有违基本逻辑。公司是否为商业机会投入人力、财力、物力，是否积极谈判磋商或者为满足交易条件而积极准备，都是对其所拥有的商业机会处置意愿的体现，前提是公司已经拥有该商业机会。商业机会本就具有不确定性，属于公司的商业机会也不例外，最终实现与否不仅取决于公司如何付诸实质努力，还取决于交易对方的选择，甚至包括某些客观因素。不能仅因为公司未积极投入人力、财力、物力，即认为公司未拥有该商业机会，这本质上是以后来之行为否认前期之事实。因此，与其说公司是否付出实质努力关乎商业机会归属的认定，不如说“公司付出实质努力”是为保护公司已经拥有的商业机会不被侵夺的正当性增加一个合理论据，其前提是该商业机会本身属于公司。显然，司法裁判以公司付出实质努力为据，进而认定公司机会有失公允。

(4) 经营范围

司法实践中，经营范围这一因素出现频率颇高，有法官认为相关商业机会必须与公司的经营范围“挂钩”，否则不应当被认定为篡夺公司机会。笔者认为，将公司的经营范围作为认定公司机会的考量因素系不合理限缩公司机会的范围，非明智之举。

首先，公司本身有发展壮大的天然需要，对经济效益的追求是不言而喻的。作为公司的经营管理者，将一切符合公司合理需求和扩张愿望的商业机会进行披露，并协助公司实现交易、获取经济利益是其应有职责，因

---

① 参见黄倩倩:《“禁止篡夺公司机会”实证分析》，载《河北工业大学学报（社会科学版）》2018 年第 2 期。

此一个好的公司机会认定标准不应受限于公司的营业范围，如果把公司机会看成与公司经营范围密切相关的机会，就大大限缩了公司机会的范围，不利于规制董事篡夺公司机会的不当行为和保护公司正当利益。① 其次，随着社会发展，公司经营范围的观念呈弱化趋势，“内在利益驱动下，法人不可能固定在一成不变的经营范围内从事生产经营活动，而倾向于在动态中不断变更范围从事经营”。② 我国立法顺应现实潮流，逐渐放开对公司行为能力、目的范围的限制，2005 年《公司法》删除“公司应当在登记的经营范围内从事经营活动”这一表述，修改后的《公司法》对公司经营范围的约束越发薄弱。目前，公司几乎可以做任何非法律禁止之事。最后，现行法律对商业实践中经营范围的限制并不严格，工商登记的经营范围与实际经营活动范围并不等同，只要所从事业务不需要特殊资质要求，法律并不禁止。如果仅以经营范围为由径直否认相关情形不属于篡夺公司机会，显然与现实商业运作大相径庭。

（三）合理利用抗辩的限缩

根据“禁止篡夺公司机会”规则，公司董事、高级管理人员不得篡夺公司机会，但并非绝对禁止董事、高级管理人员利用公司机会。“禁止篡夺公司机会”规则本身是关于公司内部的特殊归属秩序，但又并非物权般绝对的归属，作为这种归属秩序的例外，域外司法实践确立了一些免责情形，通常情况下，在满足某些特殊要件时，行为人利用属于公司的商业机会也无须承担责任。因此，考虑到我国现实需要和司法裁量的可操作性，立法应为公司机会确立相对严格的认定标准，但为弥补制度的不足，可以吸收借鉴美国法院的有关做法，将“所有权原则”中的若干认定要素作为

---

① 参见王肃元：《禁止篡夺公司机会规则的立法完善》，载《甘肃政法学院学报》2011 年第 4 期。

② 苗壮：《美国公司法：制度与判例》，法律出版社 2007 年版，第 119 页。

董事和高级管理人员篡夺公司机会行为的例外，规定董事和高级管理人员合理利用公司机会的情形，以期兼顾经济发展规律与法律公平正义。

在我国现行法律框架下，“股东会同意”是董事利用公司机会的唯一合理事由，但司法实践表明，《公司法》对篡夺公司机会豁免事由的严苛规定背离商业实践，以致笔者在能力范围内未能找到适用“股东会同意”这一合理抗辩而豁免篡夺公司机会责任的案件。尽管部分法院在裁判中也间接流露出一些其他的免责情形，但由于立法限制，其裁判文书欲言又止。鉴于此，我国下一步公司法律改革应当完善篡夺公司机会的例外规定，以期平衡公司机会的便宜利用和董事忠实义务的全面履行。[①] 笔者认为，公司机会的合理利用可以分“公司不愿利用”商业机会和“公司不能利用”商业机会两种情况探讨。

1. 公司不愿利用

对于公司不愿意利用的机会，普通法国家一般认为董事可以为自己的利益而利用该机会。但英美的司法实践有两种截然不同的操作模式：一种是以美国《公司治理通则：分析和建议》为代表，认为在公司不愿利用的情况下，董事无须经过公司特别的同意即可利用该商业机会；[②] 另一种是以英国判例与学说为代表，即在公司不愿意利用的情况下，董事利用相关机会还须经过公司同意。[③]

目前我国《公司法》采取由股东会或股东大会同意的模式，可见我国不仅要求公司拒绝利用该机会，还要求公司同意董事或高级管理人员利用机会，并且作出同意表示还需要由公司最高权力机构——股东（大）会决定。这就给董事和高级管理人员合理利用公司机会设定了极高的要求。前

---

① 参见侯怀霞：《我国“禁止篡夺公司机会原则”司法适用研究》，载《法商研究》2012 年第 4 期。

② 参见美国法律研究院：《公司治理原则：分析与建议》（上卷），楼建波等译，法律出版社 2006 年版，第 328 ~329 页。

③ 参见曹顺明、高华：《公司机会准则研究》，载《政法论坛》2004 年第 2 期。

文实证案例所涉及的公司大部分为封闭的有限责任公司，绝大部分是股东人数低于5人的高人合性公司。即便如此，仍无一例股东会批准义务主体利用公司机会的案件，更遑论股东人数众多的股份公司，如果要求其审核同意董事、高级管理人员对公司商业机会的利用，不大现实。事实上，公司“拒绝”利用公司机会，可以得出公司已经解除董事、高级管理人员在个案上的“不争义务”这一结论，故董事、高级管理人员便可以利用此机会。[①] 显然现阶段《公司法》唯一的合理利用规则过于僵硬，与商业实践难以兼容。

出于效率考虑，笔者认为，我国对于董事和高级管理人员合理利用公司不愿利用的机会的情形，可以借鉴美国法院的做法，只要公司明确拒绝利用该机会，无须再由公司作出同意决定，董事和高级管理人员即可利用该机会。为了避免传统观点的僵硬和死板，批准程序的设计上可以做一些变化，由董事会而非股东会对相关事项进行决策，只有这样，才能更好地保护公司的利益。当董事和高级管理人员因公司拒绝利用商业机会而主张自己合理利用相关机会的权利时，应证明董事会作出过拒绝利用的明确表示。

公司机会是否被利用是一项涉及实质性判断的决策，但股东仅是公司的出资人，并不参与公司的生产经营，由具备专业知识技能和判断能力的董事会来决定是否利用公司机会显然更符合公司的根本利益。[②] 由于董事会本身包含企图利用公司机会的成员，研究普遍疑惑，董事会不会对利益相关的事项保持独立的、毫无偏见的立场。尽管这种担忧仍然存在，但基于现代商业社会的复杂性和效率性要求，由董事会就是否利用公司机会作出决定仍为上策，一个可以接受的做法是：在董事或高级管理人员对相关

① 参见胡海涛、杨毅：《公司机会规则概念之检讨及其体系性解释》，载《河北法学》2017年第12期。

② 参见杨巍：《论我国“禁止篡夺公司机会”规则的完善》，载《经济论坛》2012年第12期。

机会进行充分披露的前提下，严格遵循回避制度，由不相关的董事共同作出是否利用公司机会的决议，从而豁免董事、高级管理人员利用公司机会的责任。

需要强调的是，将公司不愿利用商业机会作为豁免董事和高级管理人员利用公司机会的例外情况，必须严格遵循举证要求——证明公司董事会明确拒绝利用该机会。换句话说，任何人不得以公司默示放弃商业机会，或者以公司对是否利用商业机会处于未决状态为由主张合理利用公司机会。

2. 公司不能利用

至于董事、高级管理人员能否利用公司不能利用的商业机会，对坚持严格责任的英国法院来说，公司有无能力与董事的信义义务没有任何关系，因此 Regal 一案确立的规则是，董事不得篡夺公司机会这一义务并不建立在欺诈或缺乏善意的基础上。即使公司不能利用机会或已拒绝利用该机会，董事自己也不可以利用该机会。① 相比之下，美国法院的裁判逻辑似乎更走极端，有的法院认为公司的财政能力与董事是否篡夺公司机会没有关联，因为通过操纵公司报表或其他审计工具制造出公司没有财政能力的假象对掌握公司经营管理权的篡夺者来说是很容易的；有的法院则认为在公司财政不能的情况下，公司合理拒绝相关商业机会后，董事可以利用相关机会符合公正要求。②

国内理论界通说认为，由于财务状况涉及很强的专业知识，且公司完全有可能通过融资或者其他方式改善公司的财务结构，因此除非公司同意董事利用该机会，否则董事不得以公司财务困难为由进行抗辩。③ 如前文

---

① 参见傅建武：《英美法上的公司机会理论》，载《北京化工大学学报（社会科学版）》2003 年第 3 期。

② 参见杨川仪：《美国公司法公司机会原则探析——以美国缅因州东北海岸高尔夫俱乐部诉哈里斯案为例》，载《当代法学》2013 年第 3 期。

③ 参见冯果：《“禁止篡夺公司机会”规则探究》，载《中国法学》2010 年第 1 期。

所述，公司物质资源上的缺乏不影响公司机会的认定与此观点是一脉相承的，存在改善可能的障碍（如财力不足或者设备缺乏等）既不能影响公司机会的认定，也不足以成为董事、高级管理人员利用公司机会的合理事由。但值得注意的是，除了财务或设备等物质上的不能，导致公司最终无法实现商业机会的，还有法律上的不能和事实上的不能。例如，若一项商业机会属于公司，但由于法律的强制性规定，公司绝无可能利用该机会，或者由于公司已经处于被吊销营业执照、停止经营等特殊状态而丧失利用公司机会的可能性。此时，如果仍然拒绝董事和高级管理人员利用该机会，可能造成社会资源的浪费，也无法满足董事、高级管理人员追求个人经济效益的合理要求，从而极大地挫伤其工作积极性。

（1）法律不能

实证研究表明，对公司因法律强制性规定而无法利用相应商业机会的情况，我国法院在裁判中认定被告利用该机会并不构成篡夺公司机会，笔者对此持支持态度。相较于上述在财力、资质等物质条件上的缺乏导致的公司机会利用不能，法律法规或者公司章程明确禁止公司从事某项业务，是一种相对明确的情况，法院完全可以通过审查相关法律规范以及事实来确认，而董事和高级管理人员也无力通过任何积极作为促成公司机会实现。在此情况下，为降低交易成本，在法律明确禁止公司利用一项有价值的商业机会的情况下，董事和高级管理人员可以直接利用，无须公司同意。

（2）事实不能

司法实践中，若出现了公司因陷入特殊状态而不能利用公司机会的情况，如公司被吊销营业执照随之停止经营，或者股东一致决定关停所有业务，法院的态度是：否认特殊状态下的商业机会为公司机会。除上述情况外，也有学者就公司处于破产状态的情况进行探讨，认为公司能够对外交易的前提是正常经营，如果此时公司已处于破产状态，已经丧失了继续生产经营的能力，其此时的行为能力应限定为满足破产需求的活动，不能再开展新的业务。[1]

笔者认为，当公司处于停止经营、破产清算状态下，相应机会处于一种“事实不能”状态，此时，董事和高级管理人员对商业机会的利用无可厚非。但须注意，公司的特殊经营状态并不影响公司机会的认定，因为严格来说，只要经过公司机会认定的两步检视，案涉商业机会均应属于公司机会，即使公司处于停止营业的状态，其权利主体的资格仍然存在，相关商业机会仍然归属于公司。在这种极端特殊情况下，仍坚持董事和高级管理人员不能利用公司机会有违商业社会的效率原则。此时，董事和高级管理人员得以利用该机会是由于公司处于“事实不能”的特殊状态，出于利益平衡的考量而豁免其责任。当然，义务主体仍然需要承担证明责任，提供充分的证据证明公司正处于该种特殊状态。

第二节　勤勉义务实证研究

一、实践面向：勤勉义务之实证考察

（一）关于样本来源的说明

“裁判文书上网”始于最高人民法院《关于司法公开的六项规定》（法发〔2009〕58号），全国各地各级法院自该规定公布施行之日（2009年12月8日）起，逐渐将生效裁判文书上传至互联网。因未检索到2009年至2010年的相关案例，故本节所选案例实际自2011年1月1日起，2021年10月1日止，时间跨度约为10年。为尽量扩大样本容量，本节选

① 参见杨巍：《论我国“禁止篡夺公司机会”规则的完善》，载《经济论坛》2012年第12期。

取案例源自北大法宝①、威科先行②、聚法网③三大主流司法案例检索平台，这些数据库具有内容丰富、分类权威、数据准确等诸多优势，能够有效保证样本数据的权威性与准确性。关于检索方式与结果，笔者先以《公司法》第147条第1款、勤勉义务、注意义务为关键词进行检索，然后对初选案例进行剔除与筛选，最终选取了121个有效样本案例作为实证分析样本。

（二）勤勉义务执行之具体情况

1. 案件审理的时间

根据所选样本案例，2011年至2014年，案例数量总体呈现增加趋势，其中2014年最多，为19个。虽2014年后案件数量有所回落，但自2016年开始又有所上升，2019年重返19个高峰（见图2－4）。

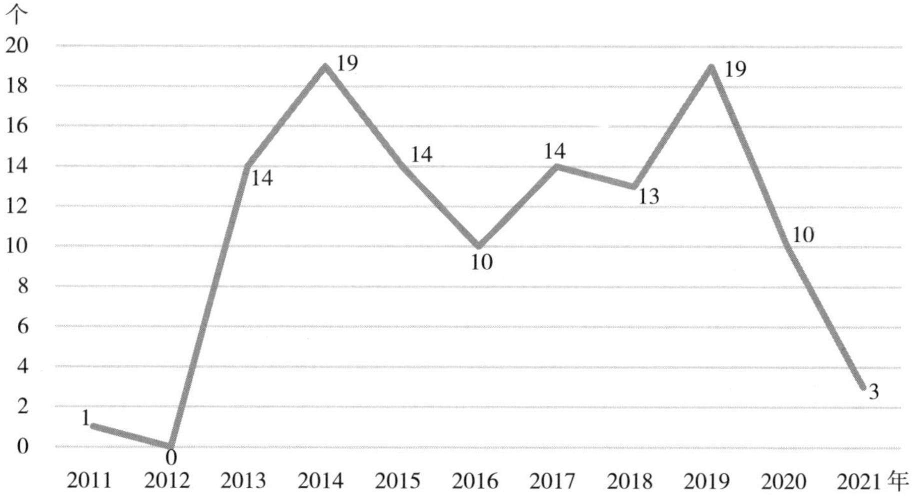

图2－4　2011～2021年案件数量分布情况

---

① 北大法宝，http://www.pkulaw.cn/case/，最后访问时间：2021年10月10日。

② 威科先行，https://law.wkinfo.com.cn/judgment-documents/list?tip=0，最后访问时间：2021年10月10日。

③ 聚法案例，https://www.jufaanli.com/，最后访问时间：2021年10月10日。

深究 2014 年案件数量出现较大幅度增长的原因，可以猜想，较 2005 年修订的《公司法》，2013 年修正的《公司法》推行注册资本认缴登记制，放宽了对公司注册资本最低限额的限制，并且对首期缴纳资本比例不再作强制性要求。除此之外，2013 年修正的《公司法》还取消了公司登记提交验资证明的要求和对公司以货币形式出资的比例限制，降低了设立公司的门槛，极大地激发了投资者的创业热情。国家统计局数据显示，2014 年全国登记注册的企业法人总数为 10, 617, 154 个，2013 年登记注册总数为 8, 208, 273 个，同比增加了 2, 408, 881 个，增幅约为 29. 35%。公司数量的大幅度增加使得与公司相关的诉讼纠纷随之增加，那么与董事勤勉义务相关的案件急剧增多也就不难解释了。由此作结，2013 年修正的《公司法》的施行可能间接促使董事勤勉义务纠纷案件数量呈现上涨趋势。

2. 诉讼发生与公司股东人数的关联性

如表 2 – 3 所示，在与董事勤勉义务相关的 121 个样本案例中，股东人数为 2 人及以下的样本案例有 64 个，占比 53%；股东人数为 3 到 4 人的样本有 31 个，占总数的 25%；股东人数为 5 至 6 人的样本为 7 个，占 6%；股东人数为 7 人及以上的样本有 19 个，占比 16%。不难看出，在很大程度上，诉讼发生的概率随着股东人数的递增而逐渐降低，当股东人数为 2 人及以下时最容易发生董事违反勤勉义务的情形。为何董事违反勤勉义务的情形更容易发生在股东人数较少的有限责任公司中？执果索因，或许是在有限责任公司中，控股股东大多直接兼任董事及经理的职务，这样就容易形成股东和董事高度重合的局面，① 或形成一体型经理之事实，② 从而"激励"大股东"掏空"公司利益。

① 参见乔宝杰：《对我国有限责任公司治理结构的反思》，载《政治与法律》2011 年第 8 期。

② 参见刘少波、马超：《经理人异质性与大股东掏空抑制》，载《经济研究》2016 年第 4 期。

表2－3　公司股东人数

股东人数	案例数量/个	百分比/%
2人及以下	64	53
3～4人	31	25
5～6人	7	6
7人及以上	19	16

3. 原告类型

原告类型决定诉讼类型，假使原告为公司股东，案件就理应被纳入派生诉讼的范畴；而假使是公司为维护自身利益提起的诉讼，则与普通损害公司利益的案件无异。如表2－4所示，在所选董事、高级管理人员违反勤勉义务损害公司利益的121个案例中，公司直接提起诉讼的有85个，占样本总数的比例高达70%；股东代表公司提起诉讼的样本仅36个，占总数的30%。

表2－4　原告类型

原告类型	案例数量/个	百分比/%
公司	85	70
股东	36	30

我国2005年修订的《公司法》正式确立了派生诉讼制度。而实际上，早在2001年，浙江省嘉兴市中级人民法院在朱某某（公司股东）诉赵某某（公司董事长）案[①]中就认可了股东代表诉讼的合法性和必要性，该案也成为中国股东派生诉讼的重要案例。我国引入股东派生诉讼已经数十年，这项制度也逐渐被当事人认同并且接受，实践中亦不乏股东代表诉讼案例。然而从数据上看，在董事、高级管理人员违反勤勉义务损害公司利

① 参见浙江嘉兴市中级人民法院民事判决书，（2001）嘉经初字第53号。

益的案件中，公司直接诉讼的案件还是远远高于派生诉讼案件，是什么原因导致了这种情况的发生？

究其症结在于，于股东而言诉讼成本过高。股东代表公司提起诉讼，除金钱费用以外，还需要耗费大量的时间和精力成本。如果案件败诉，他们的投入将付诸东流，即便胜诉，他们也无法因案件胜诉获得直接利益，因为最终利益将归入公司，他们只能期盼公司更换管理者后能够盈利，从而间接分享股权分红带来的利益，但这种行为的回报周期极长，而且具有较高的不确定性。此外，在同一家公司当中，容易出现股东之间相互推诿，企图通过其他股东提起诉讼维护公司利益“搭便车”，这样一来，最后的结果可能是没有股东愿意站出来。最后，至关重要的是，在董事、高级管理人员违反勤勉义务的案例中，被告通常直接管理并控制公司，其他股东往往等到董事和高级管理人员违反义务之行为暴露得相当明显时才知晓公司的实际经营状况，而此时公司监督机构已开始采取措施，无需股东插手。派生诉讼原本就仅仅适用于公司无法亲自维护自身利益的情形，又加之股东提起代表诉讼限制重重，公司直接诉讼多于代表诉讼也就在情理之中。

4. 被告被诉行为类型

被告被诉行为可分为以作为方式和不作为方式损害公司利益两种情形。在所选的121个样本案例中，公司或者股东以董事之作为违反勤勉义务提起诉讼的样本案例有71个，占总数的59%；因不作为方式招致诉讼的有50个，占总数的41%。

较不作为而言，以作为方式违反勤勉义务损害公司利益更容易识别，只需确认董事有无该行为即可。对于不作为而言，要查明董事是否违反勤勉义务不仅需辨明某一义务是否属于其工作职责的范畴，更需厘清“正常经营管理行为”的边界，假使董事已经履行了其工作职责，那么此种情势下的不作为也不能被纳入违反勤勉义务的范围。实践中比较常见的是，公司并未对董事的工作职责和工作内容加以明确地规定，这样就使得公司无法确认董事是否履行工作职责，因此直接提起诉讼请求董事承担责任的情况也就较少。

此外，在董事和高级管理人员因作为方式招致诉讼的案例中，包含未经股东会决议擅自作出决策、董事和高级管理人员超越管理权限与第三人签订合同、董事和高级管理人员行为触犯《刑法》致使公司受到行政处罚等多种情形；而以不作为方式招致诉讼的情况包括公司董事怠于履行职责、离职时未妥善办理相关手续或交接相关材料、未对公司基本风险作出有效识别等情形（见表2－5、表2－6）。

表2－5　“作为”类勤勉义务案件类型分布

类型		数量/个
权力滥用	签署损害公司利益的协议	42
	因违法虚开增值税发票或违规生产等行为触犯《刑法》致使公司受到行政处罚	
	违法抵押公司设备	
	实施关联交易	
	违反法律、公司章程规定对外借款或担保	
越权行为	未经股东会/董事会同意对外签订合同	29
	擅自决定公司的经营计划/投资方案	
	擅自出租/出借/处分公司财产	
	违反公司财务制度，擅自对外转账	
	擅自提升职工薪酬	

表2－6 “不作为”类勤勉义务案件类型分布

类型		数量/个
怠于履行董事职责	未执行/及时执行股东会/董事会决议	34
	未及时提供相关材料，致公司受罚	
	怠于追究债务人责任	
	怠于履行清算义务	
	怠于整改公司内部违规行为	
	放任其他高级管理人员侵害公司利益	
未对公司基本风险作出有效识别		13
离职时未妥善办理相关手续或交接相关材料		3

5. 法院裁判结果分析

（1）对勤勉义务之“概括条款”是形式审查还是实质审查

《公司法》对“勤勉义务”最直接且核心的规定属第147条[①]，但其笼统、概括性的法律表达为学术界与实务界所诟病，当然这亦与“宜粗不宜细”的公司立法风格不无相关。

概括性立法在实践中如何被引用与解释是我们无法规避的问题，亦是我们最应关心的问题。通过阅读121个有效样本案例，笔者发现法官在裁判中通常采用两种方式审查《公司法》第147条之规定：形式审查和实质审查。形式审查指仅审查案涉程序性规定，如决策过程是否完整、合理，主观意思是否为善意，利益冲突是否得到披露或规避等。[②] 实质审查又可称为“客观标准”，即考察董事的商业决策是否满足一个审慎经理人在相

① 《公司法》第147条规定：“董事、监事、高级管理人员应当遵守法律、行政法规和公司章程，对公司负有忠实义务和勤勉义务。董事、监事、高级管理人员不得利用职权收受贿赂或者其他非法收入，不得侵占公司的财产。”

② 参见周天舒：《论董事勤勉义务的判断标准——基于浙江省两个案例的考察》，载《法学杂志》2014年第10期。

同情形下所应达到的勤勉标准。

通过研读这 121 份案例裁判发现，法官采用形式审查方法审查“概括条款”的案件远超过实质审查，这表征法官在裁判中更青睐采用形式审查标准判定董事是否违反勤勉义务。而颇值思量的问题是，缘何法官在实践中更愿采用形式标准审查呢？究其原因，笔者分析如下：

一是现行立法的功能性缺位。粗糙且不周延的立法所引致的结果便是一连串疑问：判定董事违反勤勉义务的司法审查标准为何？哪些情形属于董事违反了勤勉义务？是否需要依公司所属类型确定不同的裁判标准？董事如何承担责任、承担责任应该采取何种归责原则、赔偿标准是什么？等等。对于这些疑问，我国《公司法》无法给出相应且令人满意的答案。一系列疑问之下，法官在裁判中更容易“避重就轻”，通过审查程序性内容来为下达最终裁定找寻理由，而“判定董事违反勤勉义务之核心标准”或“实质内容”自然易被选择性忽略，那么“巧妇难为无米之炊”的现实状况也就不难理解了。

二是裁决水平的原生性差异。我国董事勤勉义务立法本就存在粗糙、逻辑不严密的问题，致使法官在援引时显得捉襟见肘。而法官队伍本身专业素质的参差不齐也是影响裁判方式的一大重要因素。追究董事违反勤勉义务的责任对于法官在知识结构和经验方面具有极高的挑战性，而我国法官的职业化程度（特别是对《公司法》方面知识的熟悉度）俨然是一个现实“瓶颈”[①]。通过阅读案例发现，引用域外“商业判断规则”（Business Judgment Rule）等理论来审查董事是否违反勤勉义务的裁判案例仅为个位数，多数法官更倾向于从形式审查角度来理解并作出最终的裁判。再者，基于我国“成文化”的立法传统，法官只得从现有法律文本出发来理解法

① 参见赵骏：《董事勤勉义务研究：从域外理论到中国实践——以行为法经济学为视角》，载《浙江学刊》2013 年第 2 期。

律，这便足以理解法官缘何更青睐“形式审查”。

（2）裁判结果是否考虑衡平机制

是否考虑衡平机制指法官在裁判案件中有无考虑双方当事人过错、公平责任承担或适用董事责任限制制度、商业判断规则等减轻或免除董事责任。通过阅读121个样本案例，笔者发现法官在裁判中考虑衡平机制的案例共22个，占比18%；未考虑衡平机制的案例共99个，占比82%（见表2-7）。那么是何导致法官在考虑衡平董事责任承担时受到阻碍？究其原因，作如下分析：

表2-7　衡平机制考虑情况

是否考虑衡平机制	案例数量/个	占比/%
是	22	18
否	99	82

其一，立法之“严格”勤勉义务标准。不同于英国、美国所采用的“宽松的”勤勉义务标准，我国公司立法所采用的是一种“严格的”勤勉义务标准。《公司法》规定勤勉义务的三个条文（分别是第112、147、149条）中，共有两个条文论及董事的赔偿责任，尤其是第149条规定：“董事、监事、高级管理人员执行公司职务时违反法律、行政法规或者公司章程的规定，给公司造成损失的，应当承担赔偿责任。”即董事只要执行公司职务时违反法律、行政法规或者公司章程的规定，给公司造成了损失，就需要承担赔偿责任①，这显然是一种严格的“结果责任”。因此，法官在案例裁判中便鲜少综合考虑各方过错或适用公平责任确定最终的责任承担比例。

其二，商业判断规则尚未引入。“商业判断规则”是美国判例法中所

① 参见任自立：《公司董事的勤勉义务标准研究》，载《中国法学》2008年第6期。

发展出来的一系列免除公司董事就合理经营失误而承担责任的规则。对于我国公司立法是否应当引入此规则，支持、反对或持谨慎观望态度者兼而有之。尽管商业判断规则在鼓励商业冒险精神、降低公司潜在成本等方面有诸多裨益，但我国《公司法》并未将其纳入。因此，法官在实践中便鲜少引用此规则作为裁判说理。

二、实证分析：勤勉义务之裁判逻辑

《公司法》对勤勉义务的规定过于抽象，且缺乏明确的裁判标准，因此，通过案例分析法官如何裁判勤勉义务就显得十分必要。有鉴于此，笔者通过研读 121 个样本案例，并归纳其中可能的共性标准，试图从中探索勤勉义务的司法裁判逻辑。

（一）责任确定之路径

在司法裁判中，董事、高级管理人员应负勤勉义务之观点毋庸置疑，但在个案中以何种标准判断董事、高级管理人员是否违反该项义务，因法律空缺出现不同裁判思路。

1. “侵权责任构成要件”之标准

由于民法与商法的紧密关系，当商法中的某项制度存在空白，法官又无法拒绝作出裁判时，便对民法规则进行探索，试图借助民法基本制度解决现阶段未达成统一观点的难题。在这种理念下，董事、高级管理人员违反勤勉义务使公司受损，或可理解为董事、高级管理人员的不当行为侵害公司利益，进而使用侵权责任构成要件来审视董事、高级管理人员是否违反勤勉义务。

以李某某与李小某损害公司利益责任纠纷案为例，[①] 李某某作为长川

① 参见北京市第二中级人民法院民事判决书，（2019）京 02 民终 2056 号。

公司执行董事兼经理，在相关医用器械注册证到期且新申请尚未审批通过期间内，继续违法经营，导致公司受到房山食品药品监督管理局的行政处罚。法院认为本案争议焦点在于李某某是否违反了作为董事、高级管理人员所负有的忠实、勤勉义务，是否要对长川公司所受罚金处罚承担相应赔偿责任。但在判决书后文说理部分，法官一笔带过有关勤勉义务的论述，在直接引用《公司法》第147条第1款规定后，转而浓墨重彩解释起《公司法》第149条，即董事、监事、高级管理人员执行公司职务时违反法律、行政法规或者公司章程的规定，给公司造成损失的，应当承担赔偿责任。并点明"……按照上述规定，董事、监事、高级管理人员承担赔偿责任应当具备下列条件：一是必须有公司受到损害的事实存在；二是损害行为必须是行为人违反法律、行政法规或者公司章程执行公司职务的行为；三是违法行为与损害事实之间必须有因果关系；四是行为人必须有过错，也就是必须有过失或者故意……"依照法院此种裁判逻辑，只要满足侵权责任的四项构成要件，就可认定董事、高级管理人员在管理公司过程中违反了勤勉义务，并需就公司损失承担相应赔偿责任。

在司法实践中，即使运用侵权责任构成要件作为判断标准，法官们仍存在分歧。例如，损害行为需为"违反法律、行政法规或者公司章程执行公司职务的行为"，执行公司职务范围该如何界定？在盐城市瑞成消防检测服务有限公司与吴某某损害公司利益纠纷案①中，被诉董事未能在员工离职后及时终止社会保险交纳事宜，致使公司受损，但法院认为，"公司章程未明确被告董事的职责或职权范围包括负责通知公司办公室人员停办解聘人员的社会保险"，因此不能认定被告董事存在违反勤勉义务的情形。

不可否认，侵权责任认定标准或许可以帮助法官暂时解决"无法可

---

① 参见盐城市亭湖区人民法院民事判决书，(2014) 亭商初字第0269号。

依”的燃眉之急，但并不能从根本上解决问题。适用侵权责任四要件作为裁判标准的案例，大多在论证过程中对勤勉义务避而不谈，并直奔《公司法》第149条，进而强调董事、高级管理人员应承担怎样的赔偿责任，这种囫囵吞枣式的裁判方式显然并不利于违反勤勉义务之认定与问责。

2. 商业判断规则

商业判断规则起源于美国19世纪的判例法理，后被不同国家吸收发展，特拉华州最高法院将该规则解释为“推定董事的经营判断是根据可靠的信息、善意地以及诚实地相信该行为是为了公司最佳利益而作出的”。①我国《公司法》暂时未引入该规则，但在司法实践中也能发现其身影，只不过由于没有明确适用标准，法院的引用方式各有不同。

范某、蒋某某损害公司利益责任纠纷案②中，法院指出：“基于公司经营业务的复杂性和商业决策自身的特点，考量公司高级管理人员的责任，应当参照商业判断规则。如果作出商业判断的高级管理人员与作出判断的内容没有利害关系，其有正当理由相信其在当时情形下掌握的有关商业判断信息充分、妥当、可靠，其商业判断符合公司的利益，就应当认定为忠实、勤勉地履行了义务，对由此发生的合理经营判断失误造成的损失，可以减轻或者免除责任。”本案中，法院虽提及商业判断规则，但仅将其作为责任免除或减轻事由，在审查被告是否违反勤勉义务时仍采用侵权责任四要件标准。

上述案例仅有商业判断规则的微弱闪光，在李某某与卢某某高级管理人员损害股东利益赔偿纠纷案中，浙江省淳安县人民法院则直接以该规则认定被告不承担赔偿责任，并在判决书中指出：“被告在经营中尽其最大的能力和努力仍然不能使公司生产、销售延续……依据经营判断规则，因

---

① See Aronson v. Lewis，473 A. 2d 805，812（Delaware 1984）.

② 参见安徽省合肥市中级人民法院民事判决书，（2017）皖01民终7901号。

为被告尽到了勤勉义务，即使公司未能实现经营计划，被告也不须对公司承担赔偿责任，更不必向股东承担赔偿责任。”①

统计现有案例发现，仅有5个案件的法官提及商业判断规则，且适用效果良莠不齐，在某些案件中该规则不过是点到即止的相关名词，对判决结果不产生实质影响（如范某、蒋某某损害公司利益责任纠纷案），然部分案件法官将该规则置于判断董事、高级管理人员是否承担责任的重要地位，且法官对商业判断规则的理解也存在细微差别。②

（二）“勤勉”之标准

1. “一般普通人”标准

简言之，“一般普通人”标准是指董事、高级管理人员尽普通人在类似情况和职权范围内谨慎的合理注意义务履行对公司的职责，勤勉地管理公司事务。只要其尽到了普通人的合理注意，法院就认定其不存在违反勤勉义务之情形。

例如，在东营市黄河口大厦有限责任公司与崔某某损害公司利益责任纠纷案中，法院旗帜鲜明地指出：“勤勉义务是指公司董事、监事、高级管理人员在从事公司经营管理活动时恪尽职守，具有普通谨慎的同行在同类公司、同类职务、同类相关情形中应有的经营管理水平。”③

又如，在沈阳第四橡胶（厂）有限公司与闫某损害公司利益责任纠纷案中，原告试图以高于一般普通人标准评价被告作为高级管理人员的行为，但沈阳市中级人民法院认为：“因涉案产品的配置只能由相关设备的产品产商与高级技工处理与维护，并非被告能力之所及；另外，被告系化

---

① 参见浙江省淳安县人民法院民事判决书，(2009) 杭淳商初字第1212号。

② 参见周天舒：《论董事勤勉义务的判断标准——基于浙江省两个案例的考察》，载《法学杂志》2014年第10期。

③ 参见东营经济技术开发区人民法院民事判决书，(2021) 鲁0591民初70号。

工机械专业本科毕业，涉案公司在聘任被告时应是了解其学历与能力的，同时也清楚公司需要的高管所应具备的专业素养。因此，即使橡四公司所述的设备质量问题存在，也不能归责于闫某未尽到勤勉义务……”①

对上述案例进行分析，法院在董事、高级管理人员勤勉义务的裁判标准上遵循“一般普通人”标准，只要董事、高级管理人员从维护公司利益的角度出发，秉持在类似情况和职权范围的普通人处事之谨慎态度来管理公司日常事务，其行为就应当被认可。在司法审查中，采用“一般普通人”标准认定是否违反勤勉义务，在实然效果方面有其值得称道之处。当前环境下，机遇与风险交错难辨，商业机会稍纵即逝，若董事、高级管理人员行事稍有不当就会面临巨大的责任风险，这将会削减他们的管理投资热情，长远来看不利于公司发展。在这样的背景下，对董事、高级管理人员科以“一般普通人”标准，要求在类似情形下做到一般人应有的理性与谨慎，在某种程度上达到了边际最优。②

2.“专业管理人”标准

“专业管理人”标准与德国法上的“专家标准”③相类似，这是一种严格的专家注意标准，其要求公司管理层须以高于普通人的谨慎注意来管理公司事务。④

我国司法实践中也存在适用“专业管理人”标准之案例。在田某某、魏某、周某某与刁某损害公司利益责任纠纷案中，法院提出：“根据《中华人民共和国公司法》第一百四十七条第一款‘董事、监事、高级管理人员应当遵守法律、行政法规和公司章程，对公司负有忠实义务和勤勉义

① 辽宁省沈阳市中级人民法院民事判决书，（2015）沈中民三终字第01487号。

② 参见［美］威廉姆·T. 爱伦：《公司法和公司治理初论：当代中国公司法中新增勤勉信义义务的前景和问题展望》，黄婕、许世夺译，载《法律适用》2006年第3期。

③ 刘敬伟：《董事勤勉义务判断标准比较研究》，载《当代法学》2007年第5期。

④ 参见任自力：《公司董事的勤勉义务标准研究》，载《中国法学》2008年第6期。

务’的规定，被告作为董事之一，处分所任职公司的财产，应尽到一定的审慎与勤勉义务。……公司董事及高级管理人员，毫无疑问应当诚信、理性履行对公司的职责，尽到一个专业管理人在类似的情势和职权下谨慎的注意义务。”①

俗话说“没有金刚钻，别揽瓷器活”，这和对董事、高级管理人员科以更高要求的“专业管理人”标准，有着异曲同工之处。董事、高级管理人员直接掌管公司生产经营的命脉，理应具备更高的职业素养，否则难以肩负起管理公司之重任，以“专业管理人”标准对其进行鞭策，督促其尽忠职守，在一定程度上有利于保护公司和股东利益，避免出现董事、高级管理人员滥用职权的情况。然而，我国法院在审理与勤勉义务相关的案件时，却很少适用这种严格标准，能找到的案例不过寥寥。原因在于，严格的勤勉义务标准可能超出公司管理人员的知识或者能力，因为很多时候公司管理人员的水平参差不齐，以超出其能力范畴的标准要求他们，很容易打击他们服务公司的热情，这无疑也违背了立法的目的。

（三）举证责任分配

一般民事诉讼遵循“谁主张，谁举证”的原则，然而，在董事勤勉义务的诉讼中，如果严格贯彻这一原则，则会使原告处于不利地位。特别是在股东代位诉讼中，大多数原告股东并不直接参与公司经营管理，要求他们举证证明被告董事为不法之事，可谓困难重重。有鉴于此，有必要了解司法裁判者在具体裁判中如何分配举证责任。

1. “谁主张，谁举证”之遵循

“谁主张，谁举证”被认为是举证责任分配的一般原则，也为绝大多数案例所使用。例如，在雪润（北京）羊绒制品有限责任公司与段某某损

① 四川省简阳市人民法院民事判决书，（2014）简阳民初字第1190号。

害公司利益责任纠纷案中，原告雪润公司主张，被告段某某离职后，公司盘点时发现公司纱线、羊绒等存在大量亏空，部分销售款项未打入账户等情况，认为被告在担任总经理期间违反忠实勤勉义务，没有履行其应尽职责，导致公司管理不善，给公司造成严重损失。法院则认为，原告提交的证据不足以证明段某某在职期间存在违反法律、行政法规或公司章程的行为，也不足以证明段某某违反了其对公司的忠实义务和勤勉义务。因此，原告雪润公司应当承担举证不能的不利后果，故对雪润公司的诉讼请求不予支持。[①]

同样，在北京和贵有信投资有限公司与尚某某损害公司利益责任纠纷案中，原告公司认为，被告尚某某作为风控总监，在未对该项目融资企业和个人进行全面尽职调查的情况下，给出了失准的授信建议和风险分析。且在审核和操作该项目相关企业质权抵押合同时，未尽到谨慎之人的合理注意，导致该项目担保无法实现，借款无法收回。北京市朝阳区人民法院一审审理后认为，证明被告尚某某在公司经营与决策中存在违反《公司法》以及企业章程的行为的举证责任在于原告公司。但是就目前证据而言，原告未能提供有效证据证明被告存在上述行为。原告公司对外签约所产生的风险和责任，不能归因于尚某某风控总监的身份而推定其未尽到勤勉和忠实义务。[②]

上述两个案例都遵循了"谁主张，谁举证"原则，公司作为原告因未达到证明标准而承担举证不能的后果，最终都以败诉收场。

2. 举证责任倒置

举证责任分配的意义不仅表现在由谁提供待证事实的证据材料，更表现为当出现举证不能的情形时，由谁来承担该不利后果。举证责任倒置贯

---

① 北京市延庆区人民法院民事判决书，(2016) 京0119民初4190号。

② 参见北京市朝阳区人民法院民事判决书，(2016) 京0105民初3764号。

穿着公平正义之理念，一定程度上表现为对实质正义的追求，采用举证责任倒置，可以有效维护受害者一方的权益。这一点在公司管理人员违反勤勉义务损害公司利益上体现得尤为明显，特别是在一些“内部控制”严重的公司中，董事等管理人员实际操控着整个公司，中小股东对公司实际运营状况的了解少之又少。如此一来，要求在证据收集上占明显劣势的中小股东承担主要举证责任未免有些不近人情。

通过筛选案例发现，部分法院将证明不存在违反勤勉义务行为的举证责任倒置给被告董事。以陈某与黄某某损害公司利益责任纠纷一案为例，原告股东主张被告作为公司的执行董事，擅自处置交易第三方退回的珊瑚绒毯及次品布，且在未履行内部审批程序的情形下从公司账户拨款 20 万元。法院审理后认为，被告黄某某系案涉公司的执行董事，负责公司的日常经营管理与重要决策。被告在中博公司任职期间，经手了公司的 20 万元款项并处置了相应布匹，但对于其主张的资金系用于归还公司向案外人的借款同时又向该案外人出借了部分款项的事实，未能提供相应的证据，而就其主张的处理布匹所得已用于公司正常运营的事实亦未能提供有效证据予以证实。故法院认为，黄某某作为高级管理人员和公司的实际经营管理者对公司未尽善良管理义务，应对中博公司的上述财产损失承担赔偿责任。[①]

上述案例中，被告虽负有证明自身不存在违反勤勉义务的责任，但值得注意的是，由被告承担举证责任的前提是原告已经提出初步证据证明被告董事或高级管理人员的行为违反了法律规定的勤勉义务，并且已经使公司的利益受损，此后举证责任才会转移至被告方，这与英美法上的“表面证据”[②]（prima facie evidence）类似。

---

① 参见浙江省绍兴县人民法院民事判决书，(2013) 绍商初字第 278 号。

② See Speas v. Merchants' Bank & Trust Co. 一个案件，假使其表面可以成立，法院便不会要求提出诉请的这一方另行提供证据来证明。但是，对于另一方而言，一旦无法举证证明表面上可以成立的案件实际上存在重大瑕疵，进而推翻之前的证据，那么他就极有可能需要承担败诉的风险。

（四）责任承担的衡平

在收集、分析董事、高级管理人员勤勉义务相关案例的过程中，笔者发现在判定董事、高级管理人员是否承担责任时，法院除了考虑勤勉义务判定标准，还会将其他因素纳入考量范畴，以确定公司管理人员是否承担赔偿责任或承担多少比例的赔偿责任，下面笔者将结合具体的案例逐一进行分析。

1. 第三人之行为

除考虑董事、高级管理人员自身行为以外，第三人实施的不当行为也可能成为影响董事、高级管理人员责任承担份额的重要因素。如在北京东方网信科技股份有限公司诉何某某损害公司利益责任纠纷一案中，原告东方网信科技股份有限公司认为被告何某某未能按照规定流程办理汇款手续，给公司造成了损失。法院指出，被告何某某对于第三人假借东方网信科技股份有限公司法定代表人之名义所发出的付款指示，未能作出有效识别，实施了将公司资金转出的行为。对此，法院认为，虽何某某基于自身职责负有勤勉义务，但对其勤勉义务履行状况的判断，仍需结合第三方实施欺骗行为的手段与方法加以分析。[①] 此外，在类似案件中，法院以“原告股东对公司及其分店停业原因早知晓，且对于该停业状况未提出异议”为由，认定被告董事对企业因停业被吊销营业执照不负有责任。[②]

上述案件中，第三人行为最终都成为董事免于承担赔偿责任的理由，笔者试图对这一裁判逻辑进行分析。在已收集的 3 例因第三人不当行为免于承担赔偿责任的案件中，法院均以侵权构成要件为标准来判断董事、高级管理人员是否违反勤勉义务。而在侵权责任法中，第三人行为（过

① 参见北京市海淀区人民法院民事判决书，（2015）海民（商）初字第 45829 号。

② 参见北京市西城区人民法院民事判决书，（2014）西民（商）初字第 20342 号。

错）是一类典型的免责事由，归根结底在于侵权行为与损害结果之间不存在因果关系，因此也就不难解释，法院在第三人以不法行为损害公司利益的案件中，会综合考虑第三方手段，并以此作为董事及高级管理人员免于承担赔偿责任的理由。

2. 企业的正常健康发展

在内蒙古中绒绒业有限公司与张某某损害公司利益责任纠纷一案中，被告系案涉公司的董事长，原告认为被告在其任董事长期间，未经股东同意私自与河南华安建设有限公司签订虚假合同，致使公司遭受巨大经济损失，主张被告应当就损失承担赔偿责任。乌兰浩特市人民法院在一审判决书中指出："按照公司章程，被告有权主持公司日常生产经营以及代表公司对外签署有关文件。即使被告履职期间存在决策判断失误或其他履职过失，也不能简单认定其负有损害公司利益的责任，否则将导致所有公司损失均由失职企业高管承担，如此既不利于企业正常健康发展，亦有悖于相关立法精神。"

公司管理人员是保证整个公司按照战略规划顺利运作的核心，轻而易举地就认定公司董事和管理人员要对公司承担赔偿责任确实有欠妥当，这样不仅会打击他们管理公司的热情与积极性，也不利于企业健康地发展。

3. 免责协议

在部分案件中，违反勤勉义务的董事或高级管理人员因存在免责协议而得以避免承担对公司的赔偿责任。只要免责协议不存在意思表示瑕疵，法院就会认可其效力，认为该协议是双方当事人合意的结果，是公司对自身权益的自由处分，作出免责承诺的公司理应受到该协议约束。在司法实践中，免责协议的表现形式多样，原则上协议达成时间不限于任职期内，从已检索到的 2 个案例来看，该免责协议均为董事或高级管理人员离职时获得。

以武汉市江印印刷有限责任公司（以下简称江印公司）与申某某损害

公司利益责任纠纷案为例，申某某作为江印公司的法定代表人，为办理增资，向工商部门提供虚假资料，骗取登记，导致公司受到行政处罚。法院认为，申某某因违反勤勉义务，需对违法行为所造成的后果承担责任，并就损失部分进行赔偿。但江印公司在申某某离职时出具的承诺（协议）书中明确表示对申某某任职期间的行为不予追究，并放弃主张赔偿的权利。据此，法院指出江印公司就赔偿事宜已经承诺，承诺一经作出即视为合同成立，江印公司应受此约束，其赔偿主张不能得到支持。① 另有案例，法院以公司出具的离职协议中写有“双方再无任何争议”字样，认定该公司已经作出放弃向被告主张经济赔偿及处罚金的意思表示。② 由此可见，在司法实践中，对于免责协议的形式不作严格要求，更加强调的是具有免责之含义。

三、理论完善：勤勉义务之反思纾解

（一）我国董事勤勉义务体系存在的问题

现行《公司法》第 113、147、149 条对董事勤勉义务作了较为粗放的规定。此外，《企业破产法》、国务院办公厅《关于进一步完善国有企业法人治理结构的指导意见》、中国保监会《关于印发〈保险公司章程指引〉的通知》、《上市公司章程指引》等法律法规和规范性文件则对董事勤勉义务进一步细化。③ 尤其是证监会制定的《上市公司章程指引》第 98 条对上

---

① 参见湖北省武汉市中级人民法院民事判决书，（2014）鄂武汉中民商终字第 01244 号。

② 参见北京市第三中级人民法院民事判决书，（2017）京 03 民终 3200 号。

③ 如“企业董事、监事或者高级管理人员违反忠实义务、勤勉义务，致使所在企业破产的，依法承担民事责任”；“董事、监事、经理层成员应当遵守法律法规和公司章程，对公司负有忠实义务和勤勉义务”；“要将其信用记录纳入全国信用信息共享平台，违约失信的按规定在‘信用中国’网站公开。董事应当出席董事会会议，对董事会决议承担责任；董事会决议违反法律法规或公司章程、股东会决议，致使公司遭受严重损失的，应依法追究有关董事责任”；等等。

市公司董事的勤勉义务作出例示性规定，虽然该条规定无疑对勤勉义务的适用具有重要的参考价值，但正如本节实证研究所表征的，大部分因违反勤勉义务损害公司利益的纠纷发生于股东人数较少的有限责任公司中。因而从有限责任公司角度来考虑，毋庸置疑，相较于忠实义务，我国《公司法》对包括判断标准、衡平机制在内的董事勤勉义务体系，未作过多的细化和本土化创新。是故，勤勉义务或注意义务的内涵和外延都可谓极其模糊，需要法官在个案中介入具体的受托实务进行实质性审查，这对法官的审判能力与专业水平都提出了极高的要求，而且很难达到完全的同案同判。

目光回到司法实践，立法期待司法能够在个案中根据规范的目的，对勤勉义务内涵作价值性填充，对勤勉义务外延作具体化判断。然而，如上所述，这不仅考验法官能力，而且司法实务中普遍存在"二律背反"①，即董事勤勉义务的"度"应在哪里：若裁判标准过于严苛，董事行事瞻前顾后，不免阻碍职权的行使与商业的热情；而若裁判标准过于宽松，董事无恐会懈怠履职或过于激进，代理成本随之增加。

此外，依据我国《公司法》第 149 条之规定②，董事只要在公司日常经营管理中违反法律、行政法规或者公司章程的规定，给公司造成了损失，就需要承担赔偿责任。从实证表征看，囿于立法对标准的模糊性规定，绝大部分案例中法官将勤勉义务等同于"守法义务"，即只要董事行为触犯了法律、行政法规或公司章程，给公司造成了损失，通常按照侵权责任路径，董事就需要承担赔偿责任，法官仅对这些违反概括性勤勉义务的行为依据《公司法》第 147 条与第 149 条进行形式审查。然而，公司经

---

① 参见张红、石一峰：《上市公司董事勤勉义务的司法裁判标准》，载《东方法学》2013 年第 1 期。

② 《公司法》第 149 条规定："董事、监事、高级管理人员执行公司职务时违反法律、行政法规或者公司章程的规定，给公司造成损失的，应当承担赔偿责任。"

营管理本身存在高度的复杂性，很多时候董事的行为可能违反了法律、行政法规或者公司章程的规定，但就其自身而言，并不存在任何主观过错，如果一概要求其承担赔偿责任，未免有过度保护公司利益之嫌疑。而事实上依物极必反之理，这对公司的有效决策和长远发展反而会产生不利影响。现代社会实际上充盈着冒险和挑战，要想达到公司发展和股东投资回报的目的，董事需要具备适当的冒险精神，毕竟停滞不前终将被时代抛弃。与此同时，若在商业风险不可控的情况下，要求尽心尽力的董事承担因外部客观原因造成的公司损失，未免会打击董事工作积极性，甚至怛于担任董事之职，这与董事会中心主义的演进、最大化公司利益和设立勤勉义务的出发点相悖。不过值得注意的是，在张某某、山东龙口鑫龙食品有限公司损害公司利益责任纠纷再审案①中，法官在认定标准方面并未将勤勉义务与“守法义务”并论，而以谨慎注意程度的一般标准予以认定。反而是在责任承担认定中，法院将是否承担勤勉义务违反之责等同于是否“守法”，认为《公司法》第 147 条未规定勤勉义务违反之法律后果，而按照第 149 条之规定，被告虽违反勤勉义务之履行，但并不存在违反法律、行政法规或者公司章程规定的情形，因而并不符合赔偿责任的法定条件。可见，如若按此机械理解勤勉义务等同于“守法义务”，似乎又会放任董事、高级管理人员在“合法”之内的懈怠履职。

我国关于董事勤勉义务的立法和司法似乎互相期待对方有所发挥，但不得不承认，一方面，目前《公司法》中关于勤勉义务的判断标准尚不明确，没有一个相对步骤化的判断路径或参考标准；另一方面，关于勤勉义务的规定稍显严苛，配套机制尚不齐备，因而司法审判中法官无法作衡平考虑，不符合公司的长远发展以及股东的投资回报规律。

① 参见山东省高级人民法院民事判决书，(2019) 鲁民再 81 号。

（二）勤勉义务规则的完善对策

1. 缺省性规则之植入

在普通法系国家中，公司法规则按其内容可以被归为三类：一是赋权性规则（enabling rules），即赋权公司通过章程自主约定的规则；二是缺省性规则（default rules），缺省性规则在公司未直接明确采纳其他规则时适用；三是强制性规则（mandatory rules），该规则在所规定的领域具有强制、不容更改的效力，以绝对的权威对特定事宜进行规范。[①] 鉴于“因公司长期合同的不完备性而使股东合意面临诸多漏洞”，而我国《公司法》关于勤勉义务的规定能够起到“拾遗补缺的功效”，[②] 是故，我国关于勤勉义务的规定一直被认为是强制性规定。实际上，董事信义义务规范之完全强制性属性或许并不符合公司运行的实际需求，不利于帮助公司实现自我治理。

公司自我治理需求日渐勃兴，在公司的日常经营管理过程中，当事人通常更加趋向于能够在意思自治的基础上通过谈判与协商达成有关安排，而非受到层层外部拘束。譬如，在上诉人武汉市江印印刷有限责任公司与被上诉人申某某损害公司利益责任纠纷一案[③]中，被告作为公司高级管理人员与公司签订承诺书，公司承诺对被告在任期间的一切行为不追究责任，由此被告得以豁免赔偿责任。为了适应当前公司的需求，将董事勤勉义务的行为规则纳入缺省性规则的范畴不失为一个可取之选。毋庸置疑，这一改变能够发挥其独特的价值：一方面，对公司而言具有变通性，不仅可有效避免因董事义务的统一性而使不同类型的董事在权力行使上遭遇困

---

① 参见［美］M.V. 爱森伯格：《公司法的结构》，张开平译，法律出版社 1999 年版，第 391 页。

② 参见罗培新：《公司法强制性与任意性边界之厘定：一个法理分析框架》，载《中国法学》2007 年第 4 期。

③ 参见湖北省武汉市中级人民法院民事判决书，（2014）鄂武汉中民商终字第 01244 号。

境，而且公司也能根据自身需求选择最适合的治理方法与治理模式。[①] 因为相比其他领域的司法实践，公司法实践不存在一套固定完备且能长期适应不断出现的新情况的规范，而公司的诸多事宜需要各相关主体根据个案实际自行协商。[②] 另一方面，缺省性规则为公司章程对具有特殊知识和技能的董事作出与其自身条件相符的勤勉义务要求留有空间。例如，一位实际是会计师身份的董事，其没有根据应纳税所得额及税率计算应当缴纳的税款，导致偷税漏税的情况发生，进而使公司受到处罚。他的义务就必须依据其作为一个会计师理所应当具备的财务知识来衡量，在此情况下他就必须承担责任。言下之意，勤勉义务之具体内涵与外延可由公司章程根据董事的具体权力行使自主约定。

缺省性的信义义务或勤勉义务意在解决横向的代理成本，而对于纵向的代理成本，即当董事不当行使权力，以公司利益之损谋取个人之利，违反了勤勉义务之时，其仍应承担相应的责任。质言之，对于所有董事都应承担的达到一般人注意标准的勤勉义务，应继续保持强制性规则的属性。[③]

2. 裁判标准之精细化

如前所述，我国勤勉义务规则呈现为概括条款与不确定概念。毋庸置疑，勤勉义务判断标准的细化问题是董事信义义务研究的重中之重。不同法系、不同国家关于勤勉义务的判断标准有不同的演进形态，并且每一种标准最后之所以能形成，都是经历了长时间的实践，因为每一种标准不仅要与该地区的法律文化相适应，还要与经济发展态势和公司发展水平相协

① 参见林少伟：《董事异质化对传统董事义务规则的冲击及其法律应对——以代表董事为研究视角》，载《中外法学》2015 年第 3 期。

② 参见赵万一、赵吟：《中国自治型公司法的理论证成及制度实现》，载《中国社会科学》2015 年第 12 期。

③ 参见林少伟：《董事异质化对传统董事义务规则的冲击及其法律应对——以代表董事为研究视角》，载《中外法学》2015 年第 3 期。

调。[①] 因而裁判标准的具体化、明确化不仅仅是“他山之石，可以攻玉”如此简单，虽然不少学者认为全球公司治理趋同性势不可挡，但立足本国经济发展水平和公司治理需求才是应有之义，这也正是本节实证研究之目的所在。

在当前我国综合国力稳步增强、经济稳健发展的大背景下，放松管制、充分发挥公司管理层的创新和进取精神，进而提升企业竞争力和公司治理水平应是制定勤勉义务判断标准的价值导向。笔者认为，在具体判断路径上应遵循从“整体”到“个别”的思维。

首先，从整体考虑，勤勉义务的判断标准最好采取“一般勤勉标准”，即公司管理者只需具备普通谨慎之人在同类公司、同类职务、同类情况下所应具有的注意、谨慎和勤勉程度，此时即使公司遭受损失，管理者也无需承担责任。这亦是大部分域外司法实践中所采用的判断标准。在我国《公司法》及《证券法》中的董事和高级管理人员责任追究机制日趋健全、董事和高级管理人员的执业风险逐渐凸显的背景下，适当放宽对公司董事及高级管理人员勤勉义务的裁判标准并不会导致董事和高级管理人员的滥权情况增多，相反有利于充分调动公司董事和高级管理人员大胆决策的热情与积极性，进而更好地维护公司与股东利益。值得注意的是，如果董事或高级管理人员连一般人的注意、谨慎和勤勉程度都没有达到，则无需进一步判断其是否履行了更具个人化的勤勉义务。

其次，从个别着手，以动态系统论为方法，在勤勉义务的判断标准中除整体判断外，还应结合主客观的影响因素，对董事应持有的注意、谨慎和勤勉程度作动态的判断，如同一个秤砣般来回衡量直至平衡。原因在于司法中普遍存在形式性审查，即仅以“守法”为标准，不考虑其余可能影响受托人的客观因素与主观因素。而由奥地利法学家瓦尔特·威尔伯格

---

① 参见牟小舟：《董事勤勉义务判断标准的比较研究》，载《研究生法学》2013 年第 1 期。

(Walter Wilburg) 提出的动态系统论将法律制度的价值和目的看作由多元因素综合影响的产物，认为不能从单一角度对其进行解读，唯结合各要素(elements) 方能得出适切的解释结论。[①] 运用到勤勉义务的判断标准就是，法律可以对通常情况下可能影响董事勤勉义务的因素尤其是公司内部财务制度、职位权责等客观因素，予以例式性规定，并赋权公司章程对其余可能的动态力量自主约定。比如在张家口多乐美地房地产开发有限公司（原张家口塞北多乐美地滑雪度假有限公司)、法某某损害公司利益责任纠纷案中，二审法官即运用了“一般勤勉标准”与主客观因素的综合判断方案。在采用“一般勤勉标准”下，法官亦认为，主观方面苛求被告作为建设工程方面的专业人员有失公允，况且其还是一位外国人；客观方面原告公司损失是由原告公司内部机构、内部决策、有关人员专业水平等综合因素共同作用造成的，因而通盘考虑，无法认定被告违反了勤勉义务。

3. 举证责任倒置规则之确立

实证表明，实务中不乏适用举证责任倒置，要求被告证明自身不存在违反勤勉义务之行为的案件，但大部分案件适用的是典型侵权标准下的过错责任原则与“谁主张，谁举证”的责任分配原则。然而，绝大多数中小股东在起诉公司董事时处于较大的信息劣势地位，难以明确举证董事和高级管理人员职务行为的过程和细节，因此若适用“谁主张，谁举证”的一般民事诉讼举证原则，原告可能会因无法举证证明被告存在主观过错而不得不承担败诉的后果，如此会导致实质的不正义。尤其是在上市公司董事涉及勤勉义务违反的案件中，囿于上市公司董事的职权行使具有一定的专业性和封闭性，外部人员难以判断其主观注意程度和客观经验水平，因而根据上市公司董事勤勉义务裁判标准的各要素，通过举证责任倒置减少股

---

① 参见［奥］瓦尔特·威尔伯格:《私法领域内动态体系的发展》，李昊译，载《苏州大学学报（法学版)》2015 年第 4 期。

东的证明负担，要求董事证明其行为不构成勤勉义务之违反和其主观善意实乃保护处于信息弱势地位的股东的必要举措。[①]

举证责任倒置主要是针对上文所述的主观因素，由董事举证其不存在原告诉称的过错，才能保证案件得到相对合理、公正的判决。与此同时，笔者认为，结合实证表征来看，勤勉义务之违反大部分发生在股东人数较少的有限责任公司中，且其中不乏公司直接起诉或公司作为股东代表提起诉讼，因而对董事行权不当等初步证据的收集而言并非难事。反而是完全不要求原告对公司董事在勤勉义务方面的过错承担举证责任不可取，原告诉诸法院要求被告承担责任本身就必须提供初步的证据证明被告存在违反勤勉义务之举。另外，完全不要求原告承担举证责任容易造成滥讼情况的发生。因此，适用举证责任倒置的前提是原告必须能够提供初步的证据证明被告存在违反勤勉义务的行为，此时举证责任才会转嫁给被告，这与英国的"表面证据"类似，"表面证据"具有两层含义：第一，原告提出表面证据，如表面证据成立，则由被告承担举证责任；第二，如表面证据不成立，则无需被告承担，原告败诉。针对董事违反勤勉义务案件，如原告能够提供表面证据证明被告存在不当行为，并且此证据是真实合法有效的，那么被告需要提供证据证明其行为属于正常经营管理行为的范畴，并无不当。如果原告提供的证据不成立，那被诉董事、高级管理人员则无需举证，原告自然败诉。

4. 董事权益之适当保护

(1) 确立商业判断规则

实证表明，一方面，我国司法实践关于董事勤勉义务的经验较为匮乏，从而直接影响了对董事违反勤勉义务的判断与问责。美国司法实践借由商业判断规则有效平衡了董事问责与商业判断，从而在降低董事决策风

---

① 参见张红、石一峰：《上市公司董事勤勉义务的司法裁判标准》，载《东方法学》2013 年第 1 期。

险的同时能够激励董事勇于合理决策。[①] 另一方面，通过类案检索，不仅可以发现在我国不少案例中法官已经开始尝试运用商业判断规则的法理，辅助判断勤勉义务的履行，还可以发现法官在该规则的具体适用中对其内涵有不同的阐述，并且有些法官仅审查此规则的一个或几个构成要素就草草结案。目前我国《公司法》的修改一直沿着由管制型公司向自治型公司的道路前进，[②] 扩大董事的自主经营，提升董事的自我管理能力，让董事积极地为股东的利益服务是公司日常经营的重中之重，也是《公司法》相关制度设计的核心要义。因而为厘清公司自主经营权和司法审查权的干预，乘此次《公司法》修改之风，引入成熟的商业判断规则迫在眉睫，以期对董事勤勉义务的司法判断层面进行修正，使其成为董事权益保护的衡平机制。

商业判断规则肇始于美国，特拉华州法院将其总结为：推定董事怀着善意，并基于收集充分的信息而作出决策，并且诚实地认为符合公司利益最大化。因此，法院并不干涉董事的决策，除非原告股东有证据可以推翻此种假定。[③] 换言之，当法院认定董事行为满足上述情况时，董事通常会被给予如下保护：一是因商业判断规则的适用，法院不得对董事的经营决策行为进行事后评价和审查，充分尊重董事作为商业决策者的自主身份；二是如果法院对公司董事的经营行为已经审查，通过运用商业判断规则，董事避免对该经营行为的后果承担个人责任。据此，商业判断规则具有契合商业价值和司法价值的功能。

由于商业判断规则在我国并没有正式被引入，所以我国法官在实务中

---

① 参见赵骏：《董事勤勉义务研究：从域外理论到中国实践——以行为法经济学为视角》，载《浙江学刊》2013 年第 2 期。

② 参见赵万一、赵吟：《中国自治型公司法的理论证成及制度实现》，载《中国社会科学》2015 年第 12 期。

③ See Todd M. Aman, *Cost-Benefit Analysis of the Business Judgment Rule: A Critique in Light of the Financial Meltdown*, 74 Albany Law Review 1 (2011).

依据此规则进行说理时存在三大问题：其一，各级法官对商业判断规则的构成要素不甚明晰，对此规则构成要素的审查不充分；其二，法官在个案中适用商业判断规则略显粗糙，对各构成要素的审判标准不够详细具体，审查范围或狭窄或忽略重点；其三，法官对身为原告的股东要求的举证标准过高，超出了股东能力范围，不利于案情的水落石出。因此，有必要审视法官在目前实务中的惯常行为方式，可以借鉴美国判例适用商业判断规则的思维模式，统一我国商业判断规则构成要素并要求法官精细化适用这些构成要素，并对原告的举证责任和证明标准作出适当的调整，以期商业判断规则的本土化适用更为科学合理。

（2）增加董事责任限制制度

在美国，董事勤勉义务的标准从“一般过失标准”逐渐转向 Smith v. Van Gorkom 案中的“重大过失标准”，Smith v. Van Gorkom 案的判决使得董事责任保险的保费飙升，致使许多公司无法负担董事责任保险，亦引发了公司外部董事选任的危机和人们对司法过度干预公司自治空间的担心。为了避免董事大规模辞职，许多州新增了允许公司通过章程约定减免董事责任的规定。如美国《特拉华州普通公司法》第 102（b）（7）条规定①，在施加必要限制的基础上允许公司章程限制或者部分免除董事因违反勤勉义务给公司造成损失所应当承担的责任。除此以外，日本《公司法》规定了独立董事低于内部董事的最低责任限额制度②以及“责任限定

---

① 美国《特拉华州普通公司法》第 102（b）（7）条规定，公司章程可以包括限制或免除董事因违反信义义务而给公司或股东造成损失时的个人责任，但因下列原因产生的责任除外：（1）违反对公司或股东的忠实义务；（2）非善意的、故意或明知违法的行为及懈怠；（3）非法分配股利或非法购买、回赎股份；（4）从交易中获得不正当个人利益的。该条规定亦被其他多数州和《示范公司法》采纳。See 8 Del. C. § 102（b）（7）.

② 根据日本《公司法》第 425 条的规定，如果董事违反义务系出于善意且无重大过失，公司可以对其所应承担的赔偿数额在扣除最低责任额度之后予以免除，执行董事的最低责任额度为其 4 倍年薪，独立董事则为其 2 倍年薪。

合同”制度[1]（公司可就董事可能承担的责任额度与独立董事签订合同），这些制度能够确保独立董事对于可能承担的责任有所预判，排除其对决策、监督行为可能会产生无限责任风险的顾虑，因而有参考之效。

我国商业实践中已有不少董事责任限制之运用情形，如上诉人武汉市江印印刷有限责任公司与被上诉人申某某损害公司利益责任纠纷一案[2]，公司与被告董事签订不予追究被告在任期间的一切责任的承诺书。一方面，董事责任限制制度能有效避免董事以领取有限固定薪酬之身承担经营管理行为所可能给公司带来的无限损失；另一方面，这种责任限制使公司董事不至于因顾虑决策的风险而畏首畏尾错失良机——一般而言，董事违反勤勉义务的责任是单极的，董事不会因为过分谨慎错过某个商业机会而承担责任，只会因为高风险的行为或者决定而承担责任。过重的勤勉义务责任可能会使大多数董事趋利避害，在机遇面前畏缩不前，选择过于保守的策略，而不会如公司所期待般锐意进取。

但对于英美法系和大陆法系分别形成的董事赔偿责任的路径而言，笔者认为，或许日本的内部程序控制模式可以作为镜鉴，确立通过股东（大）会决议或者章程事先规定的董事会决议对董事责任进行限制或免除的制度，且其免除的对象和范围都是特定的，同时都必须履行严格的程序，以期平衡公司自治与股东权益保护。

（3）完善董事责任保险制度

董事责任保险即董事及高级职员责任保险，是指董事在公司日常经营活动中，因疏忽、过失等行为给第三人造成损害而被要求承担责任时，由保险人承担董事所应承担民事责任部分的损失。由于当前的公司治理

① 参见日本《公司法》第427条。

② 参见湖北省武汉市中级人民法院民事判决书，（2014）鄂武汉中民商终字第01244号。

结构模式同诞生之初的超越个体之商事共同体及后来的“康孟达”(Commenda)[①] 已然有天壤之别，职权膨胀与地位上升的董事急需一个“头盔”转移风险。而董事责任保险制度能够有效为董事在公司日常经营管理中遭遇的职业风险提供保障，降低董事对商业决策的顾虑。尤其是对于上市公司董事来说，董事责任保险制度无疑是对其高压力和高风险的减负。另外，保险公司具有独立的外部监督功能，独立监督承保董事所在的公司，从而达到改善公司经营管理的目的，对优化公司治理结构和模式具有一定的积极意义。

我国早于2001 年时便已经引入董事责任保险这一责任险种，然而随着时间的推移，董事责任保险的发展状况却不温不火。证监会2001 年发布的《关于在上市公司建立独立董事制度的指导意见》（已失效）首次明文规定董事责任保险制度，但2002 年，证监会与原国家经济贸易委员会联合颁布的《上市公司治理准则》第39 条（现行《上市公司治理准则》第24 条）规定：“经股东大会批准，上市公司可以为董事购买责任保险。但董事因违反法律法规和公司章程规定而导致的责任除外。”事实上该条规定结合勤勉义务等于“守法义务”，这一司法经验已然将董事违法行为排除在保险范围之外。虽然平安保险股份有限公司2002 年推出了我国第一款“董事与高级管理人员责任保险”，但是事实上目前国内董事保险市场仍然呈现相对惨淡的状态，这与引进该保险的初衷和预期效果相差甚远。虽然与制度发源国家相比，我国董事责任保险制度运行所相应的公司治理机制、配套环境及董事责任观念各方面都存在些许差异，但随着我国董事民事责任体系的逐步完善，董事在日常经营管理中面临的风险也会加大，通过完善董事保险责任制度的规定，分散董事的职业风险，才可达到有效维护董事权益之目的。

---

① 参见汪青松:《主体制度民商合一的中国路径》，载《法学研究》2016 年第2 期。

第三章　董事义务之假定反思

现行董事义务的理论体系与制度构造乃出于同质化和纵向性的假定。所谓同质化，是指董事之间并不存在利益冲突，董事作为董事会成员，其权力的行使本质上是董事会集体决策的一部分。董事义务并非针对某一个（类）董事，而是面向一切董事。所谓纵向性，是指董事在纵向上仅对公司负有义务，不对其他任何人负有与其职务履行相关的义务。但无论是同质化的假定，还是纵向性的特征，均不无疑问。在董事同质化这一逻辑假定下，学界所要探讨的是在董事义务这“大一统”的外衣下，具体义务的内涵与判定标准。然而，“选区董事”（constituency directors）的出现，使得董事同质化的假定正（或已）出现变化，因为董事之一举一动，与其背后的“选民”息息相关。而不同“选区”的“选民”利益诉求的不一致，必然导致其所“选举”的“选区董事”出现利益龃龉。当此种利益冲突日益显现时，董事之同质化假定便难以如同以往那般屹立不倒。同质化假定的摇摇欲坠，意味着董事之间出现异质化的转向。而董事纵向性义务规则容易混淆无辜董事与恶意董事之间的责任划分，因此有必要植入横向性义务，以便保护恪尽职守的善意董事，进而更强有力地阻遏潜在的“坏”董事。有鉴于此，本章主要针对董事同质化与纵向性的两大理论假定提出挑战和质疑，并在此基础上试图提出相关解决方法。

第一节　董事义务同质化假定之反思

一、董事同质化假定的理论基础

公司法学者忽略董事之间存在可能的利益冲突，而埋头专注于董事义务的具体内涵与判定标准，实乃出于一种（似合乎逻辑的）假定前提：董事具有同质化，且该同质化并非凭空臆造，而是具有理论基础。

（一）董事对公司负有义务

尽管各国在董事义务的具体内涵上存有差异，但在董事向谁负有义务这一问题上几无争议，即董事仅对公司负有义务。这意味着：第一，董事不对股东负有义务。第二，董事义务之强制实施只能由公司代表进行，其他个人或组织因“无权”代表公司而无法将违反义务的董事诉诸法院。董事对公司而非股东负有义务，源于公司具有独立法律人格这一众所周知的特性。公司成立后，与其成员相互独立，不仅拥有独立财产，也具有独立的法律地位。受股东雇佣而管理公司的董事，在公司成立后对独立的公司负有义务，而不必对股东负有义务。（控制）股东意图混淆二者，利用公司的独立外表，行以操纵之实的，可因“刺破公司面纱”而受直索责任追究。即便公司对董事义务之违反无能为力，股东也只能在法定条件下，提起“派生”之诉讼。

董事对公司而非股东负有义务这一传统理论，实质上抹杀了董事因受不同股东之指派而有利益偏好的可能性。这种“大一统”的理论不但契合传统的公司与其成员相互独立理论，也简化了董事背后可能存在的潜在冲突，为董事同质化理论奠定了理论基础。

（二）董事会的自延性

董事同质化假定的另一表现是董事会的自延性。当公司没有出现重大变化（如控制人产生变更）时，董事会呈现一种自延性。该自延性有两种表现：第一，董事的提名与选拔。在现实中，董事的提名与选拔大多受到某一方的控制。比如在股权结构较为分散的美国，在坚持董事会中心主义的旗帜下，董事之选拔与任命无不受到董事会实权人士的影响。而在股权结构分散的另一典型国家——英国，董事会中心主义退为其次，股东会中心主义因股权分散而难以有效发挥其效用。近年来，机构投资者的崛起，使股东会中心主义逐渐褪色，而替之以机构投资者主义，这导致英国董事会成员的任命与选拔备受机构投资者的影响。而在股权结构相对（高度）集中的欧洲大陆法域，董事任命则受控制股东左右，董事会的自延性也因此被控制股东打下深深的烙印。第二，董事会的决策。董事会的自延性除表现为董事会成员受某一方的控制而具有该方色彩外，还表现为董事会在具体经营决策中，因董事受到结构性偏见影响而呈现同质化的倾向。根据社会心理学上的团体动态学理论，[①] 归属同一团体的成员行为会浑然不觉地受其他成员的影响。因此影响，他们在情感上相互认同、在行动上互相支持，对外部人则同持相对排斥态度。这种影响几乎无可避免，因为董事会作为团体，其成员经过一段时间的共事后，会有群体同一性的倾向。[②] 该倾向使得他们产生身份认同感，出现结构性偏见的心理。[③] 由此，董事

---

① See Antony Page, *Unconscious Bias and the Limits of Director Independence*, University of Illinois Law Review 237 (2009).

② 有学者通过实证研究发现，董事会成员在社会、知识和文化方面具有很大共同性。See The Alliance for Board Diversity, *Women and Minorities on Furtune* 100 *Boards*, (May 26, 2014), http://www.proutgroup.com/resources/abdreportfinal2008.pdf.

③ See Kenneth Davis, *Structural Bias*, *Special Litigation Committees and the Vagaries of Director Independence*, 90 Iowa Law Review 1305 (2005).

会在决策中也呈现自延性的特点。

董事会的自延性，意味着无论是现在的董事会成员，还是后续的继任者，均会自觉或不自觉地维护董事会的整体利益。这种自延性为董事同质化提供了可能性。

（三）传统代理成本理论

自从伯利和米恩斯在其经典名作《现代公司与私有财产》一书中提出公司控制形式理论以来，代理成本这一概念便逐渐为法学界所接受。[①] 伯利和米恩斯在该著作中破天荒地指出，控制大公司的人不一定对公司拥有所有权。同样，对公司拥有所有权的人并不一定控制、管理公司。这种所有权与经营权的分离实质上是股东（作为本人）将公司经营管理权力委托于（作为代理人的）董事或经理。这种分离的优势在于股东可以专注于投资和宏观的经营策略，不为日常琐碎的管理事务所羁绊。董事或经理则可运用其专业知识和能力管理公司。此种术业有专攻的管理模式是公司现代化的必然要求，但也有其致命缺陷，即容易产生代理成本。詹森和麦克林指出这种代理成本源于两种成本：[②] 第一，监督成本，即股东作为本人为监督和控制代理人（董事或经理）而付出的成本。[③] 第二，约束成本，即

① See Adolf A. Berle & Gardiner C. Means, *The Modern Corporation and Private Property*, revised edition, Harvest, 1968.

② See Michael C. Jensen & William H. Meckling, *Theory of the Firm: Managerial Behavior, Agency Costs, and Ownership Structure*, 3 Journal of Finance Economics 305 (1976).

③ 也有学者质疑这种监督的有效性。美国学者丹尼斯（Denish）和萨林（Sarin）认为，有效的监督必然要求股东具有一定的知识结构和能力，否则很难对董事构成真正的威胁。而实践中，很多股东并不具备此等能力，因此该监督只局限于某个群体。也有学者对股东采取种种措施规制董事感到忧虑。另有学者指出，过多的监管措施容易束缚董事的积极性，最终导致公司利益的受损。See David J. Denis, Diane K. Denis & Atulya Sarin, *Agency Problems, Equity Ownership, and Corporate Diversification*, 52 Journal of Finance 135 (1997); Mike Burkart, Denis Gromb & Fausto Panunzi, *Large Shareholders, Monitoring, and the Value of the Fir*, 3 Quarterly Journal of Economics 693 (1997).

代理人（董事或经理）在受委托人委托期间（管理公司期间），向委托人保证其对委托人的承诺时发生的成本。而公司法规则主要是围绕如何降低代理成本而展开的。

法学界借用经济学的代理成本概念，打开公司法研究的另一扇大门，也拓宽了公司法理论研究边界，使公司法研究不仅得以深化，也与包括经济学在内的其他学科擦出火花。然而，这一理论暗含两大前提，即股东作为“委托人”的同质化①与董事作为“受托人”的同质化。用代理成本理论来看，受托人之间并无利益冲突，他们被视为利益一致的一方，一方面备受“委托人”的监督，另一方面则努力寻求通过约束自身而降低外部监督成本。在此，董事已被“同质化”，他们没有派别，不分左右，俨然已是“众人合一”。可以说，传统代理成本理论之崛起及盛行，使得董事同质化不仅深入人心，且顺理成章。

二、董事异质化的嬗变

在传统公司法理论视野中，董事同质化是不言自明之命题。基于此同质化之假定，公司法衍生出诸多制度，比如统一的董事义务。然而，随着市场经济的深化发展，董事同质化假定也遭受挑战。特别是“选区董事”的崛起与勃兴，董事出现异质化倾向。原有基于董事同质化假定的董事义务规制之流弊也日渐显现。此时仍坚守董事同质化的理念不仅有墨守成规、抱愚守迷之嫌，也不利于公司法理论的创新与发展。

董事同质化假定以董事个体之间无利益冲突为基础，认为董事之间并无“差别”，他们所作所为均是以公司利益为导向。然而，“选区董事”的出现，使这一同质化的假定逐渐褪色。所谓“选区董事”，实质

---

① 关于股东同质化，具体参见汪青松、赵万一：《股份公司内部权力配置的结构性变革——以股东“同质化”假定到“异质化”现实的演进为视角》，载《现代法学》2011 年第 3 期。

上是借用政治学概念，将董事喻为某一“选区”的“候选人”，而提名该董事的机构或个人则视为该“选区”的“选民”。董事作为某个“选区”所选举出来的代表（“议员”），须听取甚至听从该“选区选民”的意见。以此角度看，不同机构或个人提名的董事，他们在很大程度上会听从于这些“选区选民”的指示。而不同的“选区”，利益诉求也可能不大一致，这意味着受制于这些“选区”的董事，也可能因诉求相异而产生利益冲突。此时，原有同质化的假定无疑如枯叶般摇摇欲坠。董事也因此而开始异质化的嬗变。具体而言，董事背后的“选区”有如下几种。

（一）股东

股东作为出资人，派出“自己人”作为代表来管理公司殊为正常，在封闭式公司中更是普遍。在公众公司中，股东也可能出于各种原因，委托他人作为董事代表自身利益占据董事会席位。如在家族型公众公司中，公司创始人为维持自身家族对公司的控制权，一般会推选“自己人”作为代表成为董事。在立法上，各国对此或明确允许（某一类别）股东提名董事，或默许通过公司章程进行内部规制。如《德国公司法》第101条明确规定，允许特定股东根据公司章程规定，任命不多于1/3的董事。英国《2006年公司法》则没有对此作出明确的限制性规定。这表明，如英国公司法学者戴维斯（Davis）所言：“没有任何能够阻止公司章程允许董事受某一（类）股东所任命。”①

董事受股东任命并无争议，以此接受其背后股东之指示行事也似天经地义。然而，委派董事的股东之间利益并非总是一致的。并且，股东内部

① Paul L. Davies & Sarah Worthington, *Principles of Modern Company Law*, Sweet & Maxwell, 2012, p. 118.

之间也有分化，利益冲突并不少见。这意味着同一“选区”的董事之间也会有利益差别。因为背后股东的异质化，必然导致受委派董事的异质化。传统公司法理论以股东同质化为假定，并以此为逻辑，衍生出股权平等、一股一票、资本多数决等原则。然而，股东同质化的逻辑基础正不断遭受质疑和挑战。因一股一票等原则可将多数股份持有者意志轻易转变成公司意志，控制股东可借此滥用权力，满足私益。此时，形式上的平等易导致实质上的不平等，貌似公平的资本多数原则，也可能逐渐沦落为多数资本持有者的保护伞。现代公司法理论已开始承认这一缺陷，并在公司权力结构配置方面有所改进。比如，增加控制股东的诚信义务①、分离股权与股权行使等。在英美国家，控制股东甚至受公司机会规则的约束。② 在保护小股东机制方面，实施累积投票制，使董事会中有代表小股东权益的董事成员。③ 在欧洲大陆部分国家，也有虽不同于累积投票制但殊途同归的机制。比如，在意大利，法律允许超出一定数量的少数股东可提出候选董事名单。如该名单上的后备人选在投票表决中得票第二，即可当选为董事。④ 在西班牙，公司法规定少数股东可根据其持股数量的比例指派相应数量的董事。如公司拟设立 9 名董事的，则持有 1/9 股份的少数股东可指派 1 名董事。⑤ 现代公司法试图通过规制控制股东权利与赋予少数股东权利降低

---

① 有关控制股东诚信义务的详情，参见朱慈蕴：《资本多数决原则与控制股东的诚信义务》，载《法学研究》2004 年第 4 期；Iman Anabtawi & Lynn Stout，*Fiduciary Duties for Activist Shareholders*，5 Stanford Law Review 1255（2008）；J. A. C. Hetherington，*Defining the Scope of Controlling Shareholders' Fiduciary Responsibilities*，22 Wake Forest Law Review 9（1987）。

② 参见冯果：《“禁止篡夺公司机会”规则探究》，载《中国法学》2010 年第 1 期。

③ 我国 2005 年修订的《公司法》首次接纳累积投票制（见《公司法》第 106 条）。吊诡的是，在累积投票制的发源地美国，该制度在实践中颇为少见，已然成为纯粹的“纸面上的法”。

④ See Corrado Malberti & Emiliano Sironi，*The Mandatory Representation of Minority Shareholders on the Board of Directors of Italian Listed Corporationjs：An Empirical Analysis*，Bocconi University Legal Study Research Paper Series No. 18（2007）.

⑤ 参见西班牙《资本公司法》第 137 条。

二者之间的横向代理成本。[①] 然而，这种双管齐下的规制模式恰恰强化了源于“股东选区”董事的异质化。因为，通过加强控制股东诚信义务并不影响其任命董事的权力，而规定少数股东任命指派董事的机制则无疑分化董事之间潜在的共性，使得董事彼此之间因背后“选民”的不同而产生利益冲突，进而加剧董事的异质化。

（二）债权人

公司债权人在某种情况下也会委派“自己人”占据董事会议席。这似乎难以想象，因为债权人与公司之间只存在债权债务关系，债权人依约向公司出借款项，享有在约定期限内获得本息的权利。而公司作为债务人，在获得款项（或融资）后，则负有按约履行支付本息的义务。从表面上看，二者关系清晰明确，债权人无需通过指派董事介入公司治理，而公司也不希望债权人潜入内部“指手画脚”。但实践中，如出借款项数额巨大，则债务人公司的一举一动，莫不牵动债权人的一心一弦。特别是在公司经营不善或陷入财务困境时，债权人更难以置身事外。为确保款项按期偿还，债权人指派董事也就不足为奇。这在银行作为债权人时尤为明显。在德国，银行作为债权人通过指派董事介入公司治理很常见。[②] 而在美国，这种情况也并不少见。纽约联邦储备银行研究人员桑托斯（Santos）和朗布尔（Rumble）曾对此进行调查，他们发现在大公司当中，将近 25% 的

---

① 代理成本可分为横向的代理成本和纵向的代理成本。前者主要是关于（大小）股东之间的冲突，而后者是关于股东与董事之间的矛盾。关于这一分类，参见 Simone M. Sepe, *Intruders in the Boardroom: The Case of Constituency Directors*, 91 Washington University Law Review 7 (2013)。美国弗吉尼亚大学特里安蒂斯教授则提出另一种分类，将股东之间的代理成本归为财务成本，而股东与董事之间的代理成本归为管理代理成本。See George G. Triantis, *A Free-Cash Flow Theory of Secured Debt and Creditor Priorities*, 80 Virginia Law Review 2155 (1994).

② See Gary Gorton & Frank A. Schmid, *Universal Banking and the Performance of German Firms*, 58 Journal of Financial Economics 29 (2000).

公司董事会中有银行指派的董事。①

事实上，随着股东所有权的褪色，公司逐渐“去人化”，公司债权人与股东之间的界限愈渐模糊。一般认为，股东所有权体现为两个方面：一是对公司的控制权，二是享有剩余财产索取权。所有权与经营权的分离，导致股东行使权利消极化，② 控制权被大大削弱。至于剩余财产索取权，则仅在公司清算后才得以完全体现。当公司正常运营时，股东通过分红等方式获得财务收益。就此而言，所谓股东剩余财产索取权，对于大多数股东而言，只是虚无缥缈的权利。③ 英国肯特大学爱尔兰教授据此认为，这两种权利的褪色使股东与公司债权人几无差别，因为股东的分红与债权人定期获得的利息并无太大的区别。④ 剑桥大学西利教授也指出，公司债权人与股东在理论上无疑具有根本性区别，但在实践中，他们均是“货币资本家”。他们所在乎的，仅仅是投资或借贷资本能否得到充足回报。⑤ 在此

---

① See Joao A. C. Santos & Robert K. Rumble, *The American Keirestsu and Universal Banks: Investing, Voting and Sitting on Nonfinancials' Corporate Boards*, 80 Journal of Finance and Economic 419 (2006).

② 2008 年金融危机的爆发，使得学界关于股东积极主义（Shareholder activism）的思潮有所兴起。在立法上，政府也寻求通过成文法形式，鼓励和督促股东积极参与公司管理。英国的《管理守则》（The Stewardship Code）即此合力夹攻之下的产物。然而，这股思潮的兴起并不足以改变大多数股东消极参与公司管理的现象，而《管理守则》的颁发也因缺乏强制执行力等缺陷而遭受诟病。关于股东积极主义，See Stuart L. Gillan & Laura T. Starks, *The Evolution of Shareholder Activism in the United States*, 19 Journal of Applied Corporate Finance 55 (2007); 关于英国《管理守则》, See Brian R. Cheffins, *The Stewardship Code's Achilles' Heel*, 73 Modern Law Review 1004 (2010)。

③ 参见林少伟:《论公司利益: 一种普通法的解读》，载《中山大学法律评论》2012 年第 2 期。

④ See Paddy Ireland, *Company Law and the Myth of Shareholder Ownership*, 1 The Modern Law Review 32 (1999). 当然，对爱尔兰教授的这一观点，也有不少学者质疑，See David Kershaw, *No End in Sight of the History of Corporate Law: The Case of Employee Participation in Corporate Governance*, 2 Journal of Corporate Law Studies 34 (2002)。

⑤ See Leonard S. Sealy, *Case and Materials in Company Law*, Butterworths, 1996, p. 420.

意义上，如同伯利和米恩斯所言，公司债权人与股东并没有根本区别。[①]鉴于此，公司债权人向公司指派董事，就如同股东任命代表自身利益的董事一般不足为奇。而公司债权人的介入，无疑是添增了另一“选区”，进一步凸显董事异质化。

（三）职工

在现代企业中，董事会中职工的身影并不罕见。在双层治理模式中，原属于公司董事的功能一分为二，董事会掌管经营权，监事会负责监督。在此模式下，监事会成员的功能如同单层治理模式下的非执行董事。从这一角度而言，监事可视为承担监督职能的非执行董事。双层治理模式最为典型的国家非德国莫属，在共同决定制度（Mitbestimmung）下，德国法规定，对于2000人以上的大公司，职工和工会代表的董事须占1/2的董事会席位；而对于500人以上2000人以下的小型公司，则规定职工和工会代表的董事不少于1/3。[②] 在公司为单层治理模式的国家中，要求董事会必须具有职工代表的也比比皆是，有所不同的只是职工代表数量或前置条件的要求。如法国原先规定，当职工持有公司股份达到3%或以上时，则该公司董事会中必须有职工代表。但法国于2013年对此进行改革，废除最低持股数额的限制，替之以职工数量的标准，即当公司在法国境内的职工人数高达5000人或全球职工高达10,000人时，董事会成员中须有职工代表。[③] 荷兰的规定别具一格，该国公司法规定，选举董事会成员时，职工委员会可提名1/3的董事人选。他们是否能够全部入选，取决于股东会的投票。但股东会并不能恣意否定，只有在符合法定的有限条件下，股

---

① See Adolf A. Berle & Gardiner C. Means, *The Modern Corporation and Private Property*, revised edition, Harcourt, 1968.

② Drittelbeteiligungsgesetz, 2009, BGB1. I. at 2479, §1 (F. R. G.).

③ 参见《法国商法典》L225。

东会才能否决职工委员会所提名的董事人选。[①] 在我国，《公司法》对一般的有限责任公司（如果设董事会）和股份有限公司董事会，仅规定“可以”有公司职工代表。[②] 而对于国有独资公司、两个以上的国有企业或两个以上的其他国有投资主体投资设立的有限责任公司，则规定“应当”有公司职工代表。[③] 参照德国的双层治理模式，在我国设有监事会的公司，监事会成员应当包括公司职工代表，且比例不得低于1/3。[④] 即便在不强行要求董事会须有职工代表的法域，董事会也常有职工代表的身影。在美国，公司会“自愿性”地任命部分职工代表作为董事，以加强双方沟通，缓解与工会之间的矛盾，尽量减少潜在冲突。在英国，《2006年公司法》并没有对董事会是否包括职工代表作出强制性要求，2012年颁布的《公司治理准则》（The UK Corporate Governance Code）[⑤] 对此也留有空白。然而，在产业民主（industrial democracy）思潮的影响下，英国于20世纪70年代开始，便在董事会议席中吸纳职工代表，以确保职工利益在董事会决策中有所体现。

职工代表作为董事会成员参与公司决策，一般被认为是出于保护职工利益、避免劳资双方矛盾激发的需要。但有学者从另一角度剖析董事会为何需要职工代表，加利福尼亚州大学洛杉矶分校的克莱因（Klein）教授认为，职工在某种程度上也是公司投资者，因为他们将自己的劳动力作为一

---

① See Abe de Jong & Alisa Roell, *Financing and Control in the Netherlands: A Historical Perspective*, in Randall K. Morck ed., A History of Corporate Governance Around the World, University of Chicago Press, 2003, p. 467.

② 《公司法》第44、108条。

③ 《公司法》第44、67条。

④ 《公司法》第51、70、117条。

⑤ 英国《公司治理准则》可追溯至1991年成立的卡德波利委员会（the Cadbury Committee）所发布的卡德波利报告。随后，格林波利报告、汉培尔报告相继出台，英国也在1998年颁发第一部关于公司治理的文件英国《公司治理联合准则》，该准则历经2003年、2006年、2008年和2012年修改，最终改名为英国《公司治理准则》（去掉了“联合”二字）。

种“资金”向公司“出资”，并以此为对价获得公司“分红”（工资）。[①] 美国著名学者伊斯特布鲁克（Easterbrook）和费希尔（Fischel）也支持这一观点，认为“持有企业专用型的人力资本也是对公司的一种投资”。[②] 美国圣路易斯大学教授博迪（Bodie）甚至将工会提高至与公司和股东平起平坐的地位。他认为，在现代公司环境中，作为职工代表的工会更像是为公司及其成员提供各种服务的商业实体（business entities）。[③] 职工与股东关系是否趋向平等、工会是否如商业实体般与公司平起平坐暂且不论。但这些理论的背后，无不凸显出与上述实践相互印证的现象：董事会中出现职工代表已是不争事实。而这一事实显然意味着董事背后“选区”的扩大化。多元化的“选区”无疑会加剧董事之间利益分化，董事同质化假定也渐失根据。

（四）政府

对于国企或政府参股企业，政府作为出资人之一，当然也冀望委派代表自身利益的董事，以影响甚或控制公司。政府作为董事“选区”的现象在欧洲和美国有所差异。在英国，1979 年撒切尔上台执政后，采取自由主义经济理念，推行一系列私有化政策。在私有化改造中，对于一些关系国计民生的产业，英国政府发行“黄金股”（golden share），试图通过持有这些特权优先股，对公司继续行管理控制之权。然而，发行“黄金股”这一特殊类别股份在德国大众集团一案中，被欧洲法院裁定违

---

① See William Klein, *The Modern Business Organization: Bargaining Under Constraints*, 91 Yale Law Journal 1521 (1982).

② See Frank H. Easterbrook & Daniel R. Fischel, *The Corporate Contract*, 89 Columbia Law Review 1416 (1989).

③ See Matthew T. Bodie, *Mother Jones Meets Gordon Gekko: The Complicated Relationship between Labor and Private Equity*, 79 University of Colorado Law Review 1317 (2008).

法。欧洲法院在这一经典案例中勇敢地指出，德国大众集团的“黄金股”实质上违背了欧盟内部资本自由流动原则，明显与欧盟条约不符。[①] 并非所有的“黄金股”案例均被裁定为非法,[②] 但“黄金股”无疑已是大势已去。“黄金股”的倒下，并不意味着政府必然失去对企业的控制权或管理权。相反，欧洲法院的裁决倒逼政府通过指派董事进入董事会来加强对企业的控制。因为失去“黄金股”这一保护伞，政府唯有通过包括委派董事等在内的其他途径保障自身利益。在美国，当凯恩斯主义日暮途穷而供给学派等自由主义大行其道时，2008 年金融危机的爆发，迫使美国对经济政策进行较大调整。其中，问题资产救助计划（Troubled Asset Relief Program，TARP）基金的设立，让美国政府可以在符合一定条件时名正言顺地向救助企业指派董事。[③] 在我国，《公司法》明确规定，国有独资公司设立董事会，该董事会成员由国有资产监督管理机构委派。[④] 对于国家控股公司，政府作为出资人，与控制股东无异，通过指派董事进入董事会理所当然。而对于国家参股企业，政府往往也会委派董事进入董事会。

三、两个前置性问题的检讨

在分析如何应对董事同质化向异质化嬗变之前，有必要解答两大前置性问题：第一，即便承认“选区董事”的崛起及发展乃大势所趋，这些

---

① See Wolf-Georg Ring，*Company Law and the Free Movement of Capital*，69 Cambridge Law Journal 378（2010）.

② 比如 Commission v. Belgium，Case C－503/99，4 June 2002。

③ 美国亚利桑那大学副教授塞佩（Sepe）在其论文中指出，美国财政部设立 TARP 后，在决定是否给予某些金融机构资助时，会设置在符合特定条件时美国政府可指派董事的条款。美国财政部报告显示，截至 2012 年，美国已向包括美国国际集团（AIG）在内的 15 家金融机构任命了 26 名董事。See Simone M. Sepe，*Intruders in the Boardroom*: *The Case of Constituency Directors*，91 Washington University Law Review 7（2013）.

④ 《公司法》第 67 条。

“选区董事”与代表（普通）股东的董事之间是否存有不可避免之矛盾？假如他们之间的矛盾可调和或可避免，则董事同质化之根依然坚固，其叶也茂盛，所谓异质化现象可能是小题大做。第二，如他们之间存有不可避免之矛盾，则产生另一问题，即“选区董事”背后之“选民”的利益是否需要公司法的特别关注或特别保护？因为如果这些“选民”之利益可通过其他途径获得保护，则无需通过改变公司法规则或重新配置公司内部权力以应对董事异质化嬗变。

（一）问题一：各“选区董事”之间的矛盾是否具有不可避免性？

各选区“选民”的利益诉求不一致，必然导致“选区董事”的利益驱动源有所不同，而这直接影响“选区董事”之间的利益契合度。换言之，受委派之董事因听从其背后“选区”指示，而在各“选区”具有不同利益诉求时，这些“选区董事”在作出某项决策时必有所偏好，进而出现分化。例如，大股东与小股东均是名正言顺的出资人，但他们在作出分红和投资等决策方面往往持有不同立场。一般而言，大股东偏向于少分红或不分红，以便积聚财产、扩大投资。小股东则看重分红，以及时获得相应投资回报。不同的投资经营理念，使得他们所委派之“选区董事”在作出决策时也必有所分化。股东之间尚且如此，股东与职工之间更易出现利益冲突。职工期望工资上涨，但工资上涨会增加公司的固有成本。对于股东而言，职工工资越低、在固定工资内工作时间越长，越有利于股东，二者之间这种内在张力在经济发展的不同阶段常因失衡而爆发冲突（典型如罢工）。对于公司债权人而言，公司激进、盲目投资会给其带来风险，公司继续发行债券和多次分红也很可能影响公司将来清偿债务的能力。但对于公司而言，不扩大再生产（或投资）很可能会使公司裹足不前，最终被业界所淘汰。不再发行债券则可能使公司陷入融资困境，反向影响生产（投资）的扩大化。对于有政府参股或控股的公司而言，公司利益趋向更可能转向“公共”而非“私益”。公司利益走上“公共”之路，意味着公司不再以追求财富最大化为目的，而以服务于某些政治目的或公共利益为导向，[①] 从而可能与公司利益相左。可见，背后主体利益诉求差异的存在，使得作为“代理人”的“选区董事”之间也难以避免出现矛盾。

（二）问题二：“选区董事”的“选民”利益是否需要公司法加以保护？

即便承认各“选区董事”之间存有不可避免之矛盾，也需考虑另一前置性问题，即这些“选区董事”背后的“选民”是否需要公司法提供特别保护。因为这些“选民”如可通过其他途径获得保护，则公司法不必在乎“选区董事”之间的利益冲突，甚至“选区董事”这一概念本身也失去意义。对此问题，美国亚利桑那大学副教授塞佩独创性地提出一种分类标准，他将“选区董事”背后的“选民”主体分为两大类：一类是普通股东（common shareholders），即传统意义上的公司出资人；另一类是非普通权益投资者（non-common equity），这类投资者是“选区董事”的“选区选民”，即其背后的利益主体，包括上述的职工代表、政府、公司债权人和基金投资者等。[②] 传统契约理论认为，对于普通股东而言，他们与公司之间存有不完备契约关系，[③] 这种特殊的契约关系意味着普通股东无法在契约中详尽规定董事的所言所行，也因此无法通过契约方式保障自身的全部

---

① 也有国家在法律上明确规定，政府委派的董事须服从于公司利益，而不必受政治目的所干扰。例如，以色列明确规定政府委派之董事须以“公司利益最大化”为行事指南。See Amir N. Licht, *State Intervention in Corporate Governance: National Interest and Board Composition*, 13 Theoretical Inquiries in Law 597 (2012).

② See Simone M. Sepe, *Intruders in the Boardroom: The Case of Constituency Directors*, 91 Washington University Law Review 7 (2013).

③ 普通股东与公司的不完备契约关系源于经济学者以契约概念分析公司性质的理论。See Oliver Hart, *Firms, Contracts and Financial Structure*, Oxford University Press, 1995, p. 21 -22.

利益。而且，普通股东与公司“生死相随”，[①] 作为剩余权益请求者，他们无法像非普通权益投资者那般可定期获得收益。[②] 鉴于此，普通股东需要委派代表自身利益的董事，以保障自身利益。非普通权益投资者则与之不同，他们与公司之间的关系并非不完备契约关系，他们可通过与公司签订详尽的契约来保障自身利益。公司的日常经营管理并不会对他们的利益造成重大影响，他们不必像普通股东一样敏感于公司日常琐事，事先签订的契约因而也不必注重于公司各种潜在的“小问题”，更不必在契约中穷尽一切事项发生的可能性。而且，他们不仅可定期获得“分红”，还能在公司陷入一定困境时抽身而出，无需像普通股东那般与公司共患难。[③] 此外，有学者提出，非普通权益投资者可通过公司法之外的法律机制进行保护，[④] 比如，职工权益可通过劳动法和安全责任法等部门法予以保障，公司债权人权益则可通过合同法等法律规范进行保障。将这些本来可通过其他部门法保障的机制，集于公司法一身，无疑会使公司法承受“生命中不可承受之重”。

诚然，非普通权益投资者与公司的契约关系并非不完备契约关系，但这种“并非不完备”的契约关系仅仅是相对普通股东而言。从非普通权益投资者自身角度考虑，公司日常管理的一举一动仍与其息息相关，他们对管理人员的行为也具有敏感性，只不过这种敏感度相对普通股东而言不那么“高”。塞佩教授通过经济学论证，认为非普通权益投资者对管理人员

---

① 普通股东可通过股份转让离开公司，但某一普通股东的离开，意味着另一普通股东的进入（或者在转让给其他现有股东情况下，其他普通股东所持股份的增加）。因此，整体而言，公司普通股东与公司生死相伴。

② 非普通权益投资者的定期收益有别于普通投资者，比如债权人的收益是通过“利息”体现的，而职工的收益则通过“工资”体现。

③ 比如，对于风险投资人而言，他们往往会在投资条款中约定退出机制。

④ See Ronald Chen & Jon Hanson, *The Illusion of Law: The Legitimating Schemas of Modern Policy and Corporate Law*, 103 Michigan Law Review 1 (2004).

的敏感度取决于公司的资产净值（net worth）和资产波动性（asset volatility）。公司的资产净值决定了公司抵抗亏损的能力，而资产波动性决定管理行为对公司资产价值的相对影响性。资产净值越大，则非普通权益投资者的权益保障程度越高。资产波动性越大，则意味着公司资产净值受公司管理层的影响越大，非普通权益投资者对公司管理人行为的敏感度也就越高。[①] 可见，非普通权益投资者并非对公司管理行为不具有敏感性，而是其敏感度取决于公司的资产净值与资产波动性。当公司运营欣欣向荣之时，公司资产净值一般较高，而资产波动性较低。此时，非普通权益投资者没有必要对公司委派董事并“指手画脚”，因为此时他们对公司管理人员的行为并不具有较高敏感性。然而，公司的发展不可能一帆风顺，永远处于发展高峰期。对于更多的公司而言，他们大多或者处于发展上升期，或者处于衰落期。但无论是前者还是后者，都意味着公司资产净值与资产波动性会对非普通权益投资者的敏感度产生影响。

此外，信息不对称也会使非普通权益投资者产生不安全感，特别是在公司处于衰落期时，公司债权人会想方设法获悉公司的一切关键信息，以确保其债权能被按期偿还。如无董事会席位，则公司债权人所获悉之“破碎”信息难以构成完整图像。对于处于发展上升期的公司而言，非普通权益投资者所关注的是“隐藏的公司价值”（hidden corporate value）。非普通权益投资者“窃取”隐藏信息，可便于将来作出决策。但这些有价值的信息，只有公司管理人员才能全面获悉，如不委派董事，非普通权益投资者很难全面了解这些“隐藏”信息。信息披露固然是解决这一问题的途径之一，然而信息披露具有一定的“滞后性”，且信息披露的真实度与充分性也不无疑问。

---

① See Simone M. Sepe, *Intruders in the Boardroom: The Case of Constituency Directors*, 91 Washington University Law Review 7 (2013).

上述问题使得非普通权益投资者委派代表自身利益的人当选董事具有一定的正当性。然而，有异议观点提出，这些非普通权益投资者应当由（或已有）其他部门法提供保障，无需公司法承受如此之重负。但其他部门法所提供之保障机制，属于“外部性监督”，而“外部性监督”的缺陷在于它无法向非普通权益投资者提供“硬信息”（hard information），[①] 且其救济方式属事后救济。事后救济的最大缺陷在于权益损害的发生已成既定事实，所谓的“恢复原状”等事后救济方式即便能使非普通权益投资者在经济上获得补偿，但其他非“经济”上的（间接）损失则很难“复原”。改造公司内部权力配置规则，则可在很大程度上防患于未然。鉴于此，公司法在保障非普通权益投资者方面不仅必不可少，且举足轻重。

四、董事异质化背景下的法律应对

（一）现行的法律规定及其不足：统一的信义义务规则

如何应对董事异质化嬗变是公司法不可回避的问题。然纵览各主要法域之规定，不难发现，各国在这一问题上，竟出奇一致：采取统一的信义义务规制董事。无论董事背后的“选区”是何、利益主体是谁，所有的董事均需遵循统一的义务规定。在美国，早在19世纪中期，普通法便已确定董事对公司负有信义义务。[②] 而美国长期以来所奉行的股东首要价值理念，使得对“公司负有信义义务”实质上转化为对“股东负有信义义务”。[③] 这一理念在特拉华州贯彻得最为彻底，该州法院在2007年一案判决中直接

---

① 所谓“硬信息”，是指可经验证的信息。与其相对应的是难以经受验证的“软信息”。See Jean Tirole，*The Theory of Corporate Finance*，Princeton University Press，2010，p. 85.

② 在经典的 Dodge v. Woolsey，59 US（18 How.）331，341（1855）一案中，法官认为“法院有权利抑制公司经营者可能会减少股东红利或股票价值的行为”。

③ 参见林少伟：《论公司利益：一种普通法的解读》，载《中山大学法律评论》2012 年第 2 期。

指出："董事负有为股东利益管理公司的法律责任。因此，他们在履行这一职能时，其行为受信义义务之约束。"[①] 如董事罔顾这一义务，以背后的"选区"利益为导向行事，造成其他股东受损的，则视之为对信义义务的违反。2009 年影响重大的 Trados 一案就是对这一原则的重申。[②] 在英国，传统的普通法认为董事仅对公司而不对股东负有信义义务，因为"公司中股东之联合具有集体性"。[③] 英国《2006 年公司法》第 171 条也明确规定董事须为"公司成功"而行事。

在德国，虽然学界对公司性质存有"契约说"和"实体说"两种截然不同的观点，但在立法上，德国采取"实体说"，[④] 即董事行事须对公司这一"实体"负责。此后，股东财富最大化的观点虽有所流行，但并未动摇"实体说"这一根基。在新近修改的公司法中，德国虽未对董事的忠实义务作出明确规定，但在分散的案例中，法官一致认为，董事须对公司负有信义义务。[⑤] 这一信义义务的承担对包括职工代表在内的全部董事统一适用。这意味着即便是作为职工代表的董事，其行为仍然受到信义义务的约束，而不得服务于其背后的职工。在我国，《公司法》第 147 条第 1 款规定："董事、监事、高级管理人员应当遵守法律、行政法规和公司章程，

---

① N. Am. Catholic Educ. Programming Found., Inc. v. Gheewalla, 930 A. 2d 92, 101 (Del. 2007).

② In Re Trados Shareholder Litigation, Inc., No. Civ. A. 1512 - CC, 2009 WL 2225958 (Del. Ch. July 24, 2009).

③ 英国普通法一直认为董事仅对公司负有义务，但这一理念并不意味着董事在任何情况下均不对股东负有义务。在 Peskin v. Anderson 一案中，上诉法官对董事对公司所负之信义义务与董事对股东所负之信义义务进行了区分，认为二者之间具有清晰界限。但在某种特定情况下，如董事与股东之间具有某种特殊的事实关系时，董事对股东也负有信义义务。See Paul L. Davies & Sarah Worthington, *Principles of Modern Company Law*, Sweet & Maxwell, 2012, p. 507.

④ 参见德国 1937 年《公司法》第 70 条。

⑤ See Martin Gelter & Geneviéve Helleringer, *Lift not the Painted Veil! To Whom are Directors' Duties Really Owed*, 3 University of Illinois Law Review 1069 (2014).

对公司负有忠实义务和勤勉义务。”从字面上看，我国董事仅对公司负有义务，而不对股东或其他利益主体承担义务。但王保树教授认为，“公司利益”应当借鉴德国“企业利益”的概念，① 即公司虽“有自己独立的利益”，但“这一利益具体表现为投资者的利益、职工利益和其他参与者的利益。企业的机构在进行决策时必须考虑到各方面的利益”。② 然而，无论是按照字面意思严格解释董事仅对公司负有义务，还是参照德国“企业利益”概念将该利益主体扩大化，它们均有一个共同特点，即董事所负之义务是统一的，并不因其背后利益主体的不同而承担不同标准的义务。

英美法系和大陆法系在董事义务的具体内涵与判断标准上可能有所差异，但在义务统一化方面，却不谋而合。这种统一的信义义务乃基于董事同质化的假定，因为董事同质化，所以造成董事义务统一化。就此角度而言，所谓董事义务，毋宁说是董事会义务。然而，随着“选区董事”的出现与发展，董事异质化的倾向愈加明显，同质化的假定也遭受挑战。在此情况下，如仍坚持现行之规定，可能会使董事与公司陷入两难困境。其一，董事无所适从。当董事受某主体委派而占董事会一席时，他会被寄望于为此主体服务，为之利益行事，否则有违“代理”之本。如因此行事而与公司利益冲突，则显然违背统一的信义义务。鉴于此，董事难免进退维谷。其二，公司难以融资。统一义务的强制实施，会使得“选区董事”只能选择服务于“公司”，而置其背后的“选民”利益于不顾。如此一来，非普通权益投资者在决定是否投资公司时，难免会有所顾虑。而这种犹豫不决的态度无疑影响公司是否能顺利融资。对于急需资金的公司而言，强制性的统一义务的弊端无疑影响其顺利融资。

---

① 参见王保树：《公司社会责任对公司法理论的影响》，载《法学研究》2010 年第 3 期。

② ［德］托马斯·莱赛尔、［德］吕迪格·法伊尔：《德国资合公司法》（第 3 版），高旭军等译，法律出版社 2005 年版，第 31 页。

（二）应对董事异质化的可能法律路径选择

1. 以“选区”义务代替统一义务

既然统一的信义义务无法适应董事异质化的发展趋势，那么废除统一的信义义务，替之以个体的选区义务似乎是当然的选择。如此一来，“选区董事”不必因听从于背后的利益主体行事而担忧违反统一的信义义务规则。非普通权益投资者也可名正言顺地委派董事，使之代表自身利益行事，而不必再三顾虑，公司也更易获得融资。然而，这一替代途径的逻辑过于简单直接，它只看到统一的信义义务的缺陷，而忽视其本身存在的优点，犯了一叶障目的错误。统一的信义义务基于董事同质化假定，而董事同质化很大程度上以普通股东为基准。普通股东因与公司之间存有不完备契约关系，无法通过契约完全保障自身权益，至少难以像非普通权益投资者那样可通过相对详尽的契约条款捍卫自身权益。股东“所有权”其中一种表现为“剩余财产索取权”，这与不完备契约关系息息相关。因为契约不完备，无法穷尽一切可能情形，普通股东得以享有委任董事之权利。股东因此委任而享有公司“控制权”之时，也意味着无法像非普通权益投资者那样获得“固定红利”，而只能享有“剩余财产”之“索取权”。传统的统一信义义务一旦被完全废除，必会动摇普通股东的地位，使之权益摇摇欲坠，非普通权益投资者的权益虽得以保障，但普通股东处于劣势地位，正义之天平也因此失衡。

此外，废除统一信义义务，也将面临巨大的立法成本问题。作为规制董事行事标准的信义义务规则历史悠久，影响重大，也是支撑各国公司法的主要框架。如废除这一义务，代之以选区义务，不仅意味着公司法诸多规则需推倒重来，而且需高超的立法技艺。我国公司法发展只有 30 年历史，推翻原有的广为接受的统一信义义务规则，不仅需要立法技术，更需要立法胆量和智慧。在面临严重的双重代理成本的情况下，董事义务之强制执行依然不甚理想。此时改弦更张，废除原有的全部信义义务规定，而代之以全新的义务标准，其效果不仅值得怀疑，而且有可能得不偿失。

2. 对特定董事的保密义务进行松绑

有学者认为，非普通权益投资者要求委派董事介入公司，本意在于获取公司内部信息，尽最大努力减少信息不对称，以便准确预判公司经营战略及走向。① 各国公司法一般禁止公司董事向他人泄露公司秘密，② 我国《公司法》对董事也有保密义务的规定，根据第148条的规定，董事、高级管理人员不得“擅自披露公司秘密”。依此条款，即便是受非普通权益投资者委派的“选区董事”，也不得向其背后的“选民”披露公司秘密信息，否则违反董事义务。鉴于此，在不废除统一信义义务规则的前提下，可通过适当放宽保密义务的禁止性规定，允许“选区董事”向其背后的“选民”分享公司秘密，以实现非普通权益投资者的利益保障。

但保密义务的松绑也可能产生负面后果，非普通权益投资者获悉公司秘密信息后，可能会加剧公司内部冲突。比如，受职工大会选派的职工代表董事，在提前获悉公司内部正在讨论的裁员事宜后告知职工，裁员事宜很可能会引起工会不满，甚至导致职工罢工以胁迫公司取消相关决策。此外，保密义务松绑是否能真正为非普通权益投资者提供保障尚存疑问。首先，非普通权益投资者委派董事的主要意图在于获取公司秘密信息这一论断本身值得商榷，原因在于他们完全可以通过契约的方式获悉公司秘密信息。换言之，他们可以通过在契约条款中详细约定公司须定期向其汇报有

① See Martin Gelter & Geneviéve Helleringer, *Lift not the Painted Veil! To Whom are Directors' Duties Really Owed*, 3 University of Illinois Law Review 1069 (2014).

② 比如在美国，董事保密义务的规定并非源于制定法，而是来自《模范商业公司法》(MBCA)，特拉华州后来也规定董事负有保密义务。此后，随着Hewlett-Packard泄密丑闻的调查以及股东积极主义的勃兴，美国《公司董事指导手册》(Corporate Directors Guidebook) 明确指出董事向他人不当披露非公众信息可能会产生内幕交易和承担个人责任。See Cyril Moscow, *Director Confidentiality*, 74 Law and Contemporary Problems 197 (2011).

关经营信息，以随时掌握公司经营情况。与委派董事相比，这一途径似更为高效，成本更为低廉，公司也更愿意接受，但实践中，非普通权益投资者却倾向于委派董事，而非选择通过契约方式获取信息。由此可见，他们的本意并非在于信息的获取。其次，非普通权益投资者并不仅仅满足于信息获取本身，其意在参与（甚至控制）公司内部治理。对于这些非普通权益投资者而言，他们并非“平凡之辈”，也可通过外部机制保障自身权益。比如职工可通过罢工方式捍卫自身利益，而政府可通过管制途径对公司“严加看管”。但这些均属外部性监督，且其救济方式主要在于事后，无法提供充分的事先救济。只有委派董事进入董事会，介入公司内部管理，方可能充分有效地保障各主体利益。可见，即便放宽对董事保密义务的规定，也难以解决“选区董事”的义务困境。

3. 利用缺省性规则对统一的信义义务进行改造

公司法规则根据不同标准可作不同分类。其中一种标准将公司法规则分为三类：一是赋权性规则，即授权公司通过章程自主约定规则，且当然地具有法律效力。二是缺省性规则，即除非公司另有约定，否则直接适用公司法规则。三是强制性规则，即不允许公司章程加以变更或排除的规则。如前面所述，各国均将信义义务规则作为强制性规则，不允许公司各参与方通过章程加以变更。罗培新教授也认为信义义务规则应直接被认定为强制性规范，因为其对“因公司长期合同的不完备性而使股东合意面临着的诸多漏洞，起着拾遗补缺的功用，故应当为强制性规范”。[①]

然而，这种强制性的统一信义义务乃基于董事同质化的假定。而该假定随着“选区董事”的崛起与发展正遭受质疑和挑战。为适应这一新型的发展趋势，在不废除统一的信义义务规则下，可改变该规则的性质，将之归类为缺省性规则。这一应对路径有两大优势：第一，具有固守性。统一

① 罗培新：《公司法强制性与任意性边界之厘定：一个法理分析框架》，载《中国法学》2007 年第 4 期。

的信义义务规则依然得以保留，公司法的构造框架基本不变，也无需根本性变革，更可避免产生巨大的立法成本。第二，具有变通性。信义义务规则作为缺省性规则，可由公司自主选择。如公司可选择不适用这一统一性规则，“选区董事”也可光明正大地作为其背后选民的“传声筒”，而不必担忧可能因违反原有的信义义务规则而遭受处罚。以此来看，缺省性规则的切入，实质上是在遵循传统的统一信义义务规则下，为适应“选区董事”崛起而作变通的妥协品。

当然，将董事信义义务规则改为缺省性规则只是应对“选区董事”问题的宏观性路径，在具体制度设计方面需相当谨慎。比如，缺省性的信义义务规则主要针对水平型的代理成本（股东之间矛盾），它并不意在解决垂直型的代理成本（股东与董事之间的矛盾）。因此，如董事利用权力，以公司或股东利益之代价图谋个人私利，则仍应承担相应责任。

第二节　董事义务纵向性假定之反思

一、董事义务纵向性之可能弊端

现行董事义务呈现纵向性特征，即董事彼此之间不负有信义义务。这一纵向性特点不仅在学术界广为接受，更成为各国公司法制定的模范标准，在某种程度上已成为放之四海而皆准的“真理”。然而，这种貌似理所当然的事实与观点背后存在不少弊端。

第一，董事仅对公司而非股东负有信义义务实际上否定了代表董事因受不同股东的指派或“选任”而具有内生性利益偏好的可能与倾向，这种试图迎合“公司与其成员相分离并具有独立法律人格”的人为设置忽略了不同类别的董事背后可能存在潜在的利益冲突。更为甚者，在“公司利益”仍然争辩不清、亟须澄清的背景下，[①] 仅仅要求董事对公司而不对其他任何主体负有信义义务会使得信义义务违反之判断更为抽象，而抽象模糊的结果则使在对董事义务违反之责任追究时不知所措，在强调法律规范意思明确的成文法国家中，此种莫衷一是的裁判标准无疑为董事钻取法律漏洞、假公济私提供绝佳机会。

第二，董事因彼此日益相处所形成的结构性偏见，固然会产生“董董相护”的倾向，但结构性偏见并非理所当然、绝对存在。结构性偏见可能会因人而异、因时不同。当公司业务蒸蒸日上、利润滚滚而来之时，即便董事之间有个人恩怨，他们很可能也会抛却这些个人情仇，一起分享公司收益。但当公司经营不善、亏损不止时，血浓于水的兄弟情义也可能反目成仇，更遑论群体偏好。实践中，即便是公司经营良好，董事之间针锋相对的现象也并非罕见。可见，行为经济学上的结构性偏见固然有其用武之地，在某种程度上也能解释董事群体内的同一性与对群体外的排斥性，但这并非董事的全部真相，结构性偏见导致的“董董互惠”也非绝对客观。鉴于此，基于此理论基础的纵向性的董事义务自然也存在不周全之处。

第三，董事同质化也面临异质化的嬗变。如本章前面所述，西方学者提出“选区董事”的概念，[②] 实际上就是对董事同质化的质疑。在这些学者看来，很多董事由不同的机构、个人选任或指定，这些董事如同某个“选区”选举出来的“议员”，其当选后当然也不得不听从其背后“选区选民”的指示或意见。[③] 当不同“选区”的利益诉求不一致甚或有所冲

---

① 参见杨大可：《德国法上的公司利益及其对我国的启示》，载《清华法学》2019 年第 4 期。

② See Simone M. Sepe, *Intruders in the Boardroom: The Case of Constituency Directors*, 91 Washington University Law Review 7 (2013); Martin Gelter & Geneviéve Helleringer, *Lift not the Painted Veil! To Whom are Directors' Duties Really Owed*, 3 University of Illinois Law Review 1069 (2015).

③ See Simone M. Sepe, *Intruders in the Boardroom: The Case of Constituency Directors*, 91 Washington University Law Review 7 (2013).

突时，作为“选区”代表的董事当然也会持不同意见。此情此况下，原有董事同质化的假定无疑如枯叶般摇摇欲坠。而一旦董事出现由同质化转向异质化的嬗变，董事义务纵向性的弊端也显露无遗：因为董事彼此之间不负有横向的信义义务，这些利益冲突的董事无法依据信义义务的违反追究对方的责任，而只能依据其他请求权基础（如有）来捍卫自身合法权益。

二、董事横向义务之现实需求

既然董事纵向义务之理论基础存在一定弊端，随之而来的问题则是横向义务是否具有现实需求。假若实践中无此需求，则横向义务之理论构造与制度设计也显画蛇添足，没有价值可言。笔者认为，董事横向义务的提出，目的在于保护“无辜”董事，将之与“恶意”或“不法”董事相区分，并在所有董事对外承担责任后，允许“无辜”董事依据横向信义义务对“恶意”或“不法”董事提起诉讼，如此一来，既能保护“循规蹈矩”的董事，也能有力阻遏潜在的“坏”董事，可谓一箭双雕。遗憾的是，我国现行公司法并未区分董事的个别责任与集体责任，事实上，其他主要国家或地区的公司法（或示范公司法）对此也并没有加以区分。这种混淆董事个人责任与集体责任的法律规定，很可能会对其他“无辜”董事造成不利影响。

美国1985年发生的Smith v. Van Gorkom一案就是不区分集体责任与个人责任的典型。在该案中，Van Gorkom是Trans Union公司的董事会主席兼首席执行总裁，他跟另一位内部董事Bruce Chelberg一起提议出售公司资产，但该信息一直没有向其他董事公开，直到买方期限截止前一天才召开董事会，讨论该资产出售事宜。开会期间，Van Gorkom对此出售议案仅做了20分钟的陈述，Bruce Chelberg极力附和赞同，Trans Union公司的法律顾问也表示同意，于是该议案顺利通过。后来Trans Union公司股东提起集体诉讼，认为该出售价格被严重低估。特拉华州法院支持股东的集体诉求，认为董事会作该决策时并没有对相关财务情况进行研究或外部核实（external validation），因此构成注意义务之违反。与此同时，法院认为虽然 Van Gorkom 在这一决策中起核心作用，大多数董事仅仅是消极附和，但他们也应承担集体责任。[①] 有学者据此提出，如果允许董事彼此之间负有信义义务，则其他董事在承担对股东的赔偿责任之后，还可据此对 Van Gorkom 等主谋者要求索赔。[②] 根据我国《公司法》的规定，如果董事在决议中没有提出异议，则需承担责任，从法理上而言，这似乎合情合理。但在现实中，很多董事基于各种原因（比如对董事会主席 Van Gorkom 的信任）可能不会明确表达异议，而是跟随附和。在此情况下，要求他对外承担赔偿责任固无可厚非，但如能允许其在对外承担责任后进行内部追索，则更显公平，因其更能进一步倒逼知情董事在作出相关决策时谨慎有加，并对其他董事“无所不谈”。鉴于此，考虑在董事之间植入横向义务，显然具有较强的现实需求。

当然，并非任何的董事义务之违反，均会导致全部董事承担责任，根据不端行为的方式和义务范围的类型之不同，董事责任的承担也会有所不同。首先，可将董事会的行为划分为作为与疏忽行为两种类型，当董事会违反注意义务时，不管其行为是作为还是疏忽行为，法院一般会倾向于认定所有董事均承担责任（集体责任），而当面临忠实义务之违反时，则区分作为与疏忽行为，如是作为，则追究董事个人责任，如因疏忽行为导致忠实义务之违反，则追究集体责任。美国著名公司法学者罗伯塔·罗曼诺（Roberta Romano）对此指出：“注意义务之违反一般会导致

① Smith v. Van Gorkom，488 A. 2d 858（1985）.

② See Asaf Eckstein & Gideon Parchomovsky，*Toward a Horizontal Fiduciary Duty in Corporate Law*，104 Cornell Law Review 803（2019）.

全体董事责任的追究，而忠实义务之违反则可能会局限于某个别从中受益的董事追究责任。”[①] 当然，有学者提出不同观点，美国威廉·玛丽大学伊布拉印（Ibrahim）教授认为，现行法律关于董事在何种情况下应承担集体责任或个人责任的规定模糊不清，因此对董事个人责任与集体责任的划分标准仅停留于理论层面，并不能作为司法裁判标准。[②] 也有学者对案例进行梳理分析发现，法官在追究董事责任时，会先行推定所有董事均承担责任，即便部分董事并没有积极参与实施案涉不当行为。甚至于，缺席表决或虽表异议但没有记录在案的董事，同样会被追究责任。[③] 更“不可思议”的是，即便有些董事出于抗议愤而辞职，也不代表其可以当然免于承担责任。在 Rich v. Chong 一案中，法官就直截了当地指出董事不会因辞职而自动免于承担责任。[④] 而在 In Re Puda Coal Stockholders' Litigation 案中，法官认为三名董事因辞职而导致公司处于另一名涉嫌违反信义义务董事的掌控当中，因此这三名辞职的董事也应当承担责任。[⑤] 概言之，董事个人责任与集体责任无论是在理论上还是在实务中，仍未得到明确的区分，由此导致的后果是“无辜”董事很可能因受其他董事的牵连而承担责任，在仅有纵向义务的情况下，这些“冤枉”董事很可能会遭受无端之祸，却又无处可告。笔者认为，如能在董事之间施加横向义务，则上述问题自然迎刃而解。

---

① Roberta Romano, *Corporate Governance in the Aftermath of the Insurance Crisis*, 39 Emory Law Journal 1155 (1990).

② See Darian M. Ibrahim, *Individual or Collective Liability for Corporate Directors*?, 93 Iowa Law Review 929 (2008).

③ 我国《公司法》第 112 条第 3 款中规定，“但经证明在表决时曾表明异议并记载于会议记录的，该董事可以免除责任”。依此而言，董事虽表异议但没有记录在案的，同样需要承担责任。

④ Rich v. Chong, CA No. 7616 – VCG (Del. Ch. April 25, 2013).

⑤ In Re Puda Coal Stockholders' Litigation, CA No. 6476 – CS (Del. Ch. Feb. 6, 2013).

三、董事横向义务之基础：集体决策与个体差异[①]

董事会作为公司的独立组织，其享有法定的职权和承担必要的义务，而作为董事会成员的董事，其对外代表公司时，也只能先行获得董事会之授权方可为之。因此，董事会被视为单一实体（single entity），其作决策的过程可能有争执、质疑，甚至争纷不止，但最终公之于众的只能是集体决策的结果。这种集体决策性质也导致了决策的后果由董事会集体所承担，无论是成功的欢欣喜悦还是失败的责任归咎。暂且不论这种集体决策的制度是否比单独的个人决断更能作出良好的决策，也不论这种同仁团体决策（peer group decision-making）是否也优于层级制团队决策（hierarchical group decision-making），[②] 可以确认的是，这种集体决策的定性，否认了董事会背后各种董事位阶不同、来源多元和性格鲜明的特点。诚然，董事决策的最终体现是集体决策过程的产品，但这并不能否认董事之间具有较大的个体差异，而这些差异恰恰会影响决策的形成。承认这些个体差异的存在，实际上是承认董事在决策形成中所扮演的不同角色与所处的不同地位，进而承认董事在作出决策后被外部追究集体责任时可能存在的内部责任分担之差异。

（一）职务位阶的差异

同在公司议事的董事会成员，可能会因是否担任公司职务或职务的不同而具有不同的位阶，因此位阶的不同会导致信息接触面的差异。根据统计，在52%的标普500指数（S&P 500）公司中，董事会主席同时也是公

---

① 关于董事差异所导致的后果，可参见 Asaf Eckstein & Gideon Parchomovsky, *Toward a Horizontal Fiduciary Duty in Corporate Law*, 104 Cornell Law Review 803 (2019)。

② 参见［美］斯蒂芬·M. 贝恩布里奇：《理论与实践中的新公司治理模式》，赵渊译，法律出版社2012年版。

司的首席执行官（CEO）。[①] 而在中国 2012 年 A 股的 2422 家上市公司中，董事长兼任总经理的公司高达 557 家，占比 23%。[②] 除担任公司首席执行官外，也有一些董事担任公司的其他职位，比如担任董事会下设的薪酬委员会、提名委员会、战略委员会和财务委员会等委员的职位。对于这些同时担任首席执行官或委员会委员的董事而言，其对公司信息的接触面或获取渠道显然要比其他董事更为广阔，其对决策事项的了解无疑也更为深入。也正因如此，不同位阶的董事在讨论某项议案时，彼此之间的影响力也当然不同。一般而言，兼任首席执行官的董事在对某项议案进行表态时会对其他董事形成程度不一的“压力感”或“感染力”，迫于这种“压力感”或受到此种“感染力”的普通董事很可能会倾向于和其处于同一立场，并最终形成所谓的“集体”决策。显然，在这种“集体”决策的背后，部分普通董事会或多或少被具有一定职务（位阶）的董事所“引导”或“误导”。

（二）知识结构的差异

董事作为公司经营管理的具体个体，一般应具备一定的知识结构与专业能力。除非家族企业中出于对家族财产的维护与传承而让家族成员担任公司董事，或者出于其他某种不可言知的理由而让“莫名其妙”的人士担任董事，否则大型企业或公众公司一般会聘请具有较高专业能力的人士担任公司董事，以便更好地改善董事会表现和提升公司绩效。2018 年发生的西安某企业任命“年轻人”担任高级管理人员引起争议的新闻就是最好的例子。根据报道，西安一家资产超过 1000 亿元的企业在一次人事调整中，

---

① Spencer Stuart Board Index：A Perspective on U. S. Boards（2016）.

② 参见郭洪业等：《董事长、总经理不该“一肩挑”?》，载《董事会》2015 年第 4 期。

让一名“80后”担任公司的法人代表、董事长兼总经理，而两位新任的董事竟是“90后”，这种任命可能是“不拘一格降人才”，但该报道引起了巨大的舆论反应，一些观点认为，如此年轻之人被委以重任，背后恐有“不可告人”之目的。该企业后来发布声明称，经过调查，“未发现影响公司正常运营的社会关系”，但媒体对此回应显然不满，此后相关部门发布通报称，“已决定对该三人停职并启动相关法律程序”。暂且不论此种人事调整背后是否存在不可言明的目的，这一事件之所以引起极大争议，无非是因为大家认为公司高级管理人员（董事）应当具备较强的管理能力和较高的知识结构，而新任的三位年轻人士从简历上无法体现出这一特点，故而对其产生质疑。

然而，董事由专业人士担任，并不代表每位董事均具有相同的知识结构，恰恰相反，公司在考虑聘请董事时，很可能出于拓展知识结构面的考量而有意识地聘任具有不同知识结构与技能的人士。比如，聘请具有丰富会计从业经验的人士可对公司财务提供专业的意见，聘请法学教授担任独立董事可以使公司决策更为合规，聘请具有投行经验的人士担任董事可以为公司并购交易等指点迷津。只有将具备不同专业知识和技能的董事会成员有效聚集起来，各就其位、各司其职，才能正确利用集体决策合理配置资源，并广泛集中董事的不同智慧最大限度地解决公司所面临的复杂问题。[①] 故此，不同董事所具备的专业知识面存在较大差异，当某项议案只涉及某个领域或专业时，其他非该领域的董事很可能会听从该领域的董事意见，并跟随他的表态投票赞同或反对。在此情况下，如议案通过后导致公司受损，法院裁判董事违反注意义务，则全部持赞同意见的董事均需承担责任。但考虑到其他非专业领域的董事之所以表态赞同是因为听信（信赖）于专业出身的某特定董事，那么在法律上对这些专业董事施加额外的

① 参见朱羿锟:《董事会运行中非理性因素的法律规制》，载《中国社会科学》2015年第8期。

“压力”也并非为过，甚至还可倒逼各专业董事在发表意见（或说服他人）之前竭尽全力地获取一切可合理取得的信息，并将之“原味原汁、不折不扣”地反馈给其他董事，而此种“压力”的施加完全可通过董事横向义务的植入来实现。

四、两个前置性问题：异议与辞职

（一）异议的两难困境

董事横向义务之植入，面临两个前置性问题，其中之一是异议：如若董事投票表决支持提案，那么他（她）当然就应承担提案通过后所产生的后果，这是“对自己行为负责”的基本法律常识，如董事认为该提案可能对公司不利，则完全可以投票反对。嗣后即便提案通过，该不利后果也不会归咎于表态反对的董事。我国《公司法》第112条第3款规定：“董事应当对董事会的决议承担责任。董事会的决议违反法律、行政法规或者公司章程、股东大会决议，致使公司遭受严重损失的，参与决议的董事对公司负赔偿责任。但经证明在表决时曾表明异议并记载于会议记录的，该董事可以免除责任。”① 可见，我国《公司法》对董事免责主要指向“遵守法律”和“公司形式”，且注重决策行为是否正当。如果董事想要免责，其抗辩责任的理由非常简单：表明异议并记载于会议记录。邓峰教授认为这一规定令人“啼笑皆非”，② 因为按照这一逻辑，如董事想免责或担心

---

① 该条款位于《公司法》第四章“股份有限公司的设立和组织结构”，表面上这一条款似乎只能适用于股份有限公司，而不能适用于有限责任公司。笔者以为，这一条款也适用于有限责任公司，理由有二：第一，《公司法》第六章“公司董事、监事、高级管理人员的资格和义务”不仅适用于股份有限公司，也适用于有限责任公司。因此，在义务相同的情况下，股份有限公司和有限责任公司的董事责任也应相同。第二，在责任构成要件方面，无论是有限责任公司还是股份有限公司的董事，其构成要件也一致。故此，《公司法》第112条第3款关于董事责任的规定同样应适用于有限责任公司的董事。

② 参见邓峰：《业务判断规则的进化和理性》，载《法学》2008年第2期。

"秋后"算账，则完全可以大笔一挥，签名反对，一了百了。特别是在一些上市公司中，坐在董事会议席上的人可能抱着多一事不如少一事的心态，再加上"枪打出头鸟"的理念作祟，这种"表明异议即可免责"的规定可以说是"鼓励懒政，打击勤政"，也会极大损害公司的管理效率。由此可见，赋予异议董事免责权这一规定似乎会"激励"董事表态反对，以免追责。

然而，也有不少学者认为董事不一定会对诸多议案持反对意见，恰恰相反，董事出于"同僚"间的巨大压力，很可能会"服从"甚至"合作"。① 首先，美国公司法学者贝恩布里奇教授曾指出董事具有自身的文化特质，即注重"以礼相待"（politeness）和"温恭自虚"（courtesy），② 在此种文化影响下，董事彼此之间会相互"协助"，避免行使反对票破坏这种"合作无间"的亲密关系。其次，投反对票的董事可能会遭受其他董事的排斥而被挤出"门外"，比如在下一次董事选任时，经常持异议观点的董事很大概率不会被选上，因为董事会对哪些董事候选人能够被选上董事拥有重要的话语权，而经常投票反对的董事显然不会为其他"同僚"所待见。③ 此外，即便出现独立董事反对议案，也很可能对议案是否最终通过无足轻重。有学者对中国上市公司的独立董事表决与议案是否通过之间的关系进行实证调查，发现92%的议案即便存在独立董事的反对，最终也会被通过。④ 既然投票反对议案对议案通过无关紧要，且易得罪"同僚"，影

---

① Michael C. Jensen, *A Theory of the Firm: Governance, Residual Claims, and Organizational Forms*, Harvard University Press, 2003, p. 49 -50.

② Stephen M. Bainbridge, *Why a Board? Group Decision-making in Corporate Governance*, 55 Vanderbilt Law Review 1 (2002).

③ See Lucian Bebchuk & Jesse Fried, *Pay Without Performance: The Unfulfilled Promise of Executive Compensation*, Harvard University Press, 2004, p. 32.

④ See Wei Jiang, Hualin Wan & Shan Zhao, *Reputation Concerns of Independent Directors: Evidence from Individual Director Voting*, 29 Review of Financial Studies 655 (2016).

响董事连任，何不顺水推舟，投票赞同？再者，表态反对的董事还需考虑到其日后可能需要得到其他“同僚”对自己议案的支持，在持续性（而非一次性或短期）的长期博弈中，双方为了日后各自利益，必然会迁就对方，以获取对方的迁就回报。最后，当董事对某个具有专业性的议案表态反对时，为了找寻和充实反对的理由，必然要花费相当的时间与精力了解相关信息。而当具有该领域专业经验的董事赞同议案时，持反对意见的董事更是要如履薄冰，避免以卵击石。事实上，有学者研究发现，在董事本身对议案不太了解的情况下，其更容易倾向于赞同具有相关专业知识的董事的意见。[①] 鉴于此，对于具有经济理性的董事而言，其更可能宁愿投出同意一票，也不想“不吃羊肉空惹一身膻”。

由上述内容可知，一方面，法律赋予了异议董事表明异议即可免受追责的权利，对于董事而言，这如同赐予他们一把尚方宝剑，在自己犹豫不决、担惊受怕时签字反对，即可顺利过关，但这种“啼笑皆非”的规定又会挫伤董事会的管理效率，更不利于中国特色社会主义市场经济背景下国企内部治理改革。另一方面，出于对董事文化的顺从、“合作无间”潜规则的默认、董事自身日后切身利益的考虑、信息获取渠道的限制以及时间精力的成本—收益权衡等，董事在很多情形下不得不投出“赞同票”。鉴于此，对于是否应投出“反对票”，董事可能处于左右为难、进退维艰的尴尬境地。笔者认为，横向义务的设置，恰恰可以解决董事这一跋前疐后的处境。因为在董事彼此之间施行信义义务后，即便董事表决支持某个议案后承担责任，他（们）也可以（在其他董事违反受信义务的情况下）对其他董事享有内部追索权。

---

① See Cass R. Sunstein, *Conformity and Dissent*, Public Law and Legal Working Papers, 2002.

（二）无法“溜之大吉”的辞职

面临上述寸步难行的局面，董事也非无路可走、束手无策，其可递交辞呈，一走了之。确实，董事辞职后，因“董事”身份之丧失，董事之义务也即当然解除，如此一来，董事便可不再面对上述左右为难的尴尬局面，董事横向义务之施加也似无必要。然而，董事辞职并非“溜之大吉”，其面临以下问题：

第一，董事辞职是否应经批准后才能生效？如果董事辞职须履行一定程序或须经过批准才能生效，则显然董事无法随意通过辞职这一路径逃之夭夭。我国《公司法》对此仅有一条规定，即第45条第2款规定：“董事任期届满未及时改选，或者董事在任期内辞职导致董事会成员低于法定人数的，在改选出的董事就任前，原董事仍应当依照法律、行政法规和公司章程的规定，履行董事职务。”根据这一规定，如果董事在任期内辞职未导致董事会成员低于法定人数，则不必继续“履行董事职务”，但对于是否可以直接辞职的问题，《公司法》并未作出明确规定。根据民法的委任关系理论，董事与代表公司的股东（大）会建立委任关系，董事作为受任人，与代表公司的股东（大）会存有我国《民法典》合同编规定的委托关系，依据委托合同的相关规定，受托人（董事）的辞职行为无需经过批准。正所谓“天要下雨，娘要嫁人”，强行把董事留在公司对彼此均无益处。因此，正如胡田野教授所言，允许董事无因辞职，单方行为即可有效并无不当之处。① 但也有法官在裁判中指出，董事自然可不经批准辞职，但如造成公司的直接损失，则须由其个人承担责任。既然法律上对董事辞职（未导致董事会成员低于法定人数时）没有作出相关规定，则公司在其章程中可能会对此作出时间或程序的约束，以将董事辞职对公司的影响降

---

① 参见胡田野：《公司法律裁判》，法律出版社2012年版，第583页。

至最低。故此，董事想要一走了之，也并非那么轻而易举。

第二，辞职也可能会影响董事声誉。威廉·布朗（William Brown）和迈克尔·马洛尼（Michael Maloney）曾进行过一项实证研究，发现董事“翻台率”与公司业绩表现呈负相关关系，即董事辞任越频繁，公司业绩表现越差。此外，他们还发现，董事（特别是外部董事）敢于挑战管理层，在他们认为管理层有不端行为时，他们会直接提出意见，而不是辞职走人了事。① 在布朗和马洛尼看来，董事不分缘由地辞职，会被视为“懦弱”和“不敢直面失败”。而这些“懦夫型”的董事非但不能帮助公司纠正不端行为或尽最大努力减少公司损失，反而会影响其个人声誉，因为这种畏难苟安的为人之道，也有害于其找到下家。

第三，董事辞职也不代表其可以高枕无忧。正如我国法官在裁判中所指出的那样，如董事辞职后造成公司直接损失的，董事个人应对此承担责任。但法官在此处所提及的损失仅限于“直接损失”，董事辞职后可能承担的个人责任范围相对较小。在美国，已有判例提出董事在辞职后即便不造成直接损失，也须承担责任。比如在 In Re Puda Coal Stockholders' Litigation 一案中，Puda Coal 公司的三位董事发现公司存在一系列未授权的资产转让后，曾发起调查，要求彻查该事件，但苦于弱强悬殊，最后他们辞职抗议。特拉华州大法官小斯坦因（Leo E. Strine）认为三位董事的辞职行为实不可取，因为这将使公司陷入一个由其他违反受信义务董事掌控的局面，在他们认为掌控公司的董事违反受信义务时，这三名董事的辞职不仅不可取，也构成了对信义义务的违反，因此，小斯坦因法官最后判决他们承担义务违反之责任。

由此可见，董事辞职一方面可能会受到公司章程的限制，另一方面也

---

① See William O. Brown & Michael T. Maloney, *Exit*, *Voice*, *and the Role of Corporate Directors*: *Evidence from Acquisition Performance*, Working Paper, University of Virginia, 1999.

需考量辞职对其本人声誉的影响，更为重要的是，董事辞职也不代表其可高枕而卧。就此而言，董事坚守阵地，迎难而上可能才是上上之策。然而，“守土”可能“有责”，特别是在现行法律规定下，董事义务呈现纵向性与单一性特点，董事对外承担责任后，无法向其他董事追偿。故此，如能在董事之间施加横向义务，则能有效解决这一问题。

五、董事横向义务之理论基础[①]

要在董事之间施加义务，实际上是承认董事之间彼此负有信义义务，而信义义务的背后则是认定董事彼此之间具有信义关系，因有信义关系，方生信义义务。因此，构造董事横向义务制度需要解决其理论基础问题：董事彼此之间是否可能（或何以能）产生关系？这又涉及另一个前置性问题：何为信义关系？虽学者对此已尝试性地作出各种定义，[②] 但在司法裁判中，信义关系一直被认为无法定义，[③] 因为“信义”一词并非一个“具有固定规则和原则适用的单一类别确定关系”。[④] 甚至有学者认为，试图对信义关系作出精准定义的努力都会是“徒然的希望”。[⑤] 诚然，我们可能无法对何为信义关系作出精准定义，但这并不影响我们对何种情形下构成信

---

① 关于信义关系的相关论述，具体可参见［美］安德鲁·S. 戈尔德、［美］保罗·B. 米勒编著：《信义法的法理基础》，林少伟、赵吟译，法律出版社 2020 年版。

② See Ernest J. Weinrib, *The Fiduciary Obligation*, 25 The University of Toronto Law Journal 1 (1975); J. C. Shepherd, *Towards a Unified Concept of Fiduciary Relationships*, 97 Law Quarterly Review 51 (1981); Gordon Smith, *The Critical Resource Theory of Fiduciary Duty*, 55 Vanderbilt Law Review 1399 (2002).

③ 在 Frame v. Smith [1987] 2 SCR 99 (SCC) 135 中，持不同意见的威尔逊（Wilson）法官曾指出：“信义这个概念在其产生的背景之外，没有具体的界定。”同样地，布伦南（Brennan）法官在 Breen v. Williams (1996) 186 CLR 71 (HCA) 92 中也指出：“迄今为止，法律还没有能够对一个人在与另一人的关系中成为受托人的情况作出精确或全面的定义。”

④ Leonard Sealy, *Fiduciary Relationships*, 1 The Cambridge Law Journal 73 (1962).

⑤ Matthew Conaglen, *Fiduciary Loyalty: Protecting the Due Performance of Non-Fiduciary Duties*, Bloomsbury Publishing, 2010, p. 9.

义关系作出判断，因为定义与识别是两回事。事实上，识别信义关系，完全可以不依赖于信义关系的概念，这如同哲学上判断“山是不是山，可以不知何为山”一样。

（一）传统信义关系的识别方法

美国圣母大学法学院教授米勒（Miller）提出的信义权（fiduciary power）理论，即在当事人之间，如果一方可以对另一方的重大实际利益行使自由裁量权，实际上其中一方对另一方享有一种信义权，此时双方之间可以成立信义关系。[①] 在此，米勒教授实际上是从受托人享有自由裁量权的角度阐述信义关系的特征，即只要受托人对委托人的事务享有一定的自由裁量权，则他们之间可以形成信义关系。米勒教授的这一观点在部分司法案例中得到认同，在 Frame v. Smith 一案中，法官明确提出信义关系的构成要素中包括受托人享有一定的自由裁量权。[②] 然而，这种依据“信义权”的识别方法，并不能解释董事之间何以能形成信义关系，因为根据通行公司法的基本原理，董事表决时一人一票，其中一人对另外其他人不享有所谓的自由裁量权或信义权。因此，董事横向义务无法从此理论中获得立足之地。

另一种识别方法是法官在具体裁判中所运用的“基于状态”（status-based）或“基于事实”（fact-based）理论。[③] 前者是指法官根据具体法律关系的类型来判断当事人之间是否存在信义关系。后者则指法官会将当事人之间的法律关系所呈现的特征与信义关系的一般特征相比较，进而判断该关系是否属于信义关系。然而，“基于状态”识别法的缺陷在于其须探

---

① See Paul B. Miller, *A Theory of Fiduciary Liability*, 56 McGill Law Journal 235 (2011).

② Frame v. Smith [1987] 2 SCR 99, 42 dlr (4th) 81, 136.

③ 参见朱圆：《论信义法的基本范畴及其在我国民法典中的引入》，载《环球法律评论》2016 年第 2 期。

寻当事人之间具体的法律关系类型，即只有在具体个案中才能加以判断。而“基于事实”识别法则须首先确定信义关系的一般特征，在无法对信义关系进行精准定义的情况下，穷尽信义关系的特征也困难重重，故“基于事实”识别法一不小心就又回到“鸡生蛋还是蛋生鸡”的问题上。因此，这两种识别方法均很难运用到判断董事关系中。

也有学者从信义法律关系的基本要素出发，认为符合以下三个要素即可构成信义关系：存在权力或财产的委托、委托人信任受托人和委托人承受风险。[①] 根据这个标准，董事之间很难存在“权力或财产的委托”，但完全有可能符合后面两个要素，即董事 A 信任董事 B，董事 A 因此信任可能要承担一定的风险。从这一角度而言，董事之间的关系向信义关系前进了一步。

上述信义关系的识别标准固然有其理由和依据，但细究之，不难发现一个问题，即上述判断标准只适用于传统的、典型的信义法律关系，比如律师—客户、医生—病人。笔者认为，信义关系本身并非封闭的，而是开放的。信义关系也只有从狭隘走向广阔，该理论才能越发具有活力。事实上，已有学者将传统的信义关系理论用于解释其他关系，比如将信义关系运用到公共领域，进而提出“公共信托关系”的信托政治理论。[②] 更有学者将信义关系运用到养父母与被收养子女的关系中，认为养父母是被收养子女的信义人。[③] 且不论上述结论是否正确或合理，至少说明信义关系本身是可以被扩张的。

---

① See Tamar Frankel, *Fiduciary Law*, Oxford University Press, 2011, p. 5.

② 该理论将信义关系与政治或公法领域相结合，产生了一系列成果。See Evan J. Criddle, *Fiduciary Administration: Rethinking Popular Representation in Agency Rulemaking*, 88 Texas Law Review 441 (2010); Evan Fox-Decent, *Sovereignty's Promise: The State as Fiduciary*, Oxford University Press, 2012.

③ See Margaret F. Brining, *Parents: Trusted but not Trustees of (Foster) Parents as Fiduciaries*, 1 BostonUniversity Law Review 1231 (2011).

(二) 信义关系的扩张

既然信义关系可以扩张，则其是否能扩张至董事之间？如可以，则董事之间因此信义关系自会产生信义义务，董事横向义务产生也水到渠成。笔者认为，这并非不可能，原因在于信义关系可分为形式信义关系和非形式信义关系两类。[①] 形式信义关系是指依据关系本身性质可体现为某种特定类型关系，比如委托人与受托人之间的关系就是典型的形式信义关系；而非形式信义关系则是根据当事人之间关系的特定情况并结合信义关系的特征进行判断。据此，非形式信义关系这一理论也须解决信义关系具有何种特征这一难题。

为避免陷入上述“鸡生蛋还是蛋生鸡”的循环困境，米勒教授提出，在非形式信义关系的判断中，应当抛弃形式信义关系所具备的信义关系一般特征，而从信义关系的本质属性入手。据此，他认为信义关系本质上具有三重属性：不平等性、依赖性和脆弱性。[②] 所谓不平等性，是指在信义关系中，受信人凭借信义关系的建立处于支配地位（相对于受益人而言）。只要一个人享有对他人实际利益的自由裁量权，他们在拥有和行使信义权方面的关系就不平等。而依赖性则是不平等性的表现，因为受信人享有信义权，其对该权力行使的目的在于实现受益人的某些利益，因此，受益人不得不依赖于受信人，以试图最大限度实现其本人的实际利益。脆弱性是依赖性的必然结果，即便我们对受信人善意行使权力充满期待和乐观，但不可否认的是，受益人的利益仍有可能得不到保障。受益人固然可以通过种种方式（比如通过激励、监督和执行机制等）来保障其利益，并减少脆

---

① See Gordon Smith, *The Critical Resource Theory of Fiduciary Duty*, 55 Vanderbilt Law Review 1399 (2002).

② See Paul B. Miller, *The Fiduciary Relationship*, in Andrew S. Gold & Paul B. Miller eds., Philosophical Foundations of Fiduciary Law, Oxford University Press, 2016, p. 73.

弱程度，但终究无法消除危险。

在董事会中，董事之间的关系刚好契合上述三重属性。首先，在不平等性方面，董事彼此之间表面上看是平等的，但实际上，如上文所述，因各个董事所处的职务位阶的不同、知识结构的差异以及个体性格的区别，董事之间存在实质的不平等。其次，上述不平等也会产生依赖性与脆弱性。比如，当提案涉及相关专业领域时，个别董事会依赖于具有该领域专业知识的董事，由此产生的依赖会使其作出与该专业董事一样的表决，而此种依赖亦有可能存在风险，因其完全信赖于专业董事，专业董事在告知其他董事时，出于个人私心或某些缘故，既可能会有所保留，也可能会有所隐瞒，这就有可能导致依赖于他人的董事承担“不应该承担”的责任。因此，这些董事也处于相对弱势地位，并具有不同程度的脆弱性。以此而言，董事之间也存在不平等性、依赖性与脆弱性，而这完全契合信义关系的本质属性。既然董事之间存在信义关系，那么他们彼此之间负有信义义务也就顺理成章、不足为奇了。可见，信义关系在公司法扩张适用，完全可以成为董事横向义务的理论依据。

六、董事横向义务之制度构造①

（一）董事横向义务的基本内容

既然董事之间存有信义关系，彼此之间负有信义义务既不存在理论障碍，也具有法理依据，那么如何从制度上构造董事横向义务？笔者认为，董事横向义务之制度构造，可以采取“拿来主义”方式，移植传统董事纵向义务的内容。因为董事横向义务与纵向义务在内容上并无实质差别，此

① 相关论述可参见 Asaf Eckstein & Gideon Parchomovsky, Toward a Horizontal Fiduciary Duty in Corporate Law, 104 Cornell Law Review 803 (2019)。

外，即使横向义务与纵向义务的内容重叠，也不会产生额外的立法和守法成本。故此，依据董事纵向义务，董事横向义务也包括两项要素：忠实义务和注意义务。忠实义务主要针对利益冲突，要求董事之间在讨论议案之时或表决议案之前，应当披露直接或间接（潜在）的利益冲突，否则可能构成横向（忠实）义务之违反。注意义务主要要求董事勤勉、负责，尽努力获取一切可以合理获取的信息提供给其他董事，以便展开充分讨论。如董事未尽责或疏忽，则可能导致横向（注意）义务之违反。

（二）董事横向义务与纵向义务之间的关系

首先需要明确的是，设置董事横向义务的目的并不在于取缔或废除纵向义务，而是作为董事纵向义务的补充，共同完善董事义务理论体系与规范框架。事实上，董事纵向义务与横向义务各有其制度目的与规范价值，纵向义务赋予公司（直接诉讼）和股东（代表诉讼）监督董事的权利来源与诉讼基础，而横向义务则是董事之间基于信任而产生依赖的保障机制，因此，两者之间既相辅相成，也相得益彰。

其次，董事某个不当行为（作为或不作为）会引起纵向义务和横向义务之违反，但横向义务违反之责任追究并不以纵向义务违反之追究为前提。比如，当董事实施某个不端行为后，公司出于种种顾虑可能不会选择对其提起诉讼，但这并不意味着其他董事丧失依据横向义务对违反纵向义务的董事所享有的诉权。

最后，横向义务之施加，表面上看是扩大董事义务的范畴，并加剧董事的负担。实际上恰恰相反，因为董事横向义务的目的之一在于免去部分董事因纵向义务而产生的责任，通过横向义务，“无辜”之董事可以要求其他董事承担赔偿责任，进而减轻甚至抵销自身对外所承担的责任。以此而言，横向义务不仅没有对（遵纪守法）董事施加额外负担，反而是对其因违反传统纵向义务承担责任的减轻。

（三）董事横向义务的民事责任形式

董事如违反纵向义务，其承担的民事责任形式一般包括以下几个方面：(1) 确认行为无效，如《公司法》第 22 条规定的董事会决议违反法律、行政法规的，股东可诉请法院撤销该决议；(2) 返还财产，如《公司法》第 148 条规定的董事挪用公司资金、侵占公司财产或将公司资金借贷给他人的，应当退还公司资金；(3) 赔偿损失，如《公司法》第 149 条规定的董事执行职务时给公司造成损失的，应当承担赔偿责任；(4) 归入责任，如《公司法》第 148 条第 2 款规定的如董事违反规定取得收入，则应当归公司所有。

但在横向义务的民事责任形式方面，笔者认为，纵向义务的民事责任形式并不宜全部移植。比如请求确认行为无效，只有股东才有此权利。因此，在横向义务责任形式方面，主要应适用损害赔偿和归入权这两种责任形式。比如当董事违反忠实义务时，可能适用损害赔偿，也可能适用归入权（如董事获得收入）。董事违反注意义务时，则主要适用损害赔偿，以便使公司财产恢复至被侵害前的状态。

第四章　董事义务之空缺填补

我国《公司法》仅对董事施加了忠实和勤勉义务，与英国董事所背负的五大义务相比，我国董事受到的约束较少。但在纷繁复杂的商业世界中，忠实和勤勉义务不足以涵盖所有的经营管理行为。这种制度供给的不足，不仅容易导致董事利用法律空白假公济私，同时极易引起各种纠纷。为解决此种难题，有必要在现有董事义务规范框架下，填补董事义务的空白之处，比如在公司破产情形下，要求董事对公司债权人负有一定的义务。因为在公司破产时，公司利益的归属实际上已从股东转向债权人，如果此时不向董事施加对债权人的义务，则容易出现董事义务指向的法律“真空”，最终可能导致公司、股东和债权人三方主体利益俱损，董事则逃之夭夭或无所畏惧。因此，为使董事义务进一步发挥其内在价值和功能，并完善董事义务规范体系，有必要在现行董事义务规范框架之下，进一步填补董事义务的空缺。

第一节　公司监督视野下董事义务之缺失

一、我国董事监督义务之规范困境

一方面，现行《公司法》所构建的信义义务体系无法为董事怠职问责路径提供明确依据。就勤勉义务而言，我国董事勤勉义务规则因粗犷性立法而饱受诟病，虽是概括性条款却没有细化义务标准，导致立法期待司法能够对勤勉义务内涵作价值性填充，对勤勉义务外延作具体化判断，然司法却因缺乏相对步骤化的判断路径而仅对董事义务作形式性审查，这完全不利于董事责任之追究，遑论在实践中寻找到监督义务问责路径的身影。另一方面，如学者所言，虽然上市公司董事监督义务在证监会长期执法实践中逐渐被“塑造”用以追究董事责任，但却面临内涵不明确、适用条件模糊、规范基础不明、认定标准不统一等亟待解决的问题。[①] 之所以出现以上困境，归根结底是因为顶层规范《公司法》层面我国董事监督义务处于实质缺位的尴尬境地，没有处于上位义务概念的细化标准，更缺乏经“发展”的一系列“案例群”提供成熟的规则。[②]

（一）现行《公司法》中董事怠职问责路径失范

无论是曾经震惊全国的“三鹿奶粉事件”，抑或其他公司违法事件，都证明了公司违法行为招致的行政处罚抑或市值暴跌最终实质影响的都是广大投资者。股东至上主义认为董事负有以股东的最大利益为目的经营公司的信托义务，股东作为企业最后的监督者有最大动力去“监督”监督者的义务履行。[③] 公司治理的关键任务亦是在经营活动中保护企业所有者的利益，因此公司治理不仅要关注如何科学地向职业经理人授权，同时也要合理加强对职业经理人的监督与控制，使经营权人在法律的框架内尽最大努力实现公司的长期发展，维护股东价值的最大实现。但在我国现行董事

---

① 参见吕成龙：《上市公司董事监督义务的制度构建》，载《环球法律评论》2021 年第 2 期。

② 参见张怀岭：《德国法董事合规义务的司法适用逻辑——基于对“西门子诉纳伯格案”的分析》，载王洪亮等主编：《中德私法研究（13）：合同因违法而无效》，北京大学出版社 2016 年版。

③ See Andrew Keay, *Company Directors Behaving Poorly: Disciplinary Options for Shareholders*, Journal of Business Law 656 (2007).

责任问责机制下，董事懈怠失职行为导致的公司利益受损，似乎只能由股东“自食其果”。

我国现行《公司法》第147条至第149条规定了董事的问责路径。第149条规定董事、监事、高级管理人员在执行公司职务时因违反法律、行政法规或者公司章程的规定，给公司造成损失的，应承担赔偿责任。显然，该问责路径规制的是董事、监事、高级管理人员作为类的不当职务行为，而董事监督义务问责下的怠职行为，因具备在因果关系上的间接性与懈怠不作为两个特征，似乎无法被此条规制。董事监督责任需要解决的问题是董事应承担的造成公司利益受损的非直接责任依据何在。第147条借鉴了英美法系国家的立法例，将董事义务分为忠实义务和勤勉义务。第148条采用了概括性条款和禁止性规则相结合的方式，比较细致地规定了忠实义务的具体内涵，在实践中操作性较强。毋庸置疑，相较于忠实义务，第148条对董事勤勉义务包括具体内容、判断标准及衡平机制，均未作过多的细化和本土化创新，这无疑增加了司法裁判适用的难度，实际上法官在适用法律时通常十分谨慎，多数法官不会在个案中过度地对法条进行扩充解释。《上市公司治理准则》中虽对善良管理义务的原则进行细化，但仍略显粗糙，况且仅适用于上市公司。即便现有规则存在上述罅漏，董事的怠职不作为是否可以适用董事的忠实和勤勉义务规则来问责？

显然，《公司法》第147条与第148条构成的两条问责路径皆不可适用。首先，有关董事监督义务的性质尚存争议，其究竟是忠实义务的内容抑或注意义务的衍生，甚至从属于诚信义务——有观点认为存在独立于忠实义务和注意义务的第三种义务，不无疑问。其次，从我国现有董事信义义务体系来看，忠实义务与勤勉义务概不能包容监督失职的问责。显而易见，怠职问责并非忠实义务所能实现，因为董事并未发生自我交易等将自身利益置于公司利益之上的行为。审查是否违反忠实义务基本是程序性的审查，首先确定董事有无利益关联，进而判断董事主观上的故意。虽然特拉华州法院在2006年Stone v. Ritter案[①]中，一改从前，将监督义务归入了忠实义务范畴，但正如贝恩布里奇教授所主张的那样，将监督义务纳入忠实义务范畴十分没有道理，超出了对忠实义务的一般理解，若非要为之找个理由，法院如此判决仅是一种司法技巧而非法律逻辑运用，恐怕只是为了避免因适用勤勉义务规则而抗辩依据《特拉华州普通公司法》第102（b）（7）条免除或限制责任。[②] 至于勤勉义务，《公司法》第147条没有明确涵摄到董事监督义务，且勤勉义务的规范客体是董事的执业能力，在勤勉义务判断标准尚不明朗的情形下，认定当事人的知识背景、经验及其行为时的商业环境等一系列紧密相关的主客观因素，对法官来说是不小的挑战。经实证研究发现，在检索到的勤勉义务司法实践案例中，以守法守章为核心的形式化审查是法院审查董事义务时所采取的普遍标准。最后，即使把怠职不作为划归为董事违反了法定信义义务，董事依然可以提出相应的抗辩。譬如以并非直接责任人、已尽职尽责、主观上并不存在过失为由排除现有的问责路径。

（二）上市公司董事监督义务规范含混不清

上市公司经营好坏不仅是商业“摩拳擦掌”的结果，更牵涉大大小小股东切身利益，经营权人更应被要求在风险管理与合规经营的监督环境下实现商业目标。从1990年到2019年年底，中国股票市场已经发展到3777家上市公司，市值达9万亿美元，成为亚太地区第一大股票市场和世界第

---

① 911 A. 2d 362（Del. 2006）.

② See Stephen Bainbridge，Star Lopez & Benjamin Oklan，*The Convergence of Good Faith and Oversight*，55 UCLA Law Review 559（2008）.

二大股票市场。[①] 为加强上市公司治理，我国治理改革措施亦从董事监督职能作出擘画，如建立独立董事制度、引入强制性董事会会议披露要求以及整体要求内部风险控制。

上市公司董事的监督责任散见于部分规范性文件以及证券交易所等主体制定的行业自律规定。第一，关于董事合规义务和风险管理方面的整体要求，根据中国证监会2022年修订颁布的《上市公司章程指引》第98条的规定，董事应谨慎、认真、勤勉地行使公司赋予的权利，以保证公司的商业行为符合国家法律、行政法规以及国家各项经济政策的要求，商业活动不超过营业执照规定的业务范围，并且及时了解公司业务经营管理状况。第二，具体到监督职能行使之基础——信息披露下的知悉了解，在证监会执法实践中，通常援引《上市公司信息披露管理办法》（2021年）第35条的规定，即“董事应当了解并持续关注公司生产经营情况、财务状况和公司已经发生的或者可能发生的重大事件及其影响，主动调查、获取决策所需要的资料”，判断董事是否达到一定勤勉标准，且“不能以审计机构未发现违法情形为由，当然免除董事的责任”。第三，关于内部控制系统的构建，我国虽起步晚，早期主要旨在强化对商业银行业的内部控制要求，但随着金融风险刺激与国际经验引进，无论是国家层面的监督抑或行业自律都将之视为必不可少的事项。2007年，中国证监会发布了《关于开展加强上市公司治理专项活动有关事项的通知》（已失效），2008年继而发布了《深入推进上市公司治理专项活动有关事项公告》（已失效），两部文件都对上市公司的内控制度作出了相关要求，并从内部控制之定义、原则要求以及目标等方面进行了具体化延展。2010年，财政部、证监会、审

① See Ding，Wenzhi，Lin，Chen，Schmid，Thomas，Weisbach & Michael S.，*Risk Perceptions*，*Board Networks*，*and Directors' Monitoring*，SSRN（June 21，2021），https://ssrn.com/abstract=3872749.

计署等又联合发布了《关于印发企业内部控制配套指引的通知》（财会〔2010〕11号），包括《企业内部控制应用指引》、《企业内部控制评价指引》和《企业内部控制审计指引》三个指引文件。《上海证券交易所上市公司内部控制指引》（已失效）中也规定公司董事会对公司内控制度的建立健全、有效实施及其检查监督负责，董事会及其全体成员应保证内部控制相关信息披露内容的真实、准确、完整。[①]

从上述所列举的规范性文件可以看出，上市公司监督这个"筐"里似乎装得满满当当，虽有一定的优点，却也有不慎妥帖可商榷之余地。最关键的问题在于，如前所述，在我国现行《公司法》构建的董事信义义务体系下，证监会执法实践所塑造的董事监督义务规范依据不明，我们无从得知应将上市公司治理实践中的监督问责定位于忠实义务还是勤勉义务，甚至上述规范性文件是否创设了第三种独立义务都不无疑问。而且，这些规范性文件自身存在含混不清的问题：一是与董事监督义务直接相关的规范性文件法律层级较低，[②] 且不具备整合性与统一性，难以提供规则的指引性。具言之，譬如规范我国企业合规内控制度的法律文件在效力层级上基本属于部门规章和规范性文件，致使监督制度下的财务制度、审计制度、公司内部控制制度，事实上散见于效力层级不同、适用规范各异的规范性文件当中。反观域外，以公司法规定董事监督义务要求和责任承担几乎是流行做法。公司法或商法典作为一般化的法律，规定了公司在其整个生命周期中的广泛活动，理应包括财务会计、审计监督、合规管理等具象治理内容。二是正如学者在执法实践中所发现的，实践中监督义务的构成要件不具规则性且含混不清。[③] 当事人提出证监会塑造的监督义务

---

① 参见《上海证券交易所上市公司内部控制指引》（上证上字〔2006〕420号）第4条。

② 参见邹梦涵、包洁：《疫情后中国商法制度中企业合规内控的发展研究——以律师实务为视角》，载《2020商法学年会论文集》（上册），第387页。

③ 参见吕成龙：《上市公司董事监督义务的制度构建》，载《环球法律评论》2021年第2期。

"是对法律规定的任意扩大解释"也不难理解。[1] 三是就这些已有的监督义务而言，不仅不成体系，而且缺乏相应的激励和约束制度并驾齐驱，难以让监督效果落到实地，况且没有惩罚的后果，这些规定将难以发挥应有作用。

笔者认为，问责的前提是"有责可问"，责任源于义务的违反。如前所述，我国董事信义义务亦是其他法域的制度嵌入性结果，那是否我国董事信义义务也应如同其他法域一样具备开放性，从判例实践将规则予以法典化呢？从英美法系来看，信义义务具有开放性特点是普遍共识，信义义务条款作为一般条款实则是授权法官通过衡平的方式不断在个案中予以"具体化"，通过科予董事责任，以防止董事损害公司和股东利益，最终在司法判例的不断经验总结下确立规则甚至予以法典化。[2] 如英国《2006 年公司法》改革最大的成效之一就是将董事义务成文化，同时法院又被赋予通过判例继续发展成文法规则的使命。[3] 经特拉华州多个经典案例发展，美国公司法认为董事注意义务包括监管义务，即对雇员行为进行监督，并对违法行为进行约束纠正，确保公司有适切的信息系统，以此规避自身的重大过失行为责任。[4] 无独有偶，在大陆法系的德国，合规义务亦是判例法的产物，从判例中逐渐总结出了法典化经验，如《德国股份有限公司法》第 91 条第 2 款将董事对下级员工的监督义务"具体化"为一种"组织义务"（Organisationspflicht）。日本同样借鉴美国董事会监督模式，规定董事会的权限之一为业务执行监督权，代表董事、一般董事有义务监督其

① 参见《中国证券监督管理委员会行政复议决定书（徐某）》（［2019］41 号）。

② 参见冯曦：《论作为一般条款的董事信义义务及其司法适用》，载《2020 年商法学会年会论文集》（上册），第 109～110 页。

③ Companies Act 2006, section 171－177.

④ 参见陈本寒、艾围利：《董事注意义务与董事过失研究——从英美法与大陆法比较的角度进行考察》，载《清华法学》2011 年第 2 期。

他代表董事或执行业务董事的行为是否遵守法律和公司章程、是否适当。[①]“他山之石，可以攻玉”，我国《公司法》中董事监督义务体系构建的缺失导致了一系列的问题。反之，如果明确了董事的监督义务，至少是概括性的义务规定，上述问题也会迎刃而解。

二、董事监督义务之正当性基础

任何法律术语与制度的出现都并非空穴来风，或基于事物内生性要求所致，或法律移植而来。正当性为人们服从某种强制、某种规则或某种秩序提供了与社会行动者主观价值取向相吻合的意义结构，[②] 为法律实施方面弥散了主观障碍。好比科学家用理论语言思考，用操作语言检验一样，[③]关于董事监督义务问责，亦需要在理论层面探讨正当性基础，在司法实践中予以完善。

（一）内生需求：董事会职能的演变

无论是国外公司法还是中国法上的董事会角色都包含了监督者（monitor）这一身份，只不过因本土化变异，董事会的构造与类型在不同国家有大大小小的差异，从而导致其监督职能突出程度不同。如英国模式的董事会主要作为战略管理者，二战后德国模式的董事会分成监督委员会和管理委员会，美国模式的董事会则以监督者为其现代身份。[④] 但毋庸置疑的是，董事会作为监督者这一身份是公司进入准则设立时代进化的结

---

① 参见黄百立：《董事注意义务之研究——以日本董事注意义务为中心》，台湾中原大学2007年硕士学位论文，第181页。

② 参见李猛编：《韦伯：法律与价值》，上海人民出版社2001年版，第91页。

③ ［美］布莱洛克：《社会统计学》（修正第2版），沈崇麟、李春华、赵平等译，重庆大学出版社2010年版，第7～8页。

④ 参见邓峰：《中国法上董事会的角色、职能及思想渊源：实证法的考察》，载《中国法学》2013年第3期。

果，其职责也演化成了不可外包的“系统督导”，以往以战略管理者为定位的英国模式董事会已被称为传统模式。[①]

针对董事会具体职能的内涵，现有三种观点：第一，认为董事会具有双重职能：监督职能与咨询职能[②]。一方面根据资源依赖理论，董事能够为公司提供有价值的资源。[③] 董事利用他们的个人能力、人际资源等让公司价值提升，同时董事还利用他们的经验和专业技能，为公司决策和战略规划做出宝贵的认知贡献。另一方面，依据代理成本理论，董事会必须充当监督者，收集和评估有关高级管理人员绩效和公司战略有效性的信息，董事会价值在于其有能力控制管理人员，使他们为股东利益最大化工作，实现代理成本最小化。第二，认为董事会的实体目标可以分为四类：战略、运营、报告和合规。[④] 整体来说，实质上依然与第一种两分法大同小异，战略目标与运营目标即管理职能，如《荷兰公司治理守则》将“与企业相关的战略和相关风险简介、结果发展和企业社会责任问题”作为一般性原则的同时亦将其确定为管理职责。[⑤] 而报告和合规则是风险管理框架的组成部分，属于监督职能的范畴。第三，《日本公司法》认为董事会权限有三：公司的经营决策权、对董事的业务执行监督权、对代表董事的人

---

① See James D. Cox & Thomas Lee Hazen, *Corporations: Including Unincorporated Forms of Doing Business*, Aspen Publishers, 2003, p. 409.

② 参见孙光国、郭睿：《CFO 内部董事有助于董事会履行监督职能吗?》，载《会计研究》2015 年第 11 期。另有学者认为董事会职能由监督职能与战略决策职能或管理职能构成，参见 Eric J. Pan, *Rethinking the Board's Duty to Monitor: A Critical Assessment of the Delaware Doctrine*, 38 Florida State University Law Review 209 (2011)。

③ See Eric Helland & Michael Sykuta, *Regulation and the Evolution of Corporate Boards: Monitoring, Advising, or Window Dressing?*, 47 Journal of Law and Economics 167 (2004).

④ See Committee of Sponsoring Organizations of the Treadway Commission (COSO), *Enterprise Risk Management-Integrated Framework*, *Executive Summary*, p. 3 (COSO II Report) (AICPA, 2004).

⑤ Monitoring Committee, Dutch Corporate Governance Code, Principle II 1 (2008).

事权。[①] 无独有偶，根据《韩国商法》的规定，股份有限公司的董事会拥有关于公司业务执行的决策权和对董事职务执行的监督权。[②]

无论分类如何，总的来说，监督职能是董事会的基本职能。甚至马丁·利普顿（Martin Lipton）不加掩饰地称，“董事会的风险监督职能……占据了中心舞台……对董事会参与风险的预期一直处于高位”。[③] 我国公司运作模式为权力分立制约式，股东大会为权力中枢机关，监事会为法定的监督机关，而董事会通常被定位为由多名董事构成的日常经营决策和执行机关，显然在立法上董事会并未被配置监督职能。自我国引入独立董事制度之后，董事并不仅仅是监事会的监督对象，其更被期望能够在监督职能方面发挥举足轻重的作用。然事与愿违的是，单纯地在公司董事会中强行引入独立董事制度，小股东的权利依然无法得到保护，独立董事不独立、缺乏足够的监督权限使不少人对其失望。足以见得，公司治理并非增加监督机构就足以达到理想效果。对董事会监督职能的认可，在公司治理中有着重要作用，这种对董事会职能的偏颇定位，并不符合董事会的角色，由此也导致董事会功能的实际发挥与立法所追求的目的相偏离。因为董事会的监督职能实际上与日常经营管理职能是相互交叉、不可分离的，监督职能可谓是管理职能的延伸。代理成本理论与资源依赖理论同样解释了董事为何既是管理者又是监督者，董事会如果不首先通过其监督活动收集有关公司运营的信息，就无法履行其管理职责。也只有在对其他董事和经理层

---

① 遠藤美光「取締役の監視義務と内部と統制に関する覚書－社外取締役義務化論に関連して」22 頁参照。转引自郭媛媛：《日本董事监督义务及对我国的启示》，吉林大学 2015 年硕士学位论文，第 3 页。

② 参见［韩］丁珍燮：《中韩股份有限公司董事的义务、责任与监督机制之比较》，载《法学杂志》2006 年第 6 期。

③ Martin Lipton, *Risk Management and the Board of Directors*, Harvard Law School Forum on Corporate Governance and Financial Regulation, http://blogs.law.harvard.edu/corpgov/2009/12/17/risk-management-and-the-board-of-directors-2/.

进行管控并对不当行为予以纠正后，公司和股东的利益才能得到保障。美国贝恩布里奇教授在《为什么是董事会？公司中的集体决策》一文中认为，董事会的监督职能不可避免地涉及管理性的活动。[①] 日本近藤光男教授同样认为，董事会既然有权决定公司的业务执行，也能决定选任和解聘经理，当然有权对代表公司以及执行业务的人员进行监视。[②]

既然董事会应当天然被配置监督职能，董事作为该机关的组成人员，就应当在业务决策过程中行使具体的监督与管控职权。“董事负有合理督导或看管公司商业行为的职责，同时，作为推论，应当采取合理的步骤，作为督导程序和技巧的结果，及时了解传递给董事会的信息。”[③] 董事与经理层的关系犹如将领与士兵的上下级关系，董事不仅需要指挥全局，由于合理地信赖经理层，当然也要日常监督其经营行为，并因此承担监督不力引发损失的责任后果。实证表征，在关联董事受到罚款、市场禁令或两者兼而有之的监管处罚后，董事投票反对管理层的可能性相较于被处罚前的投票行为增加了2倍，从而得出结论：因疏忽而受到监管处罚的感知可能性对独立董事履行其受托责任的努力程度有很大的影响，这表明“同伴惩罚”为董事努力监督管理层创造了间接激励作用。[④] 法律责任的分配是通过“惩前”的手段以达到“毖后”的目的[⑤]，同样深谙其道，通过问责监

① See Stephen Bainbridge, *Why A Board? Group Decisionmaking in Corporate Governance*, 55 Vanderbilt Law Review 1 (2002).

② 参见［日］近藤光男：《最新日本公司法》（第7版），梁爽译，法律出版社2016年版，第246～247页。

③ Melvin A. Eisenberg, *The Duty of Care of Corporate Directors and Officers*, 51 University of Pittsburgh Law Review 948 (1990).

④ See Ding, Wenzhi, Lin, Chen, Schmid, Thomas, Weisbach & Michael S., *Risk Perceptions, Board Networks, and Directors' Monitoring*, SSRN (June 21, 2021), https://ssrn.com/abstract=3872749.

⑤ 参见邓峰：《领导责任的法律分析——基于董事注意义务的视角》，载《中国社会科学》2006年第3期。

督义务向董事施加责任负担，对那些“不作为”的董事可以起到震慑作用，避免因董事懈怠而产生经营危机，导致公司和股东利益的损失。

（二）治理需求：克服代理成本难题

管理者和股东之间的利益冲突乃公司治理的重要问题不言自明，董事会选任经理层并对其进行监督和激励，以此减少股东和经理人之间的利益冲突，减少潜在的代理成本。[①] 由于两权分离，管理者可能不再被勤勉工作激励，与“游手好闲”获得的边际回报相比较，管理者勤勉工作所获得的边际回报更少，因此管理者的自利行为时常发生。[②]

相对于股东大会而言，董事会被定位为执行股东会决议的机构；相对于经理层来说，董事会也是公司日常事务的决策机构，所作决策由下级雇员负责执行。由此，我国公司的组织形式是一种夹层结构——董事会居于股东会与经理层之间。但现实是我国公司内存在“权力下沉”现象：董事会的经营决策权被经理层“篡夺”，由于董事会以集体决策的多数决方式行使职能，董事会会议召开次数有限，因此董事会并未像法律设计的那样完全行使经营管理权，相反，现代企业的大量管理事务实则都由经理层完成。“决策者不管理，管理者不负责”的现象普遍存在。[③] 经理层权力的扩大不可避免地带来代理成本的增加，因为实际上大量经营管理工作是由经理层及下级雇员来完成。为了管控权力滥用，解决内部代理人合规用权的问题，不应执着于董事会的决策力和执行力，而应当尝试将董事会从日常

---

① See Eugene Fama & Michael Jensen, *Separation of Owner and Control*, 26 Journal of Law and Economics 301 (1983).

② See Michael C. Jensen & William H. Meckling, *Theory of the Firm: Managerial Behavior*, *Agency Csts and Ownership Structure*, 3 Journal of Financial Economics 305 (1976).

③ 参见蒋大兴:《公司董事会的职权再造——基于“夹层代理”及现实主义的逻辑》，载《现代法学》2020 年第 4 期。

经营中解放出来，致力于公司的长远发展战略和对经理层的评价监督，以此压缩利益损害行为发生的权力空间，凸显董事监督义务与公司治理的良性互动关系。

（三）现实需求：补充内部监督制度

我国兼采大陆法系和英美法系公司监督体系，我国《公司法》一直保留着监事会，将其作为公司法定常设机构。《公司法》对监事会权能罗列不少，同时采用了职工监事制度，监事也可以列席董事会会议，并对董事会决议事项进行质询。然而即便是刚性监督，问题的频繁发生也说明了监事会的监督功能发挥不尽如人意，质疑监事会作用的声音从未停止，对于进一步改进和强化监事会监督的研究斗量筲计。在董事、经理损害公司利益，导致公司破产或者清算的恶劣情形下，监事会几乎没有发挥出应有的警示或预防的功能。[①] 监事会作为法定监督机构行使职权时还是存在一些客观障碍，比如监事会对董事日常经营决策参与不够，无法持续、有效了解，“不知悉”“未参与”也常常成为监事的责任推脱之借口[②]；监事会既有股东代表也有职工代表，各自利益诉求往往不一致，股东要求实现公司利益最大化，职工却心系自身利益。而在证监会执法实践中，监事承担的基于信息披露监督而产生的严格连带责任也往往不具有可执行性，导致大量监事的监督之责无法落实。[③]

美国的“自我管理”监督模式被引入我国，面对董事会不能充分监督的现实问题，代理理论认为增强董事会独立性有助于提升董事会的监

① 参见陈建军：《如何完善我国公司监事会制度》，载《经济师》2007 年第 6 期。

② 比如，中国证监会行政处罚决定书（山东华阳科技股份有限公司、刘某某、闫某某等 14 名责任人）（〔2012〕34 号）。

③ 参见蔡伟：《公司内部监督责任体系的困境：基于对监事的再考察》，载《中外法学》2018 年第 6 期。

督能力,[①] 寄希望于通过创设独立董事制度来起到制衡经营者的决策权力的作用，进而防止内部控制问题，降低代理成本。独立董事对公司及全体股东负有诚信与勤勉义务，其独立性和专业性要求维护公司整体利益，尤其应关注中小股东的合法权益不受侵害。但实际上，独立董事的“独立性”也成为部分学者归咎其作用甚微乃至监督失灵的根源，对独立董事的优化讨论也不绝于耳。独立董事与内部董事无法相比，其存在天然的信息劣势。独立董事由于不在公司任职，不能参与公司的日常经营，所以他们并不能在第一时间获得关于公司运营的具体情况。独立董事作出监督判断的依据几乎来自现任管理层的“一面之词”，可能会面临控股股东为隐蔽自己的不当行为，在一定程度上向独立董事隐瞒内部信息的情形。即便是独立的专家，在不确定信息真实性的情况下也会倾向于保守、谨慎，这不仅不利于监督到位，还可能阻碍决策者的经营策略。在被称为中国首单特别代表人诉讼案的康美药业虚假陈述民事赔偿案[②]中，在公司财务造假持续 3 年之久，涉及会计科目众多，金额巨大的情形下，独立董事却完全未发现端倪或置之不顾，这足以见得独立董事在监督财务造假和企业欺诈方面的无功无益。

监事会的法定监督与独立董事的专司监督都存在监督失效之虞，虽然基于路径依赖以及避免出现科斯所言的以一种制度取代另一种制度时所带来的成本，应当继续强化监事会的监督与独立董事的独立性，而不是剖析如何增强董事会监督的实效性与解释董事承担非直接责任的依据何在。但是，第一，如前所述，董事的经营决策职能与监督职能同为一体，通过内部控制体系以及日常管理活动，董事便能及时发现并纠正问题；第二，具

---

① See Amy Hillman & Thomas Dalziel, *Boards of Directors and Firm Performance: Integrating Agency and Resource Dependence Perspectives*, 3 Academy of Management Review 383 (2003).

② 参见广东省广州市中级人民法院民事判决书，(2020) 粤 01 民初 2171 号。

备专业知识的董事依靠其丰富的管理经验和敏锐的风险感知力可以减少监督成本；第三，即便是强调董事会的监督职能也并不意味着要替代其他的监督体制设计。相较董事会，监事会和独立董事对公司事务参与的程度不足比数，为了使监督资源达到帕累托最优，并最大可能保护公司和中小股东的利益，董事会凭借其拥有的人事任免、薪酬决定等职权，最适合担当公司内部监督机关的重任。①

三、董事监督义务之法律地位

监督义务的法律地位系其法律性质的别名，问责监督义务的前提就是厘清监督义务的性质，这既是法律逻辑上的需要，也决定了监督义务落实的可能性，因为从特拉华州等法院的判决来看，定性将决定原告的举证难度。

关于监督义务的法律地位，国内外的理论和司法实践仍见仁见智。主要有三种观点：第一种观点是忠实义务说，认为监督义务同样是对董事权力滥用的规制，应按照违反忠实义务的标准来判断；第二种观点是注意义务说，认为董事既然有义务建立一个公司信息和报告系统，此即注意义务的明确要求，监督义务与商业决策两者共同组成了董事注意义务内容；②第三种观点是诚信义务说，认为监督义务属于诚信义务的范畴，而提出诚信义务观点的学者们也对其性质莫衷一是，主要争议点是董事诚信义务究竟是传统董事信义义务中注意义务或忠实义务的附属义务，还是一种独立的第三种信义义务。

忠实义务强调董事对公司及股东的绝对忠实，董事应当忠实履行职

① 参见王真真：《董事会监督职能分析》，华东政法大学2017年硕士学位论文，第8页。

② See Charles Hansen, *The Duty of Care, the Business Judgment Rule, and the American Law Institute Corporate Governance Project*, 48 Business Lawyer 1355 (1992).

责，既不得为了私利利用职位便利，牺牲公司利益，当个人利益与公司利益相抵触时，也得优先考虑公司整体利益。忠实义务的违反主要是因为董事“徇私”而滥用权力，要求董事是故意，并且也只能是故意而为之，一般不包括过失谋私的行为。落入监督义务问责范围的则通常是由于董事懈怠履职，即没有尽到合理的注意导致没能及时发觉雇员的不当行为，譬如没有充分地获取信息、尽可能地了解情况，轻率信任不该信任之人等过失。此时董事既非谋私，也非无能。实质上，忠实义务与监督义务的根本区别在于董事是否明知是违法行为，因此，如果认为监督义务从属于忠实义务，则陷入逻辑怪圈。

诚信义务由来已久，英国《2006 年公司法》以及美国《示范公司法》皆有条文规定董事应诚信行事，我国近几年也有不少关于董事诚信义务的研究，并提出诚信义务本土化的构建。[①] 虽然对于诚信义务的法律地位也存在不同的观点，但主流观点认为“第三种义务”——诚信义务乃信义义务的下位原则，与忠实义务、注意义务并驾齐驱。在著名的迪士尼案中，特拉华州最高法院的钱德勒（Chandler）法官指出了违反诚信义务的基本方式，包括：第一，董事为了特定的目的而非为了公司的利益行事；第二，董事故意违背法律；第三，董事明知在义务范围内而故意不作为，故意不履行义务。[②] 有国内学者也指出，在诚信义务的具体行为模式方面，董事的经营管理行为不允许存在非经济的不当动机，董事不得故意对职责漠然置之甚至使公司违法，对其职责也不应存在根本性的疏忽或懈怠。[③] 因而诚信义务更多还是考察主观方面存在不当动机的作为行为以及带有故意性的懈怠行为，而监督义务规制的行为应是主观上过于自信或者疏忽大

① 参见朱羿锟：《论董事问责标准的三元化》，载《商事法论集》2012 年第 1 期。

② In re Walt Disney Company Derivative Litigation，906 A. 2d 27（2006）.

③ 参见朱羿锟、彭心倩：《论董事诚信义务的法律地位》，载《法学杂志》2007 年第 4 期。

意的过失，或者仅仅是经营不善、能力不足的行为。此外，"诚"与"信"皆为伦理规范和道德标准，"诚信"可理解为"以真诚之心，行信义之事"，因此在某种程度上诚信义务与信义义务乃同义等值的概念。并且，如果将监督义务招致诚信义务麾下将会面临更难以解决的问题，诚信义务从"子曰"开始就作为道德义务约束着世人，即便常常被哲学家们挂在嘴边，诚信规范发展至今，依然是作为高尚的品德常被束之高阁。溯其根本在于诚信作为道德规范给人带来的更多的是直觉上的主观情感冲击，因其具有模糊性，无法被定义，延伸无边，给法官增加了解释和判断的难度。因此既然"诚信义务"无法被定义，那确定判断标准更是难上加难，反而会滞碍对董事监督义务的问责。正如肖恩·格里菲斯（Sean Griffith）教授所言，"诚信的运作就像一面西洋镜，在传统的谨慎和忠诚标准之间摇摆，虽降低了每一个原则的门槛，却没有给司法增加任何不同的实质性内容"。①

笔者认为，将董事监督义务归属于注意义务范畴，首先是缘于监督义务本身是注意义务的衍生要求。艾森伯格指出信义义务包括注意义务在内，是种基准概念（Baseline Concept)，其仅提供行为标准，只有当事人违反了具体义务要求时，才会对当事人科以法律责任。② 而监督义务就是注意义务标准下的具体义务要求，如法理上认为德国公司法中的董事合规义务属于合法义务框架下的具象化义务要求，而合法义务也正属于董事对公司所负的注意义务的主要类型之一，③ 可谓合规义务乃注意义务的具体

---

① Sean J. Griffith, *The Good Faith Thaumatrope: A Model of Rhetoric in Corporate Law Jurisprudence*, 55 Duke Law Journal 1 (2005 –2006).

② See Melvin A. Eisenberg, *The Duty of Good Faith in Corporate Law*, 31 Delaware Journal of Corporate Law 1 (2006).

③ Hüffer/Koch, AktG § 76 Rn. 11; Goette, ZHR 175 (2011), 388, 392; Hemeling, ZHR 175 (2011), 368, 370.

化行为准则。美国律师协会同样在其制定的《示范商事公司法》(MBCA)中直接将董事监督义务行为准则描述为“应以一个理性人在类似情形下的标准去充分履行其注意义务”。[①] 此外，我国财政部、证监会、审计署等联合发布的《企业内部控制基本规范》第 4 条规定了企业建立与实施内部控制机制应当遵循成本效益原则，以适当的成本达到有效控制的目的，由此看出内部控制机制的具体内容应属经营判断，即属于董事注意义务的范畴。[②] 从判例总结的法理来看，1922 年特拉华州的 Lofland v. Cahall 案[③]即较早地将董事监督职责确认为注意义务，并要求以“最大诚意和公正”行事。在创造了关于董事监督义务赫赫有名的 Caremark 规则的 In re Caremark International Inc. Derivative Litigation 案[④]中，艾伦（Allen）法官确认了美国的注意义务意味着董事必须确保信息和报告系统到位。日本最高法院 1969 年也在判决中称，代表董事应负注意义务，其他董事或职员的不法行为或懈怠行为可以解释为代表董事自身的懈怠行为。[⑤] 其次，承认监督义务为注意义务更将有利于真正激活监督义务条款与保护中小股东。公司或股东皆会被利益损失触发维权意识，因此注意义务对应着一个潜在的危险即公司利益的损失，从反面来讲，董事注意义务是否履行决定了公司利益是否实现或增加，注意义务的积极意义就是董事必须合理注意，以此实现公司利益的最大化，董事监督义务亦是同理。故而如果董事怠于作为，被追究因违反监督义务而产生的一种非直接责任，则是违反了注意义务的积极要求。

---

① ABA. §8. 30 (b). Model Business Corporation Act (2010).

② 参见梁爽：《内部控制机制的法律化路径——以日本法上董事内部控制义务为视角》，载《金融法苑》2015 年第 1 期。

③ 114 A. 224 (Del. Ch. 1921).

④ 698 A. 2d 959 (Del. Ch. 1996).

⑤ 最高裁判所 1969 年 11 月 26 日判决，最高裁判所民事判例集 23 卷 11 号 2150 頁。

四、董事监督义务之内涵阐释

董事监督义务属于注意义务的范畴，董事注意义务的内容因无精细化规定而不成方圆，如果不丰富董事监督义务的具体义务内容，让其成为明确既定的责任要求，不仅会导致涉及董事监督义务或者注意义务的案件在司法中无法得到公正的审判，还会致使司法态度不统一。监督责任需要明晰的“因”包括两个要素：董事会必须采取哪些努力来发现可能的风险，以及哪些可能的风险需要董事会采取行动。[①] 笔者认为，董事监督义务的具体监督义务按积极性程度的强弱可以分为三个层级，按积极性要求递减排列为：主动建立内部控制体系义务、日常直接监督义务、被动监督义务。

（一）强积极性：主动建立内部控制体系义务

董事为尽监督职责，应负有主动建立内部控制体系的义务，以尽可能做到对风险的“疏而不漏”。人的精力有限，董事在力所能及之外更是无法事无巨细地了解所有员工行为。从现实考虑，科以董事时刻完全亲力亲为如同稽查员一样去检查、了解应报告的信息并确认这些信息的真实性，难免强人所难，虽然这并不代表董事不应如此。就替代方案而言，董事会尤其是较大规模公司的董事会，应负有构筑内部控制体系义务，以明确管理层及员工的职责，加强监督执行力。内部控制实质是董事会的事前义务要求，整体而言，乃董事会、管理层和其他人员实施工作的流程，使监督行事方式进一步程序化，旨在为实现以下类别目标提供合理保证：运营的有效性和高效性、财务报告的可靠性和真实性以及经营管理

① See Eric J. Pan, *Rethinking the Board's Duty to Monitor: A Critical Assessment of the Delaware Doctrine*, 38 Florida State University Law Review 209 (2011).

的合法合规性。[①] 按其控制目的不同，内部控制可由财务控制、合规控制、风险管理控制以及信息披露机制构成。

1. 财务控制

财务监督是内部控制中的核心内容，也是最为直观的监督形式，内部控制其本身更多的是一个财务会计上的概念，首见于 R. H. 蒙可马利于 1912 年出版的《审计——理论与实践》一书。“安然事件”更是使得财务报告审计的重要性讨论没有任何转圜余地，直接导致了著名的《萨班斯—奥克斯利法案》的颁布。财务会计监督要求董事会应当在公司内部设置有效的控制机制，从而预防和及时发现公司账簿和现金管理方面的不规范之处。在这一方面，因往往涉及整个企业的运营和流程，首席财务官（CFO）内部董事相较于其他高级管理人员更具有信息优势和专业优势。[②]

2. 合规控制

合规控制要求董事在保证其个人不得存在违反法律规定的行为外，还应负责监督董事会其他成员以及下级员工的行为合法与否，此即要求董事必须在其所负责的具体业务领域中对组织措施和监督措施方面有所着力，以确保企业合规运营。1991 年美国制定的《联邦组织犯罪量刑指南》不仅增加了企业犯罪刑事处罚力度，还增加了企业采取有效合规计划的减轻处罚激励机制，[③] Caremark 案的结论因此变得举足轻重，因为其实质上拒绝了此前特拉华州最高法院对 Graham v. Allis-chalmers Manufacturing Co. 案的裁决——一种盛行的狭义董事责任概念即董事基于对员工的信赖只需在

① Committee of Sponsoring Organizations of the Treadway Commission（COSO），*Internal Control-Integrated Framework*，*Executive Summary*，p. 2（COSO Ⅰ Report）（AICPA，1992）.

② 参见孙光国、郭睿：《CFO 内部董事有助于董事会履行监督职能吗?》，载《会计研究》2015 年第 11 期。

③ Jennifer Arlen，*The Story of Allis-Chalmers*，*Caremark*，*and Stone*：*Directors' Evolving Duty to Monitor*，in Ramseyer ed.，Corporate Law Stories，Foundation Press，2009，p. 329 –331.

“红旗”（red flag）出现后才开启监督义务，通过裁定董事有责任确保他们的公司有合规计划并监督公司对可疑活动的调查，极大地扩大了董事的监督作用。对合规义务还应注意以下理解：一是合规所指的“规”具体包含哪些？笔者认为不仅包括遵守刚性法律要求，还包括合乎社会对公司制度运行在一般意义上的规定，如企业社会责任规范，以及从公司作为一个实体而言，还包括合公司自治规定即章程，甚至还涵盖遵守企业作为客观事物所具有的内在规律性。对此我国《公司法》作为指引性法律应当对公司治理起到示范作用并发挥其信息源功能，明确底线规范和任意性规范，以减轻公司治理的合规成本。二是无论是将合规义务横向分工还是纵向分工，都不能简单地满足合规义务的要求，随着法律规则的增加或修订，还应适时监控合规控制系统及其持续有效性，合规机制的设置绝不是一次性的，否则如 Caremark 案中艾伦法官所指，董事会将因未能持续或系统地实施监督而承担损失责任。①

3. 风险管理控制

风险管理依美国反虚假财务报告委员会下属的发起人委员会（The Committee of Sponsoring Organizations of the Treadway Commission，COSO）的定义，即“由董事会、管理层和其他人员实施的流程，应用于战略制定和整个企业，旨在识别可能影响企业的潜在事件，并将风险控制在风险偏好范围内，为企业目标的实现提供合理保证”。② 风险管理或许是董事监督义务中最言人人殊的内容，因其与商业判断挂钩，此问题将在后文予以阐释。无论如何，笔者认为到目前为止，我国公司治理需要基础性的风险管理，事实上立法也同样关注这一点，依据我国《证券法》第 118 条的规

① 698 A. 2d 959 (Del. Ch. 1996).

② Committee of Sponsoring Organizations of the Treadway Commission (COSO), *Enterprise Risk Management-Integrated Framework*, *Executive Summary*, p. 2 (COSO II Report) (AICPA, 2004).

定，证券公司设立时应具备“完善的风险管理与内部控制制度”；同样就证券领域的基金管理公司而言，我国《证券投资基金法》第 13 条规定设立管理公开募集基金的基金管理公司，应当具备“良好的内部治理结构、完善的内部稽核监控制度、风险控制制度”。而商业实践实则更为接受企业风险管理，甚至高于法院的“要求”。世界大型企业联合会（The Conference Board）和麦肯锡公司（McKinsey & Co.）于2005 年至2006 年对公司董事的联合调查显示，越来越多的董事认为监督业务风险是他们的责任，他们被期望并且许多人已经准备好监督更广泛的公司活动，对业务风险的思考是“他们关于战略的每一次谈话”的一部分。[①] 无可辩驳的是，正常运作的风险管理系统不能消除风险，也不能消除损失的可能性，甚至可能无法避免灾难性损失，因为风险管理系统充其量只是衡量风险，并帮助公司承担它所能够接受的风险水平。而何种程度的风险可以接受就是“风险胃口”（risk appetite），而风险胃口的确定就是董事会的决策职能，包括事先评估固有风险的程度、控制风险的成本，以及企业能接受的剩余风险。[②] 依据企业经营范围不同，风险管理应是因业而异。董事监控公司业务和提供风险管理系统的总体责任时常伴随着许多特定的额外行业相关义务以及与特定活动相关的必要条件和合规要求。如食品生产行业，在特拉华州 Marchand v. Barnhill 案[③]中，冰淇淋生产商 Blue Bell 的董事会未对食品卫生和安全建立相关监督机制，董事因而承担赔偿责任，与此同时，值得注意的是，本案反映了合规和风控实质存在交叉之处，正如贝恩布里

① See The Conference Board, *The Role of US Corporate Boards In Enterprise Risk Management*, SSRN (Nov. 27, 2021), http://ssrn.com/abstract=941179.

② 参见张巍：《什么是董事的监督义务?》，载微信公众号“比较公司治理”2021 年 5 月 25 日，https://mp.weixin.qq.com/s/QZ3HU4YnnIeo7_VWCp04UQ。

③ 212 A. 3d 805 (Del. Supr. 2019).

奇教授所称，“风险管理和法律合规制度并没有根本的不同”①；在制药行业，将医药产品投放市场的实体必须提供风险管理系统，根据欧洲议会的定义，该系统为“一套药物警戒活动和干预措施，旨在识别、预防或最大限度地降低与医药产品相关的风险，包括评估这些活动和干预措施的有效性”。② 此外，即便不是从事特定行业，但只要经营或开展了相关活动，同样应当如此约束自身。

4. 信息披露机制

信息披露机制也被广泛称为信息报告制度或信息传递制度，公司内部应有一个合理设计之“信息及报告系统”（information and reporting system），以使董事会能据此达到在“法规遵循及经营表现”（compliance with law and its business performance）方面满足“信息充足”（informed）。③ 信息披露是监督能够到位的重要保障，我国执法实践中对董事监督义务内涵的演绎也主要来自对信息披露违法处罚的相关案例。在特拉华州法院审理的 Caremark 案中，法院认为董事建立相关和及时的信息传递机制是《特拉华州普通公司法》第 141 条关于监督义务之具体要求，此后将 Caremark 规则一以贯之的 Stone v. Ritter 对此进行了重申，Caremark 规则追究董事未尽监督义务之责的必要条件即董事没有设置汇报或信息传递机制，虽然针对 Caremark 规则存在一些意见相左的声音，但此必要条件却被广泛认可。④

① Stephen M. Bainbridge, *Caremark and Enterprise Risk Management*, 34 The Journal of Corporation Law 967 (2009).

② Article 1, 28b. of Directive 2001/83/EC of the European Parliament and of the Council of 6 November 2001 on the Community code relating to medicinal products for human use, OJ L. nr. 311, 28 November 2001, p. 67.

③ 参见冯曦：《论作为一般条款的董事信义义务及其司法适用》，载《2020 年商法学会年会论文集》（上册），第 113 页。

④ See Eric J. Pan, *Rethinking the Board's Duty to Monitor: A Critical Assessment of the Delaware Doctrine*, 38 Florida State University Law Review 209 (2011).

由此作结，内部控制系统应嵌入公司运营中，并成为其文化的一部分。囿于实务中将勤勉义务几乎等同于守法义务，因而即便许多企业存在以上内部控制制度，却略显浅表化或盘根错节。至关重要的是，问责与追究效果不尽如人意导致缺乏执行力，现已失效的《中央企业资产损失责任追究暂行办法》第 27 条曾规定："企业因未建立内控管理制度或者内控管理制度存在重大缺陷，造成企业重大或者特别重大资产损失的，除按照本办法对其他相关责任人进行责任认定外，企业分管负责人和企业主要负责人应当分别承担分管领导责任和重要领导责任。"这是我国法律第一次明确认可企业负责人关于构建内部控制系统的责任承担。从域外判例来看，是否实质建立内部控制系统是判断是否追究董事责任最清晰的思路，也可依此判断原告胜诉可能性。因而，何以让内部控制系统切实地被"活用"于公司治理，此问题的解决在疫情影响下颇值思量。

（二）弱积极性：日常直接监督义务

建立了内部控制体系不是董事义务的尽头，也绝不意味着万事大吉，董事应负有在日常经营管理活动中监督公司运营行为的义务，即履行知悉公司生产经营状况的义务。虽然某种程度上，董事通过查阅账簿等方式获得情报以及确认被提供的情报的正确性等去履行监督义务存在一定的现实困难，但董事依然负有最基本的直接监管义务。1942 年创造了侵权法上著名"汉德公式"的汉德（Hand）法官在纽约州 Barnes v. Andrews 案中认为董事有义务对公司具体事务保持一定程度的了解，否则将构成玩忽职守，[①] 据其所言，及时了解公司情况是董事的一项基础性注意义务。诚如上文所述，不得不承认，因为董事的监督职能很大程度可以在日常经营管理行为中发挥作用，董事作为执行机构的组成人员以及凭借自身的专业性

① 298 F. 614（S. D. N. Y. 1924）.

与经验储备，相比其他监督机制来说，其在对公司运营业务中的风险监督方面更胜一筹。首先，董事掌握的公司状况，更多来自自己负责领域范围内的情报，在前述信息报告制度下有时甚至无需采取更多积极行为。其次，情报的知悉来源于董事特定的行为，比如通过出席董事会了解公司经营状况；定期召开董事会，从经理层处获取关于业务执行情况的说明；为了持续性地了解公司运营情况，董事也可查阅公司的账簿或相关文件。这也说明了我国《公司法》上关于董事义务的内涵构造无需事无巨细，除规定基本内容外，只需明确一般程序事项即可。

（三）消极性：被动监督义务

董事监督义务还包括消极监督义务——一种被动的狭义监督行为内容。此种义务要求是最基础、最原始的形态，体现为发现、调查、报告、应对、纠正等一系列行为。[①] 在 1963 年特拉华州最高法院的 Graham v. Allis-chalmers Manufacturing Co. 案[②]中，股东控诉董事没有积极履行其监督和管理公司的义务，应对公司的损失承担责任，沃尔科特（Wolcott）法官最终下定结论：董事没有义务实施原告提出的“雄心勃勃”的合规计划，而是可以“依赖其下属的诚实和正直，直到发生让他们怀疑出了问题的情况”。换言之，如果对于下属的行为不知情，则董事不负有积极的作为义务，且不被约束设置和实施一套公司内部的雷达体系去“探测”那些值得怀疑的行为。学者认为，如果董事主动采取了合规措施且发现了“红旗”而未采取后续纠偏行为的话，反而面临法律责任，董事因此被反向激励不必采取内部控制。因此，早前美国公司董事的监督义务就不要求主动发觉，而只包含对呈现在眼前的不当行为采取行动的义务要求。监督原意

---

① 参见李强：《董事注意义务研究》，武汉大学 2009 年博士学位论文，第 101 ~102 页。

② 188 A. 2d 125（Del. 1963）.

主要是指人们为了达到某种目的或目标，凭借一定的权力或权利，对主体权责、运作效能及其公平公正性等展开的相对独立的检查、审核、评议、批评、督促、纠正和惩戒活动。[①] 在存在违规嫌疑的情况下，上述“调查—终止—惩戒”措施流程逐渐被主流意见接受。且在法律属性上该要求应为强制性规范，董事会针对“是否”对违规行为采取惩戒措施没有自由裁量权。[②] 纠正义务虽是被动的，但作为应对风险的最后一道防线，亦是监督义务的一部分。董事在获得的情报或说明文件中发现下级雇员存在不当行为或者存有疑问时，董事有义务展开调查并及时对不当行为予以纠正。如果董事对内部风险视若无睹或者即便发现也未进一步调查以及采取措施去加以应对，从而造成了损失的发生，董事就不能被免责。

五、董事监督义务的判断标准

义务的判断直接关系责任的承担。如前所述，董事负有监督公司运行的义务。因监督不力或者未健全公司内部风险控制系统，给公司和股东带来重大损失的董事，其虽不是直接责任人，但无法推卸作为领导者和监督者的责任，且公司的规模越大，对董事监督义务的要求越高。监督义务与责任的理论来源和具体内涵探讨实则也是为了明确董事的责任承担依据，不过最终的问责大部分是在司法审查中以一定的标准予以实现。确定监督责任的司法判断标准，可以化解同案不同判的问题，防止出现因巨大的诉讼成本使得当事人不敢贸然提出诉讼的冷局面。[③] 此外，判断标准决定了原告的证明难度，是董事监督义务能否真正发挥其约束作用的关键，事关董事怠职问责路径能否充分发挥功效。

---

① 参见尤光付：《中外监督制度比较》，商务印书馆 2013 年版，第 1 页。

② 参见张怀岭：《德国法董事合规义务的司法适用逻辑——基于对“西门子诉纳伯格案”的分析》，载王洪亮等主编：《中德私法研究（13）：合同因违法而无效》，北京大学出版社 2016 年版。

③ 参见李燕：《论现代公司之董事注意义务》，载《学术论坛》2007 年第 6 期。

倘若董事监督义务被归入注意义务的范畴，就“承上”而言，监督义务之违反在判断标准上应秉循注意义务之违反。众所周知，法院对董事行为的事后评价与董事的经营管理权之间的博弈需要一定的调节阀，过严的审查会导致董事经营畏首畏尾，过松的审查又会放任怠职行为。借由宽严相济的判断标准可以平衡激励与约束之间的对立关系，因此合理性判断标准便成为董事监督义务的恰当判断标准。由于我国《公司法》关于勤勉义务判断标准有所欠缺，以其他法域关于注意义务的判断标准作为镜鉴成为必经之路。在主观方面，原告必须试图证明董事会因缺乏行动而未能勤勉行事。董事承担违反监督义务的责任，应以应当知道或可能知道为前提，即事前监督是存在可能的。对于可责备的心理状态，认定为过失是适切的，至于是一般过失或是重大过失，可以董事对公司运营管理的知情程度而区分，内部董事应以一般过失标准问责，外部董事则以重大过失标准问责。[①] 虽奉为经典的 Caremark 规则采用“明知”标准以实际保证基于未能发现和预防公司内部控制系统缺陷的监督索赔将“注定”失败，但笔者认为这存在矛盾，即便原告证明董事行为是有意识的决定，董事亦可抗辩称“故意”无视警示性事件乃商业决定，基于商业判断审查董事亦可独善其身，如此的话，只有在没有商业判断保护的情况下，才能成功问责监督义务，这或许在公平方面将有所欠缺，监督问责制度将被架空。

因而笔者认为，应当接受疏忽大意作为主观判断的一部分，让法院根据被告的作为（或不作为），以决定被告是否真的真诚行事，以减轻原告的举证负担。因为关于董事“明知”这一主观方面，就案件性质来看，证明这一点颇为不易，甚至可以不夸张地说极其困难。通过没有广为人知的

---

① 参见王真真：《我国董事监督义务的制度构建：中国问题与美国经验》，载《证券法苑》2018 年第 2 期。

被泄密的电子邮件或通过窃听收集的证据（但在民事案件中显然不可用），证明被告存在某种精神状态几乎是不可能的。[①] 退而求其次，原告只能说服法官从董事的行为中推断董事是否善意行事，法官在认定董事主观状态时，应当遵循客观合理性的要求，可借鉴英美法上的标准，认定履行监督职责时的注意程度，应以处于类似职位以及相似情形时的通常谨慎之人所应尽到的注意水平为标准，并结合该董事在公司的影响力、所能够掌握的业务范围以及自身专业能力等因素加以综合考量。[②] 同时，由于每一个公司的业务范围、性质、组织结构、规模等都有所区别，董事的注意程度也不尽相同，因而要制定出完全适用于所有案件的万能公式是不可能的，此时需要行使法官的自由裁量权纾解股东与董事之间的权益冲突。结合本节第四部分所述的监督具体内涵，监督义务问责还应与这些具象的义务内容相结合，以让判断问题变得更容易一些。譬如董事监督义务与内部监督体系的构建具有密切关系，可以从内部监督体系是否健全以及董事是否进行持续监督来认定其是否有怠职之嫌，当有既定的义务与责任要求时，便可不再纠结于董事的主观心态，此时监督责任的认定问题变得易于操作。

正如董事作出商业决策可以得到商业判断规则的保护，其履行监督义务也可因合理信任他人而被免责。如前所述，如今的大部分公司规模庞大，董事难以对所有业务亲力亲为，但董事的一般性职能不可授权他人，类似于能够知悉公司运营现状和信息等职责不可授权，重大决策权也不可授权他人行使。同时也不可盲目授权，信任的对象应是“合理的”，不能因轻率地相信那些明显不值得信任的雇员而免责。至于哪些是合理的授权

---

① See Robert T. Miller, *The Board's Duty to Monitor Risk after Citigroup*, 12 Journal of Business Law 1153 (2010).

② 参见王艳梅:《日本董事监督义务及其对我国的启示》，载《2019 年第五届中外商法论坛论文集》，第 81 页。

对象，法官应在具体案情中予以合理判断。即便通过授权，董事可免于诚实执行职务及能力问题的调查与问责，也不能完全做“甩手掌柜”，还应当对被信任对象履行职责的情况予以适当监督与纠正。在 1961 年的 Lutz v. Boas 案①中，法院就认为被告董事完全放弃职务，将公司经营委托给公司的外部董事，实则违反了董事的监督义务。美国公司法默认董事可以合理地信赖别人，不必对日常的管理行为进行监督，可以合理地相信公司是一个运作正常的信息收集系统。② 但如果某些引起怀疑的危险信号出现，③董事对此仍然置之不理，则会被视为具有重大过失而不能被免责。值得注意的是，就董事会内部的横向分工而言，德国法学界的主流意见认为，董事会可以将其合规义务通过内部分工的方式委托给特定的董事会成员，但其他董事会成员的合规义务并不因此得以豁免，即横向分工不能改变合规义务的责任主体依然是全体董事会成员。④ 诚然，若因此免除了其他董事的责任，将与我国法定代表人存在的诟病如出一辙，即丧失了董事会集体决策、集体担责的基础，由此公司治理的一系列基础原则也将被破坏。

六、结语

从特拉华州法律关于监督义务的规则来看，因对董事监督义务的要求很低，一定程度上体现了司法对行政监管的依赖，是否应扩大董事监督义务一直备受争议。而我国尚在讨论监督义务之有无的问题，恰如学者所

---

① 171 A. 2d 381 (Del. 1961).

② See Lisa Fairfax, *Spare the Rod*, *Spoil the Director? Revitalizing Directors' Fiduciary Duty Through Legal Liability*, 42 Houston Law Review 393 (2005).

③ See American Bar Association, *Committee on Corporate Laws*, *Corporate Director's Guidebook*, 56 Business Lawyer 1583 (2001).

④ Bunting, ZIP 2012, 1542 (1543); Goette, ZHR 175 (2011), 388, 394.

言，我国公司治理存在权力与责任的不对称问题。[①] 为求其防堵、寻其化弥，从公司法规范层面开放信义义务一般条款，构建监督义务体系，对公司治理和保护股东利益大有裨益。董事有管理公司的最终责任，这一责任亦赋予了董事监督义务，在监事会与独立董事监督机制失效的现实背景下，经营决策权下沉的董事更应负以监督重任，我们应当注重法律与社会互动，以相关法律制度资源最优配置回应客观世界的需要。而且与行为经济学一致，人都是趋利避害的，董事将受到同伴处罚事件的影响，更新他们对其失职后果的主观评估，如同康美药业虚假陈述特别代表人诉讼之后，独立董事不仅任职可能更加谨慎，行使监督之职时亦会更加谨慎、勤勉。

第二节　公司破产视野下董事义务之缺失

在传统公司法理论中，董事仅对公司负有信义义务。但公司在濒临破产时，由于债权人往往处于劣势地位，董事存在不当激励等原因，债权人利益受损颇为常见，对董事课以信义义务是解决这一问题的有效路径之一，即当公司濒临破产时，董事信义义务的受益人由股东转变或者扩张至债权人。域外不少国家对此已有规定，即要求董事在公司某种特殊状态下对债权人负有信义义务。然而，我国法律目前仅规定董事对公司负有信义义务，并未规定当公司濒临破产时董事是否应对债权人负有义务，既有法律规定也没有起到保护债权人利益与维护债权人公平清偿原则的效用。因此，有必要通过建立董事对债权人负有义务的制度，以保障债权人合法权益和完善董事义务规范体系。

---

① 参见邓峰：《中国法上董事会的角色、职能及思想渊源：实证法的考察》，载《中国法学》2013 年第 3 期。

一、董事向债权人承担义务的必要性

（一）公司陷入财务困境时董事的不当激励

无论是英美法系还是大陆法系，大多数代表性国家或地区以其判例或成文法规定了在公司处于资不抵债状态时董事对债权人负有信义义务。然而，为何以公司经营状态作为董事对债权人承担义务的时点？总体来看，董事在公司资不抵债时对债权人负有信义义务的原因在于债权人与股东、董事的利益冲突。

公司所有权与经营权的分离，导致董事会地位逐渐上升，并拥有更多的经营决策权。而公司规模的扩大也在很大程度上导致股权进一步分散，若将公司治理的核心放于股东会，无疑会增加公司治理成本并降低决策效率，此时对董事会赋予更多的管理权有利于提高公司治理高效化和专业化。在此背景之下，董事作为公司实际经营管理者，其经营管理行为无疑与债权人利益存在巨大的关联。

从经济学角度分析，当公司正常经营时，股东是公司剩余财产索取权人与风险承担者。[①] 当公司经营状况良好时，公司的经营利润或者损失将直接反映在股东持股价值上。换言之，若公司经营状况好，股东的股权价值相应提高，此时股东的风险偏好是中性的，高风险意味着较高的失败可能性，低风险意味着较低的投资回报率。因此，一般而言，股东往往仅对风险适中的商业投资行为感兴趣。此时对于债权人而言，虽然其地位与股东不同，但在一般情况下只要公司具有偿债能力，债权人利益就不会受到损害。债务的一个标准特点就是债权人的回报不随公司财富的变化而变

① See Frank Easterbrook & Daniel Fischel, *The Economic Structure of Corporate Law*, Harvard University Press, 1991, p. 410 –412.

化。[①] 债权人不会因公司财富增长而从中获利。当公司资产减少时，只要公司具有偿债能力，债权人一般不会遭受损失。加上专业知识、信息不对称等因素，债权人很难产生监督董事行为的动力。

当公司经营困难时，股东的股权价值被削弱，甚至有可能变得一文不值。在此情形下，股东不再被视为剩余索取权人。斯特里特（Street）认为，资不抵债使得股东处理公司资产的权利被取代，而公司财产转变为债权人资产。[②] 简言之，此时债权人享有优先于股东处置公司资产的权利。但问题是，因董事需要对股东负责，股东很可能鼓励董事采取高风险的商业行为，这无疑会危及债权人利益。这意味着，当公司经营出现困难时，股东利益与债权人利益之间会产生分歧。当公司陷入越来越深的财务危机时，公司经营行为也须以创造更多利润为目的，以补偿现有债务并留作剩余利润。[③] 为摆脱此种困境，股东和董事会更倾向于高风险商业行为，即使成功率很低，但法人制度与有限责任原则使股东遭受的损害局限于其出资范围内；若此高风险商业行为大获全胜，则其获得的回报与利润可能使该公司起死回生。此外，在封闭式公司中，股东大多同时担任董事，这无疑会提高其采取高风险管理行为的可能性。再者，董事自身也存在不当激励，如公司破产，董事将失去该公司的职务与相应工作报酬。因此，为了避免因公司破产而殃及自身利益，董事自己也同样受到采取高风险行为的激励。[④] 由此可见，在公司处于濒临破产的边界时，董事及股东更可能采

---

① 参见张学文：《有限责任公司股东压制问题研究》，法律出版社 2011 年版，第 108 ~109 页。

② Kinsela v. RussellKinsela Pty Ltd. (in liq) (1986) 4 NSWLR 722, 730, affirmed by the High Court in Spies (2000) 201 CLR 603.

③ 参见［加］布莱恩·R. 柴芬斯：《公司法：理论、结构和运作》，林华伟等译，法律出版社 2001 年版，第 79 ~80 页。

④ See Horst Eidenmuller, *Trading in Times of Crisis: Formal Insolvency Proceedings: Workouts and the Incentives for Shareholders/Managers*, 1 European Business Organization Law Review 242 (2006).

取高风险商业行为而减损公司资产，而这恰恰是公司债权人不愿意看到的局面。公司资产的不断减少，代表着公司债权人在公司破产清算时所能得到偿付的数额也相应减少，这显然不符合债权人利益。从债权人的角度看，当公司濒临破产时，其更希望董事采取适当的管理行为以维持现有资产，而不是通过冒险行为赚取可能的高额回报。

（二）公司社会责任理论的要求

公司社会责任是指除开股东这一利益集体，公司还应当对与其相联系的，包括债权人、雇员、供应商、消费者等在内的利益群体以及公共利益负责。① 由此可见，社会责任理论与利益相关者理论紧密相连，二者均关注公司盈利之外的社会主体与利益。在公司社会责任理论视野里，公司并非股东盈利的工具，公司属性也不仅仅局限于营利性。这一理论虽引起众多争议，但被不少国家以立法形式确立下来。随着现代公司规模的不断扩大，公司与社会各方面息息相关，与政治、经济等各种因素相联系。公司触角延伸到社会生活的方方面面，要求公司承担一定的社会责任也是应有之义。对于公司而言，其所具有的财力、物力或技术，也可以解决一些社会问题，这不仅有利于公司培养良好的声誉，也有利于建立企业文化与认同感，进一步促进公司的发展。而公司虽为法律上拟制的人，但其要作出一定的行为显然离不开董事这一实际经营管理者。在股东会逐渐流于形式、董事会中心主义盛行的今天，董事实际上掌握着公司的发展走向。从这一角度来说，公司社会责任理论要求公司对自己的违法行为负责，其背后实质是要求董事不得滥用公司的权力从事违反法律、阻碍社会发展或削弱社会福祉增进的行为。因此，社会责任表面上看须由公司来承担，但实际上取决于董事的具体经营管理。而且，相较于股东，董事在逐利层面更加理性化，因为有

① 参见朱慈蕴:《公司法人格否认法理研究》，法律出版社 1998 年版，第 299 页。

时候股东追求利益最大化可能会与社会福祉增进的目的背道而驰，董事作为相对中立主体，能更好地作出相应决策。现代公司治理结构的转变使董事拥有更独立与稳固的管理权，因此董事应承担一定程度的社会责任，并在作出商业决策时充分、谨慎考虑利益相关者的利益。以此而言，公司社会责任理论为董事对债权人负有信义义务提供了一定的理论支持。

二、我国董事对债权人负有义务之现状

（一）董事对第三人责任规定之缺失

我国《民法典》第57条确立了法人具有独立的民事权利与民事能力，按照通行的法人机关理论，法人是与自然人并列的独立民事主体，但其毕竟无自然人那样的生物器官，因此，法人需借助其机关才能表示并外化意志。“法人因其机关而存在，因其机关的活动而有自己的活动。”[①] 对于董事等机关成员作为法人的“口舌与四肢”是否需要对受害人承担责任这一问题，有观点认为，根据法人机关理论，虽然董事等机关成员在滥用自身职务权利时显露出个人意志，但如若让董事与法人共同承担对第三人的连带赔偿责任，则与公司法人机关理论相矛盾。因为根据法人机关理论，董事等机关成员要么是作为独立的主体进行活动进而单独承担责任，要么是与法人置于同一个民事主体之中。因此，董事与法人之间不可能一起对外承担连带责任。[②] 也有观点认为，董事的个人性在职务活动中并未消灭，在公司法人制度的发展过程中，人们出于对董事组织性和法人独立性的强调，董事的个人性这一本真的客观事实被人们有意无意地忽视了。[③] 因此，“即使在法人承担不法行为责任时，也并没有免除理事（董事）个人赔偿

---

① 梁慧星：《民法总论》（第3版），法律出版社2007年版，第141页。

② 参见张民安：《公司法上的利益平衡》，北京大学出版社2003年版，第153页。

③ 参见蔡立东：《论法定代表人的法律地位》，载《法学论坛》2017年第4期。

责任的理由”。①

我国法律虽有董事对第三人责任的规定，但数量寥寥。《证券法》第85条规定了董事对证券投资者的个人责任。《公司法》第147条规定了董事的信义义务，第149条规定了董事对公司的损害应予赔偿，但并没有任何条款可推出我国董事应对公司以外的主体承担信义义务。《公司法》唯一规定董事对第三人责任的条款为第152条股东权益受损诉讼。但该条的责任主体仅限定为公司股东，在本质上为董事对公司内部主体的责任。此外，最高人民法院《关于适用〈中华人民共和国公司法〉若干问题的规定（二）》（以下简称《公司法司法解释二》）第18～20条，最高人民法院《关于适用〈中华人民共和国公司法〉若干问题的规定（三）》（以下简称《公司法司法解释三》）第13、14条也规定了董事对第三人的责任。

纵观我国立法，不难看出，虽存在董事对第三人责任的个别规定，但其目的仍为保护特殊利益，并且数目较少，缺乏董事对第三人责任的一般性规定，也没有董事对债权人承担责任的相关规定。

（二）董事对债权人负有义务规定之缺失

我国《公司法》虽未涉及董事对债权人义务责任的规定，但在《企业破产法》中有所涉及。纵观《企业破产法》，对于董事的信义义务制度的规定主要集中于5个法律条款之中：（1）第15条第1款第5项的不新任义务；②（2）第36条的返还义务；（3）第77条第2款所规定的股份禁止转让义务；（4）第113条第3款规定的计算平均工资义务；（5）第125条的忠实、勤勉义务。有学者认为，前4个仅为规定其他事项中捎带提及的条

① ［日］近江幸治：《民法讲义Ⅰ：民法总则》（第6版补订），渠涛等译，北京大学出版社2015年版，第119页。

② 参见王卫国：《破产法精义》，法律出版社2007年版，第43页。

款，并非对董事义务的专门规定，但可归入董事信义义务的体系之中。[①] 其中，最重要的是第125条。

《企业破产法》第125条第1款规定：“企业董事、监事或者高级管理人员违反忠实义务、勤勉义务，致使所在企业破产的，依法承担民事责任。”对于责任承担的对象是谁，是否包含债权人在内的利益相关者，该条并未明确规定。学界对此也众说纷纭。有观点认为，该条对于董事违反信义义务的责任规定较为笼统，实质上是对《公司法》第147条的重复与强调。有学者称该条为“具有典型的公司法上的民事责任性格，完全依赖于公司法的相关实体规定”。[②] 并且，从文义解释的角度来看，只有造成企业破产，董事才会产生责任。有学者认为，既然条文中并没有特别规定董事等主体对公司债权人团体额外承担义务或董事等对公司承担诚信义务时应考虑债权人团体利益，故并不能起到保护债权人团体利益的作用。[③] 换言之，我国法律规定董事承担信义义务的对象为公司，而非债权人，因而不能仅凭该条推导出董事违反信义义务的对象包含债权人。同时，即使董事信义义务的对象主体为公司，也不能得出董事在公司资不抵债时需将信义义务的承担对象扩大至债权人的结论。但也有学者认为，如果本款的立法原意是将董事的责任限于股东等投资人，那还要在以债权人保护为主旨的破产法中再次规定，否则就是重复立法。[④] 从企业破产法起草组的观点来看，后一种意见得到了肯定。[⑤] 也就是说，从立法本意来看，债权人应当成为董事违反《企业破产法》第125条的责任对象。笔者认为，企业破

① 参见杨光：《企业濒临破产时与破产重整程序中的董事信义义务研究》，载《法治研究》2015年第1期。
② 甘培忠、赵文贵：《论破产法上债务人高管人员民事责任的追究》，载《政法论坛》2008年第2期。
③ 参见李小宁：《公司实际破产时董事对一般债权人的义务研究》，载《湖南社会科学》2017年第4期。
④ 参见郭丁铭：《公司破产与董事对债权人的义务和责任》，载《上海财经大学学报》2014年第2期。
⑤ 《中华人民共和国企业破产法》起草组编：《〈中华人民共和国企业破产法〉释义》，人民出版社2006年版，第349页。

产法起草组虽在其释义中肯定了债权人应当作为董事责任对象，但释义并非规范性法律文件，其效力也不等同于司法解释，且从《企业破产法》第125条的条款解读来看，也并不能得出债权人为董事责任主体的结论，当然也不能得出董事在企业出现危机时应考虑债权人利益的结论。

董事对债权人的义务与责任在《企业破产法》第128条中也有所体现。该条涉及《企业破产法》第31、32、33条的欺诈性行为、可撤销行为和无效行为。首先，第128条涉及的主体为“法定代表人和其他直接责任人员”，由于董事在实际中常担任法定代表人，并且也可能成为直接责任人员。因此，第128条所规定的责任主体包含董事。其次，对于《企业破产法》第31、32、33条所规定的可撤销及无效事由，第31条与第32条明确规定了“人民法院受理破产申请前一年内”“人民法院受理破产申请前六个月内”，因此，该可撤销权的前提条件是公司破产之时。而第33条并无此规定，且无效条款自始无效，因此，能否依据第33条申请无效并不以公司破产为前提。然而，《企业破产法》第128条仍存在一些问题。

第一，对于可撤销与无效申请事由，法条采列举的方式，这可能会导致事由遗漏。该条共规定了董事应当承担赔偿责任的8种事由，如若董事实施了这些行为，则应承担民事责任。换言之，如果董事未实施法律所规定的该8种行为，即使其行为损害债权人利益，也不需承担相应责任。此外，《企业破产法》第128条列举的，如无偿转让财产、以明显不合理的价格进行交易等行为，在本质上都是“显性”违法行为，然而对于“隐性”侵害债权人利益的行为，例如前文所述的董事在公司濒临破产之际所实施的不当激励行为，则为法律所忽略。

第二，如以文义解释方法解读该条款，一旦董事实施相应行为损害债权人利益，即应承担责任。由此可以看出，该条目的是追究董事等主体的责任，以维护债权人利益。但笔者认为，可撤销行为与董事责任之间并无实质密切联系，将可撤销行为作为董事担责的前提条件有失妥当。首先，二者的性质不同。董事承担责任的前提应当是其违反信义义务，具有过错，而可撤销的债务人行为却不一定违反信义义务，例如，对个别债权人进行优先清偿的行为，虽然损害其他债权人的利益，但对董事来说，并未违反信义义务。其次，二者的行使要件不同。从可撤销权的行使条件来看，由于破产撤销权的本质是维护债权人利益与交易安全，因此，行使可撤销权必须包含某些特殊要件，例如，相对人明知董事对个别债权人进行了优先清偿等。而对于董事民事责任，则往往不需要这些特殊要件。最后，二者所产生的时间不同。对于可撤销权，必然是在董事已经行使了相应的可撤销事由后产生的，其本质为事后对债权人的救济；而董事责任的产生在于其违反了相应的信义义务，对于违反义务的标准只能提前确立，不能事后倒推。换言之，破产撤销权是为了恢复原有的状态，而董事责任制度是为了弥补已经造成的损失。这一问题在最高人民法院《关于适用〈中华人民共和国企业破产法〉若干问题的规定（二）》中第18条有所纠正，但仍未改变《企业破产法》第128条将可撤销行为设置为董事责任承担的前提条件问题。

三、我国董事对债权人承担义务之制度构建

（一）董事对债权人承担义务的时点

1. 确立董事对债权人负有信义义务时点的必要性

大多数国家以“濒临破产”之际作为董事对债权人负有信义义务的时间节点。当公司正常经营时，股东作为对公司资产享有剩余索取权的人，此时成为董事信义义务的受益人。而在公司濒临破产之际，债权人代替股东成为公司剩余资产索取权人，因而自然成为董事信义义务的受益人。然而，问题在于，如何确定公司“濒临破产”的状态？有学者认为，“濒临破产”这一说辞过于模糊，要将这一时段以法律形式确立下来实有难度，公司的财务状况也非有规律可循，而是常有波动起伏，计算公司资产与债

务在某种程度上具有相当的不确定性。因此，可将公司濒临破产的时点交由法院来判断。

笔者认为，确立董事在何时对债权人承担信义义务有其必要性。对董事而言，该时点的确立使其在作出商业决策时有更多的考虑，如果无法确定这一时点，则董事信义义务的受益人无法确定，董事在做商业决策时就无法作出倾向性的决策。因为股东与债权人的利益并不完全一致，在公司出现财务困境时更是矛盾突出。在公司正常经营时，债权人是公司的固定收益索取者，而当公司资不抵债时，股东与债权人对于董事所作的商业决策偏好不同。对于董事而言，如果该时点无法确定，没有法律的明确指向，其会面临潜在的诉讼及赔偿责任，这将导致董事畏首畏尾，既不利于公司的继续发展，也不利于保障股东、债权人以及其他的利益相关者的利益。缺乏明确的法律规定，也并非长久之计。资不抵债的公司可能因董事惧于承担赔偿责任而保守行事，致使公司最终走入破产程序。而其他的相关人员，比如律师、股东、会计师也可能会面临诉讼风险。而公司过于保守谨慎运行也会导致公司治理无效率，最终不利于社会经济的发展。

对“濒临破产”时点的认定，学界并未产生统一的观点。有学者甚至认为，董事应该由始至终对债权人负有信义义务。① 也有学者对财务困境进行了界定：“一个企业的财务困境可以从宏观上从财务状况的长期和短期发展状态来观察，长期来看，如果其资金状况堪忧，创造现金、筹集现金、现金的流动能力持续性恶性发展；而短期又表现为对于即将到期的债务、公司的各项支出费用已经无法按期支付，也表现为企业对统筹管理资金的能力和技术状态上持续演变为由失败到最终破产，以及包括介于从最初失败到最后破产这期间的某种状态。”② 通说一般分为资产负债表标准和

① 参见赵树文：《董事信义义务的立法与修正》，载《理论探索》2012 年第 1 期。

② 李伯圣：《企业财务危机管理》，社会科学文献出版社 2008 年版，第 121 ~138 页。

现金流量法两种。资产负债表标准是指当企业的“持续营业价值”（going concern value）大于清算价值，那么企业就应当继续经营；而若出现相反的情况，则企业就应当被清算。同时，只要持续营业价值或者清算价值中较高的一方低于企业所承担的债务，那么该企业就应当启动破产程序，这种破产原因被称为资不抵债，而衡量资不抵债的标准就是资产负债表。在美国，特拉华州法院在 Geyer v. Ingersoll Publications Co. 一案中就以资不抵债作为企业破产的测试方法。现金流量法是指面对已经到期的债务，债务人无力支付的情形，许多国家以资不抵债与支付不能共同作为企业破产的判断标准。例如德国，其在 1999 年《破产法》第 17 条规定企业破产的一般启动原因为支付不能。德国学者一般认为，所谓“支付不能”，即“公司因缺乏流动性支付资金而长期没有清偿其到期债务，当公司停止支付，也在全部或很大程度上不能在清偿它的到期金钱债务时，推定为支付不能”。[①] 同时在第 19 条中规定了资不抵债的含义，即债务人的财产不再能够抵偿现有债务。英国《1986 年破产法》也同时规定将支付不能与资不抵债作为企业破产的判断标准。该法第 122 条中规定了公司不能清偿债务即为法院强制清算公司的依据之一。第 123 条进一步解释了“不能清偿债务”的具体含义，即法院有足够证据认为公司在债务到期时不能清偿；法院有证据认为公司的资产价值低于债务价值。[②] 可见，对于“不能清偿债务”，英国法律将其分为了支付不能与资不抵债两种情况。

我国《企业破产法》第 2 条也对企业破产原因进行了规定。[③] 由此可

---

① 白江：《公司支付不能或资不抵债时申请破产的义务和责任》，载《华东政法大学学报》2008 年第 1 期。

② 详见英国《1986 年破产法》第 123 条第（1）（e）项和第（2）项。

③ 《企业破产法》第 2 条规定：“企业法人不能清偿到期债务，并且资产不足以清偿全部债务或者明显缺乏清偿能力的，依照本法规定清理债务。企业法人有前款规定情形，或者有明显丧失清偿能力可能的，可以依照本法规定进行重整。”

见，判断我国企业破产的标准分为两种，一是不能清偿且资不抵债，二是不能清偿且明显缺乏清偿能力。鉴于此，“不能清偿”是我国规定企业两个破产原因的必要前提。它强调的并非财务人财产的客观状况，而是其外部客观行为。① 有学者认为，根据我国《企业破产法》第 2 条及第 7 条的相关规定，我国企业的破产原因分为不能清偿、资不抵债、停止支付与明显缺乏清偿能力。② 但无论以何种方法理解，通说的资产负债表与现金流量法已然被包含在内。

然而，这仅仅是企业破产原因的界定，要确立的董事对债权人承担信义义务的时点，也即企业濒临破产的时点，应当早于破产时间。如何将这一阶段确立下来，笔者认为，首先可引入“濒临破产”的概念，其次可借鉴域外法的经验引入财务计量方法，使董事及其他相关方确定公司何时走入资不抵债的阶段。

2. “濒临破产”概念的引入

我国法律中并无“濒临破产”这一概念。然而，要建立董事对债权人的信义义务制度，其前提必然是公司步入“濒临破产”这一阶段，这是判断董事信义义务发生转化的关键。当然，必须强调的是，濒临破产与事实破产是不同概念，这是企业财务状态的两种不同阶段，不能将这两个概念相混淆。一般而言，公司的经营状况可分为具有偿付能力（solvency）、濒临破产（in the vicinity of solvency）、事实破产（insolvency）、正式启动破产程序（bankruptcy）。将“濒临破产”这一概念引入法律，主要是要以法律的形式确定董事对债权人负有信义义务的节点。而如何明确一个企业“濒临破产”，则需要用到下文所述的 Z 分数模型。

---

① 参见宋晓明等：《〈关于适用企业破产法若干问题的规定（一）〉的理解与适用》，载《人民司法》2011 年第 21 期。

② 参见王欣新：《破产法》（第 3 版），中国人民大学出版社 2011 年版，第 35 ~43 页。

3. 采用阿特曼的 Z 分数模型预测破产

美国金融经济学家阿特曼创立了 Z 分数模型，它为董事和高级管理人员提供了一种衡量其公司财务状况并确定其是否处于资不抵债阶段的方法。Z 分数模型可以衡量公司的财务健康状况，并且以此来预测公司是否会在两年时间内步入破产。[①] 这一模型在过去的 40 多年时间里一直被公认为衡量财务困境的指标。它的好处在于方便和易于计算，因此 Z 分数模型作为一种贷款评估法被审计师、会计师、安全分析师、管理顾问和银行广泛采用。原始 Z 分数模型公式为 $Z = 1.2X_1 + 1.4X_2 + 3.3X_3 + 0.6X_4 + 1.0X_5$，其中，$X_1$是营运资金除以总资产，$X_2$是保留收益除以总资产，$X_3$是未计利息和税项的收益（EBIT）除以总资产，$X_4$为权益的市场价值除以总负债的账面价值，$X_5$为销售额除以总资产。[②] Z 分数越高代表着企业可能破产的概率越大。一般而言，公司的经营状态可以分为以下四类：具有偿付能力、濒临破产、事实破产、正式启动破产程序。Z 分数模型与这 4 种状态紧密联系。当 Z 分数高于 3.0 时，公司具有偿付能力；当 Z 分数低于 2.6 时，公司处于财务困境，并且可能已经陷入濒临破产的阶段；当 Z 分数低于 1.8 时，公司已经处于资不抵债的状态，并很可能在 1 年以内向法院正式申请破产。

Z 分数模型在金融界已被运用超过 40 年，有足够的证据表明该模型在多种情况下都是可靠的。美国特区巡回法院也承认并一直适用 Z 分数模型，并将其作为判断企业破产风险的指标。在预测公司是否可能在 1 年内破产时，Z 分数模型的准确率高达 93.9%，然而如果将可能破产的时间延

---

① See Mukesh Bajaj & David J. Denis et al. , *Firm Value and Marketability Discounts*, 27 Journal of Corporation Law 89 (2001).

② See John A. Pearce & Ilya A. Lipin, *The Duties of Directors and Officers With the Fuzzy Zone of Insolvency*, American Bankruptcy Institute Law Review 362 (2011).

长至5年以内，准确率就降低至36%。[①] Z分数模型的局限也存在于其对会计计量的依赖性。因此，其无法预测由资产负债表上未显示的因素而导致的破产，例如，由于重大或者意外的业务中断导致的破产。同样地，如果公司进行欺诈性的会计实务，则Z分数模型也不能预测到该公司破产的时间。总而言之，即使使用Z分数模型存在一定的误差率，但这一预测方法在一定程度上能够通过提供详细的报告以检验公司的经营状态，表明公司的财务状况，使得董事有依据确定自己行事的受益方，避免发生自身陷入诉讼的情况。债权人与股东也有据可循，以此来监督董事的经营管理行为。当然，由于该模型对数据的依赖，公司发布的财务信息必须准确，这也同样使债权人获益，因为债权人通常依据公司发布的财务信息决定是否向公司提供资金。而财务报告需要依据会计准则作出，上市公司的财务报告通常还需要经独立会计审核，相对而言，这也保证了公司财务信息的准确率。

由于公司法的特殊性，其发展完善离不开经济学、金融学等其他学科的融汇，尤其是由于法律本身的滞后性，其革新赶不上市场的发展变化，因此更有必要利用经济学等学科的知识解释、分析公司在发展、治理过程中的问题。就董事对债权人负有信义义务的时点问题，当然也可引入经济学中的Z分数模型方法，该方法已经过长时间的有效性检验，有利于提高法院的裁判准确性，也为保护利益相关者权益提供了另一种路径。

（二）董事对债权人承担义务的具体要求

1. 增加董事强制破产申请义务

董事对债权人的信义义务制度在英美法系与大陆法系都有所规定，主

① See John A. Pearce & Ilya A. Lipin, *The Duties of Directors and Officers With the Fuzzy Zone of Insolvency*, American Bankruptcy Institute Law Review 362 (2011).

要体现为英国的“不当交易”规则与德国的“破产申请义务”规定。笔者认为，相对而言，我国构建董事信义义务制度，借鉴德国的“破产申请义务”是一种更好的路径。一方面，从法律传统而言，我国在立法与司法实践的习惯上，都更倾向于大陆法系的思维逻辑。而英国的“不当交易”条款是一种概括性的条款，法官在裁决时具有很大的自由裁量空间，实际适用时对法官的要求更高。而采取破产申请义务的立法模式，简洁明了、易于理解，既有利于当事人的理解与遵守，也有利于司法裁判。另一方面，从双方规定的适用结果来看，英国的“不当交易”规则在实践中效果不佳。有数据显示，在英国破产诉讼案件中，依据英国《1986 年破产法》第 214 条（不当交易条款）所提起的诉讼相当罕见，而在这为数不多的案件中，获得法院支持的案件更是凤毛麟角。[①] 以此而言，借鉴德国的立法模式对我国而言更具优势。

德国在其《破产法》中规定了董事的破产申请义务，并且将申请时间规定在公司出现资不抵债或支付不能的 3 周以内。规定破产申请义务的主要原因在于德国《破产法》从整体上更倾向于保护债权人的利益，对债务人要求较为苛刻，因此如若不对债务人施以义务，要求其申请破产，则债务人很难具备动力与动机主动向法院申请启动破产程序。并且，3 周的申请期限为法定期限，不能通过重整或是和解的方式予以延长。该期限自可以知悉破产条件成熟时开始起算。[②] 这种规制方法极大地减少了法官对董事行为进行事后审查的可能性。再者，规定董事破产申请义务可以解决“公共池塘”问题，即“由于债权人不合作，公司财产被过早地用于清偿

---

① See Paul Davies, *Directors' Creditor-Regarding Duties in Respect of Trading Decisions Taken in the Vicinity of Insolvency*, 7 European Business Organization Law Review 305 (2006).

② 参见［德］格茨·怀克、［德］克里斯蒂娜·温德比西勒：《德国公司法》（第 21 版），殷盛译，法律出版社 2010 年版，第 376 页。

债务”。[①] 具体来说，如果公司出现财务恶化的现象，债权人有可能像钓鱼者一般以各种方式抢夺公司资产，以实现自己债权的清偿。对董事施以破产申请义务，则可以避免出现债权人竞相抢夺公司所剩资产的情况。即使是在法律对债务人更为友好的美国，也发展出加深破产制度（deepening insolvency），在公司濒临破产或事实破产后如果持续经营造成公司资产的减少，从而损害了债权人利益，董事就应当对“加深破产”承担责任。这种制度实际上是对董事施加申请破产的义务。

从我国来看，《企业破产法》2007 年开始实施之后，我国法院受理破产案件数量不增反降。根据最高人民法院的统计数据，从 2003 年到 2012 年，全国企业破产案件受理数量年平均下降 12.23%。近年来，我国企业破产案件数量虽有激增，但背后原因是中央政策和地方政府的推动。传统而言，我国企业破产案件数量较少的原因，一方面在于通过启动破产程序而实现的债权清偿有限，债权人更愿意通过申请强制破产或者个人诉讼的方式实现债权的清偿；另一方面债务人本身缺乏动力向法院申请破产。我国《企业破产法》对于破产申请的规定并非强制性，而是董事的一项权利。在没有法律强制性规定的情况下，寄希望于债务人积极主动地在公司出现财务困境时向法院申请破产，实在是强人所难，除非公司已到了不得不向法院申请破产的境地。此外，董事在公司出现财务危机时可能因不当激励而罔顾债权人利益实施高风险的商业行为，加速公司资产的损耗。因此，如对董事施以破产申请义务，则可避免公司财产出现不必要的流失，也能最大限度地保障债权人利益。此外，根据我国《公司法》的规定，董事会向法院提起破产申请虽需股东会同意，但根据董事义务受益人在公司不同经营状态下发生转化的理论，股东会应无权阻碍董事会提起破产申

---

① 参见［美］皮特·纽曼主编：《新帕尔格雷夫法经济学大辞典》，许明月等译，法律出版社 2003 年版，第 164 页。

请。在我国实际情况中，董事会当然地倾向于股东，站在股东与公司的立场之上，由于受到有限责任原则的保护，股东也缺乏主动决议公司申请破产的动力。司法实践中，更是出现了法院在受理债务人提起破产申请的案件中要求债务人提交股东会同意破产的文件的情况。[①] 这无疑会阻碍公司及时进入破产程序，并在很大程度上削弱对债权人的保护。

因此，通过立法形式要求董事负有破产申请义务是有效保护债权人的合理路径。具体而言，可在《企业破产法》中增添董事申请破产的义务，同时规定违反该义务所需承担的责任。而至于董事破产申请义务期限问题，笔者认为，必须平衡董事与债权人之间的利益，既要赋予董事必要的申请时间，又要使该时间段足以保护债权人利益。需注意的是，德国法律将董事破产申请义务适用于所有企业类型，而在我国由于《企业国有资产法》的相关规定，国有独资企业、国有资本控股公司、国有独资公司向法院申请破产必须经过履行出资人职责的机构或者本级人民政府的决定或者批准。[②] 上述企业的董事在未经批准的情况下无权自行向法院申请破产。因此，在制定董事申请破产义务的法律规定时，也需要相关法律的修正。此外，申请破产义务应具体施加到董事个人而非泛泛的董事会集体机构。如果董事会无法就是否申请破产达成一致，则可由董事个人向法院提起申请启动破产程序。这有利于避免机关决议架空董事的破产申请权，保障企业退出机制的畅通。

2. 建立债权人代表诉讼制度

代表诉讼制度是指非基于自身独立诉求，而借助他人的诉权提起诉讼，其判决结果由其所代表的包含未直接参与诉讼的当事人承担。该制度呈现程序当事人与实体当事人相分离的状态。美国特拉华州衡平法院在

① 参见王欣新、尹正友主编:《破产立案审查问题研究》，法律出版社 2010 年版，第 223 ~238 页。

② 详见《企业国有资产法》第 31、33、34 条的规定。

Production Resources 一案中建立了债权人派生诉讼制度。法官在该案判决中指出，债权人以董事违反信义义务为由提起的诉讼，应当被认定为派生诉讼。换言之，债权人应当以公司代表人的身份提起诉讼。该案也并未完全否认债权人提起直接诉讼的可能性，而是指出，若董事所实施的行为侵害了整个债权人群体而非单个债权人的利益，那么债权人应当代表公司，而不是以其个人名义，提起诉讼。换言之，若董事的行为仅侵害个别债权人的利益，则债权人也可直接提起诉讼。债权人派生诉讼制度在美国被广泛接受，也是美国法院“董事信义义务受益人在不同时期转化”的具体表现及确认。

即使美国确立了代表诉讼制度，对于债权人对董事的诉讼权利是直接诉讼还是间接诉权，也仍未形成统一认识。有学者认为，该诉权应为直接诉权。其理由在于，代表诉讼的各种限制不利于债权人及时维护自身权益。我国在这方面的规定存在缺失，更应在公司濒临破产但尚未正式进入破产程序之时赋予债权人直接诉权。也有学者认为，“给予公司债权人派生诉讼提起权的原因是债权人的保护不单是民法的责任，更是公司的责任；实际上，平等的思想在各个领域都蔓延开来，公司领域亦是如此，我国必须紧跟步伐，应允许公司债权人在一定条件下提起派生诉讼”。[①] 笔者认为，我国应建立起债权人代表诉讼制度。首先，我国既有的商事法律并未对债权人团体利益所受侵害提供救济。如前所述，我国缺乏董事对第三人的责任规定，也没有规定董事对债权人的责任制度，而《民法典》侵权责任编也未对债权人提供相应的请求权基础，债权人代表诉讼制度则是对这一现象的有力弥补。其次，我国《公司法》第 151 条中确立股东代表诉讼制度，即当公司利益遭到侵害而怠于行使诉权时，符合法定条件的股东可代表公司提起诉讼。而根据利益相关者理论，公司是由

---

① 张民安:《派生诉讼研究》，载《法制与社会发展》1998 年第 6 期。

股东、债权人、雇员等利益相关者所组成的，既然股东有权代表公司提起诉讼，笔者认为，由于公司在濒临破产阶段董事信义义务受益人发生变化，那么此时债权人也有权在公司利益受损时代表公司提起诉讼。当然，必须明确的是，债权人代表诉讼制度不同于债权人代位诉讼制度。二者最大的区别在于，债权人代位诉讼与债权人代表诉讼所代表的利益主体不同。债权人代位诉讼在其权利范围内所获取的索赔额，由提起诉讼的债权人直接享有。换言之，债权人代位诉讼所代表的仅为个人的利益；而债权人代表诉讼制度，虽也是代表债务人履行权利，但最终所获索赔额归于债权人这一利益整体，债权人个人将按比例及顺序获得清偿。

鉴于此，笔者认为，可从以下方面入手构建债权人代表诉讼制度。

第一，在代表诉讼原告方面，债权人无疑是当然的原告。但债权人参与诉讼资格可参照股东代表诉讼制度予以限制，例如，对债权人诉讼资格提出限制，如要求债权人的债权数额达到一定比例才有权提起诉讼、担保债权人无权提起诉讼等。

第二，在诉讼前置程序方面，也可以借鉴股东代表诉讼的前置程序，要求债权人在提起诉讼前，须先向董事会或者监事会提出要求其提起诉讼的请求，如在一定时间内未获答复或被拒绝，债权人方有权向法院直接提起诉讼。对债权人的限制可在保障债权人利益的前提下减少公司面临诉讼的数量，节约司法资源。

第三，从英国与德国的司法实践来看，在破产程序中，债权人追究董事责任的权利基本上被赋予了破产管理人。从美国相关司法判例来看，也具有相同的倾向。将此权利赋予破产管理人有利于坚持债权人平等原则，防止破产程序陷入混乱。① 因此，我国在构建债权人代表诉讼制度时，可以分两个阶段进行：若公司已正式进入破产程序，则由破产管理人向法院

① 参见河野正憲、中島弘雅編『倒産法大系（上）』（弘文堂，2001 年）125 頁。

提起诉讼；若公司还处于濒临破产或者事实破产的状态，或者破产管理人怠于行使此权利，则个别债权人可以代表公司提起诉讼。

第四，为减少恶意诉讼的可能性，节约司法资源，应对恶意诉讼债权人施加相应责任。如债权人恶意诉讼，则相关诉讼费用由其自身承担，且在公司清算过程中，其债权顺序应落后于其他善意债权人。如因其诉讼对公司造成损害，该债权人应承担损害赔偿责任，或者将其债权数额与公司所受损害进行抵销。

第五，债权人提起的代表诉讼中，董事承担的责任应是个人责任，而非连带责任。一方面，由于债权人代表的是公司利益，如果再由公司与董事承担连带责任，则相当于由胜诉者承担败诉者的责任，诉讼就变得毫无意义。另一方面，如果让公司承担责任，相当于“拆东墙补西墙”，赔偿的还是公司财产，结果是公司财产归于公司，债权人代表诉讼制度也失去其应有之义，对于违反信义义务的董事而言，债权人代表诉讼制度也失去其应有约束力。

（三）董事违反对债权人义务的责任

1. 责任承担方式

归责原则是责任构成要件的前提与基础，归责原则不同会直接造成构成要件的变化，对构成要件的影响主要体现在过错要件方面。[①] 若董事对债权人责任适用无过错责任原则，那么侵权损害赔偿要件则无需考虑董事的主观因素，无论董事是否存在过错，都应当向债权人负责；而若董事对债权人责任承担依据过错原则或者过错推定原则，那么该责任承担必然以董事主观具有过错为构成要件之一。因此，在讨论董事对债权人责任的构成要件之前，须首先明确董事对债权人责任适用何种归责原则。

无过错责任理论认为，董事对债权人的责任实质上不属于侵权责任范

① 参见魏振瀛主编:《民法》（第 4 版），北京大学出版社 2010 年版，第 652 页。

畴，因此无需考虑董事的过错要件。[①] 这种学说主要在日本以及我国台湾地区得到支持。我国台湾地区“公司法”第 23 条就规定了董事对第三人责任在本质上属于法定责任。过错责任原则认为，当公司处于濒临破产的阶段时，债权人成为公司资产的剩余索取权人，董事应充分考虑债权人利益。但董事作出商业决策时并不能事先完全预知其结果好坏，因此在对董事归责时应考虑其是否具有主观过错。过错推定原则认为除非董事有证据证明自己的决策对债权人利益受损无过错，并未违反信义义务，否则就推定董事具有过错，应当对债权人承担相应的责任。

笔者认为，董事对债权人的责任应当适用过错推定原则。首先，董事对债权人的责任在性质上应属于特殊侵权责任，而非法定责任。在特殊侵权责任中，当事人是否具有过错是构成要件之一。其次，无过错责任原则对董事的要求过高。董事虽属职业经理人，在经营管理公司时具有较强专业性与职业性，但囿于董事知识有限性以及商业市场复杂性，董事不可能准确预测其所作出的一切商业决策的结果。若对董事施加无过错责任，则只会导致董事在经营管理公司时畏首畏尾，害怕承担因决策失误而带来的诉讼及赔偿风险，并导致公司治理效率低下，影响市场经济发展。再次，过错推定原则实质上是对过错原则的深入。过错推定原则承袭了过错原则中的“过错”要件，只是在判断过错的方法上有所不同。[②] 以董事具有“过错”为要件，有利于董事审慎经营，避免因其过错而导致债权人利益受损。过错推定原则要求举证责任倒置，如董事无证据证明其无过错，则推定董事存在过错。换言之，只要董事能够证明自己无过错，则无需对债权人承担责任。最后，由于过错推定原则的举证责任倒置，相较于过错责任而言，

---

① 参见张龙文：《论董事之责任》，载林咏荣主编：《商事法论文选辑》（上册），台北，五南图书出版公司 1985 年版，第 114 页。

② 参见王利明：《侵权责任法研究》（上），中国人民大学出版社 2011 年版，第 219 页。

债权人这一被侵权人处于更加有利的诉讼地位。实践中，董事与债权人往往处于不平等的位置。由于信息不对称等因素，债权人对公司知之甚少，公司内部决议的过程与结果，债权人更是难以知晓。如要求债权人承担举证责任，无疑强人所难。因此，将债权人证明董事有过错的要件转变为董事证明其自身无责更为合理，也使债权人处于更为有利的诉讼地位。

2. 责任构成要件

董事对债权人责任的构成要件分为二要件说、三要件说和四要件说。具体而言，二要件说认为，由于该责任不属于侵权法上的责任，则董事的主观过错不属于构成要件之一。因此，二要件说的构成要件分为：董事有违反法律的行为，以及债权人因董事行为利益受损。① 三要件说将董事具有过错纳入其构成要件之一，分为：董事有过错、债权人受损、二者具有因果关系。四要件说包括董事具有主观过错、董事实施了违法行为、债权人利益有损，以及后两者之间存在因果关系。前文已述，本书所持的观点是，责任性质为特殊侵权责任，归责原则为过错推定原则。因此，笔者认为，董事对债权人责任的构成要件应为四要件说。

第一，董事主观具有过错，但此主观过错应当限于故意与重大过失。董事在故意形态下的非难性在此不再赘述。简言之，董事明知自己行为会发生损害债权人利益的后果，依然希望或放任该结果的发生。在故意形态下董事对债权人利益致损应承担责任。笔者认为，董事仅在重大过失时需对债权人承担责任。过失在民商事立法中一般被分为一般过失与重大过失。一般过失与重大过失的区别在于：法律对行为人提出了较高的注意义务，而行为人未达到该义务，但达到了一般人的注意义务时，为一般过失；若行为人未达到较高的注意义务，也未达到一般人的注意义务，则属

① 参见张龙文：《论董事之责任》，载林咏荣主编：《商事法论文选辑》（上册），台北，五南图书出版公司1985年版，第114页。

于重大过失。[1] 日本《公司法》第429条就规定了董事对债权人的过失责任仅限于“重大过失”。原因在于，对董事课以责任不宜过重。由于公司的营利性质，董事在经营管理、作出商业决策时必然伴随一定风险，可以说风险越高利益越高。并且，如前所述，董事对债权人承担责任的时点为公司濒临破产时，这种“破产识别义务”对董事能力的要求过高。因此，对董事行为进行规制时，也不宜限制过死。在构建董事对债权人责任制度时，应将过失责任限于重大过失。

第二，董事的损害行为应当具有职务性，必须是公司董事依据职权所为的职务行为侵害了该公司债权人的利益。如果董事所作行为的结果虽侵害了债权人利益，但该行为并非董事的职务行为，则产生的责任属于董事个人对债权人的责任，当然也不属于本节讨论项下的董事因违反信义义务对债权人承担的责任。

第三，债权人利益受到损害。必须说明的是，债权人受到的损害既包括直接损害，也包含间接损害。董事违反信义义务并不一定直接造成债权人利益受损，例如董事的不当激励行为，无论获益与否，直接影响的是公司财产。但在公司濒临破产的情况下，董事的高风险行为可能造成公司资产减损，间接影响债权人的清偿。因此，债权人利益之受损须包含债权人的间接损害。

第四，债权人利益受损与董事职务行为具有因果关系。根据侵权责任法的基本原理，该因果关系具有两层含义：一是债权人受到损害，二是债权人所受损害与董事职务行为具有法律上的因果关系。如果债权人无法证明二者之间存在法律上的因果关系，或者董事即使实施了过错行为，但并未侵害债权人利益或侵权人利益之损害并非由董事职务行为所致，则董事无需对债权人承担信义义务违反之赔偿责任。

---

① 参见魏振瀛主编:《民法》(第4版)，北京大学出版社2010年版，第659页。

第五章　董事义务之未来冲击

法律规则固然需要保持一定的稳定性以便维护其权威与严肃，但这种稳定性如不能适应社会生活的变化，则可能转化为滞后性。作为公司法核心制度之一，董事义务规范需保持一定的稳定性，但也要及时回应实践的变化，甚至需要未雨绸缪，对将来可能的变化提前做好理论准备与制度储存，以便更好地迎接未来的挑战。既有董事义务规范体系是建立在自然人担任董事这一基础之上，无论是为了避免利益冲突的忠实义务，抑或要求尽心尽责、善意而为的勤勉义务，均以自然人作为义务主体。然而，不妨假设，如果义务主体摇身一变，转为机器人或者一个程序，则传统的忠实义务或勤勉义务是否会灰飞烟灭？这并非异想天开，智能科技的迅猛发展使机器人趋向于自然人，此种情况下，完全有可能出现董事由机器人担任的情形。退一步讲，即便在未来可预见的数年内，人工智能的发展不足以使机器人替代自然人担任董事职位，但董事也完全有可能由法人担任。事实上，已有一些国家允许法人担任公司董事职位。此种情况下，传统自然人董事义务是否依然完全适用于法人董事，抑或需要对传统自然人董事义务规则进行一定的修正以便更好地规范法人董事？鉴于此，本章主要着眼于探讨法人董事以及人工智能对董事义务所可能产生的冲击，并试图提出可能的应对路径，以便未雨绸缪，提前做好相应的制度安排与调整措施。

第一节　法人董事背景下董事义务的冲击及其应对

一、法人董事制度探寻

（一）影影绰绰的国内立法

法人能否担任公司董事涉及公司法上的董事任职资格问题，我国首部《公司法》未就此问题作出明确规定，而此后《公司法》几经修改与解释，相关草案或文本对此也未提及。王保树先生曾建议修改《公司法》时纳入“董事须为具有完全民事行为能力的自然人担任”这一相关条款以明确限制董事的主体资格要件。[①] 但后来 2005 年《公司法》修改时未采纳该意见。故此，对于董事是否可以由自然人之外的实体来担任这一问题，立法者似乎选择了忽视。唯一明确表态的规范性文件是中国证监会于 2016 年修订的《上市公司章程指引》，该指引第 95 条规定，“公司董事为自然人”。但因其仅为规章，效力层级较低，且范围仅限于上市公司，因此该规定缺乏普遍意义上的规范效力。

此外，我国《公司法》第 146 条从消极的角度对董事资格作出了规定。根据该规定，如具有法条所囊括情形之一的，不得担任公司董事、监事、高级管理人员，即使被选任，该选任也无效。该条款对董事成员的资格要求包括：其一，行为能力，董事要执行公司职务，独立行使权利、履行义务并承担相应责任，因此必须是完全民事行为能力人；其二，职业操

---

① 参见王保树主编：《中国公司法修改草案建议稿》，社会科学文献出版社 2004 年版，第 276、357 页。

守，董事负责公司的运营与公司财产的管理，要求具备较高诚信度，因此，以非法手段牟利，对所在企业被吊销营业执照负有个人责任的人员不得担任董事；其三，经营能力，董事须具备相当的经营管理能力，因管理不善导致企业破产的相关人员在一定期间内不得担任董事；其四，财产状况，负有巨额债务到期未偿还的人担任董事可能存在以公谋私进而私吞公司财产的较大可能性，因此也不适宜担任董事。就上述董事消极要件的规范语义而言，有学者认为，这些要求背后蕴含着公司董事只能为自然人，而不能是法人的含义。[①] 例如，该条款所使用的“无民事行为能力”“因犯罪被剥夺政治权利”等表述均针对自然人设定。但就规范要旨而言，该条款本质上是对董事之行为能力、职业操守、经营能力以及财产状况的要求，具有独立人格的法人并未被明确排除在外。公司法规范至少没有对“法人是否可以担任董事”这一现实问题作出明确的禁止规定。如果说我国的公司董事只能由自然人担任，那很可能是出于“法律推定”或者“实践惯例”。故此，我国公司法在立法与理论上亟待正视这一可能的“疏漏”，以积极回应实践需要和澄清可能的“误解”。

（二）见仁见智的域外规则

通过检视不同国家和地区关于董事主体资格的规定，可以发现，大多数国家或地区对于董事的资格，通常是针对自然人加以规定，至于是否允许法人担任董事则迥异不一。部分国家或地区对法人董事持否认态度。美国、德国、法国、澳大利亚、加拿大、意大利和爱尔兰等国家法律规定，董事必须是自然人，法人不能担任董事。[②] 比如，《澳大利亚公司法》明文

① 参见官欣荣：《法人董事制度与公司治理——对“肯定说”的商榷与修法建议》，载《法学》2007年第12期。

② 参见汪振江：《比较公司法学》，中国社会科学出版社2012年版，第296页。

规定："只有年满 18 周岁的个人方能担任公司的董事。"[①] 《加拿大公司法》同样否认了非自然人担任董事的情形。[②] 而在爱尔兰，其法律一贯禁止法人担任董事。[③] 美国长期以来坚持董事只能由自然人担任，不管是美国法学会（American Law Institute）颁布的《公司治理守则》，抑或第 3 版的《示范公司法》均有关于董事资格的条文规定，而董事应为自然人似乎是个无需讨论的问题，长期以来也鲜受关注。[④] 但值得一提的是，美国学者在一篇刊载于《斯坦福法律评论》的文章中对这一规定提出疑问，认为尽管公司法学者为改进董事会做出不少努力，但公司治理有关文献中还存在一个巨大漏洞——董事只能由自然人担任这一长期以来的规定是否具有正当性与合理性？[⑤]

当然，也有不少国家与地区对法人担任董事持肯认或不排斥态度，比如英国、法国、比利时、荷兰，以及我国台湾地区、澳门地区等。这些法域在允许法人担任董事的同时，也规定该法人必须指定一名具有完全民事行为能力的自然人作为其代表。[⑥] 比如，我国《澳门商法典》规定，公司行政管理机关的成员既可以是自然人，亦可以是法人。当法人被指定为行政管理机关成员时，则应指定自然人作为该法人的代表担任有关职务。[⑦]

---

① Corporations Act 2001（Cth）s 201B（1）（Austl.）.

② Canada Business Corporations Act，R. S. C. 1985，c. C –44. 105.

③ See Barry Conway & Aoife Kavanagh，*A New Departure in Irish Company Law: The Companies Act* 2014-*an Overview*，16 Business Law International 135（2015）.

④ 参见林仁光:《"公司法" 第二十七条法人董监事制度存废之研究》，载《台大法学论丛》2011 年第 1 期。

⑤ See Stephen Bainbridge & Todd Henderson，*Boards-R-Us: Reconceptualizing Corporate Boards*，66 Stanford Law Review 1051（2014）.

⑥ 参见汪振江:《比较公司法学》，中国社会科学出版社 2012 年版，第 296 页。

⑦ 参见冷铁勋:《澳门公司法论》，社会科学文献出版社 2012 年版，第 267 页。其中，我国《澳门商法典》所规定的公司行政管理机关以合议制的形式运作，在其他国家或地区的公司法中，相应地称为董事会。

最为典型的当属英国，近一个世纪以来，英国公司法允许公司或者法人实体担任其他公司董事会的董事。[①] 在英国《2006 年公司法》立法咨询过程中，政府曾提出禁止公司作为董事的建议，但这一建议遭到业界的强烈反对。随后双方有所妥协，互让一步。最终出台的英国《2006 年公司法》规定，董事可以由法人担任，但至少有一名董事是自然人。[②]《法国商法典》也允许有法人董事，第 L225 - 20 条明文规定允许法人担任公司的董事。法国法人董事制度的特殊之处在于，其明确规定法人担任董事时必须指派一名常任自然人作为代表，该自然人与法人同时被视为董事。之所以如此规定，其目的在于厘清自然人代表的法律责任，因为该自然人代表名义上虽为法人之代表，但实际上受到与自然人董事相同的约束，需履行同等职责并承担同等责任，且法人董事与其负连带责任。颇值探讨的是，尽管都允许法人董事的存在，但我国台湾地区的“法人董事”制度可谓独树一帜。其“公司法”第 27 条所规定的法人董事代表制度与法人股东董事代表制度并存之局面自其 1946 年确立以来引起学界颇多争议，但其“公司法”几经修改仍保留了该独特制度。细究该条款，确有欠缺之处，但学者之批评争议并非针对“法人担任董事”这一规则，而是集中于该条款所规定之第 3 款，即无论是法人自身担任董事还是法人指派的代表担任董事，法人均有权随时改派代表。学者廖大颖批评指出，该规定实乃主管机关对两个不同制度的混淆而导致的结果。具体而言，当法人股东自身担任董事时，其指派的代表与法人董事之间属民法上的委任关系，法人自然有随时撤换之权。但当法人指派之代表当选为公司董事时，法人股东的指派行为并非导致代表人进入董事会的直接原因，代表人是否当选取决于股东选举

---

① See Leonard Sealy, *Paycheck Services 3 Ltd: The Supreme Court Reviews the Concept of the De Facto Director*, 287 Company Law Newsletter 1 (2011).

② 参见英国《2006 年公司法》第 155 条的规定。

结果，两者不属于同一法律关系。此时如仍赋予法人随时改派代表的权利，则无疑违背股东平等原则，并变相赋予了法人股东不经选举即可随时撤换董事会成员之特权。

二、法人董事之质疑与回应

（一）异议蜂起：法人董事的质疑

我国《公司法》虽没有明确否定法人担任公司董事的可能性，但从解释论和实践惯例中分析，我国实际上排除法人董事这一可能性。纵览学界的反对观点，大致有以下几点：第一，董事会的公司机关性质排除了法人担任董事的可能性。反对者认为董事是由公司委任，负责公司经营决策与事务执行之职责。归根结底，董事制度设立之初衷在于接受股东委任，其职责性质也要求董事须符合公司所要求之专业能力与品格操守，故无行为实体的法人当无能力担此重任。而基于股东对董事个人信赖的关系，公司董事的资格也非自然人莫属。第二，法人董事派驻代表行使董事职责势必增添法律关系的复杂性。学者有谓，法人担任董事，因其行为能力限制，势必要指派自然人代表实际履行董事职责。① 公司法上对于董事资格之限制是否约束法人指派之自然人代表？当公司利益与法人董事利益产生冲突时，自然人代表何去何从？学者林仁光指出：“法人董事制度之存在，可能产生另一个令人困扰的问题，就是代表人所为之行为是否为其代表权限范围内之行为，如有超出代表权限范围之行为时，其法律效果及责任应如何厘清？”故此，禁止法人担任董事，可减少立法复杂性并避免实务中代表董事的无所适从。第三，现代公司法本质在于通过所有权与经营权的分

① 参见官欣荣：《法人董事制度与公司治理——对“肯定说”的商榷与修法建议》，载《法学》2007年第12期。

离，使得资本拥有者与管理才能拥有者各展其能。但“现实中担任法人董事的都是公司股东，这反映了我们对于公司制度的一种不理解”。[①] 简言之，反对者认为，在允许法人担任董事的情况下，法人股东势必争夺董事会的控制权从而对董事会的独立性造成冲击。为此，否认法人董事，实际上是保障董事会的独立地位与价值。

（二）颠扑不破：法人董事制度质疑之回应

由上述对法人董事制度的质疑可知，反对者多着眼于制度设立之意图，而置其实际所发生的作用与意义于不顾，即赞美或维护一项固有制度时，“习惯于从善良愿望出发考察它的纯洁、崇高的起源”；[②] 而在批评制度之失败或者不足时，又“往往归结于其先天的理论不足或者创制者的道德缺失”。[③] 事实上，上述反对论点指出的问题均可在承认法人董事制度的框架内得以解决，而无需将法人与自然人之间关于“血肉之躯”与否的差异横亘其间，粗暴地划出一条泾渭分明的界线。毕竟，良好的制度应是后来者在实践经验中理性塑造的产物，而不是先行者一蹴而就的无瑕美玉。

1. 法人担任董事的资格与能力问题

在法人实在说的立场下，将董事限于自然人之说的论据实属微弱。法人的核心特征在于其具有独立法律人格，即法人作为法律拟制之人具有权利能力与行为能力。长期以来，法人在法律上拥有自然人的大多数权利。[④] 法人固无血肉之躯，对于出席会议、投票表决等实体行为确实无法亲力亲

---

① 谈亚评、宣湘湘：《法人董事制度的反思》，载《江西财经大学学报》2005 年第 4 期。

② 参见苏力：《制度是如何形成的》，北京大学出版社 2007 年版，第 52 页。

③ 参见苏力：《制度是如何形成的》，北京大学出版社 2007 年版，第 52 页。

④ 比如，在美国，法人享有大多数自然人所拥有的权利。在 Consol. Edison Co. of N. Y. v. Pataki, 292 F. 3d 338, 346 –47 (2d Cir. 2002) 一案中，法官指出：“宪法的诸多权利均可被公司所主张”；而在 Ehlinger v. Hauser, 785 N. W. 2d 328, 365 (Wis. 2010) 一案中，法官更是直截了当地指出：“公司拥有与自然人同等的权力，可以做一切必要或方便其营运或事务的事情。”

为，但法人设有权力机关与执行机关，具备与自然人无异的意思表示，且在实际履行董事职务时可借助其代表人或者代理人实现。若以法人无“思维”去论证法人不能担任董事，则无异于否定法人本身的存在。[①] 况且，类似的法人充任制度事实上并不罕见。韩国《公司重整法》也有法人可以担任重整管理人的相关规定。[②] 在公司重整过程中，重整管理人享有董事代表的法律地位。[③] 同时，我国现有法律也并不禁止法人在公司以外的其他实体中充当类似于公司董事的角色，最为典型的当属《合伙企业法》对普通合伙人的限定。[④]《合伙企业法》第 3 条规定：“国有独资公司、国有企业、上市公司以及公益性的事业单位、社会团体不得成为普通合伙人。”言下之意，上述实体以外的公司可以成为普通合伙人，享受与自然人（普通合伙人）相同的管理权利，并承担同等义务。在有限合伙企业中，由于有限合伙人的管理权利让渡给普通合伙人，以获得“有限责任”之庇佑。所以，有限合伙企业中普通合伙人的管理权利甚至比公司董事职权更广泛。这意味着，对某些企业或商事组织而言，由组织实体而非自然人承担治理责任不仅可行，而且也具有潜在的需求。

至于法人的信誉问题，股东会在选任董事时主要考量的是董事的专业能力与品格操守，而法人作为一个团体在这些领域并不逊色于自然人。此外，董事履行职务离不开财产作为履约能力的担保，尽管对董事品格操守的评价涉及多方面的因素，但归根结底终究离不开对其责任能力的评价。当董事是自然人时，他们承担责任的能力相对法人而言可能更弱，因为一般而言，法人作为具有独立责任能力的团体，与自然人相比，可能拥有更

① 参见黄爱学：《法人董事制度的法律分析》，载《西部法学评论》2012 年第 2 期。

② 参见韩国《公司重整法》第 95 条。转引自官欣荣：《法人董事制度与公司治理——对“肯定说”的商榷与修法建议》，载《法学》2007 年第 12 期。

③ 参见黄爱学：《法人董事制度的法律分析》，载《西部法学评论》2012 年第 2 期。

④ 参见许德风：《论法人董事与代表人董事——兼议董事独立性的界限》，载《法学》2015 年第 3 期。

雄厚的财力与更强大的责任能力。甚至，法人作为董事的责任激励强度也大于自然人。

2. 董事身份疑虑与代表人利益冲突问题

学界对于法人董事另一质疑的焦点为法人董事委派到目标公司的代表人。[①] 因法人并非血肉之躯，履行董事职责所需的必要实体行为须经由其指派之代表人实际行使公司董事会职责来实现，由此形成“法人董事—代表人—目标公司”的“三角关系”。反对法人董事的学者往往夸大此特殊关系的复杂性，并将之视为危及公司治理制度的洪水猛兽，从而认为应当禁止法人董事。但深思熟虑之，所谓“三角关系”所生之疑虑或可在承认法人董事前提下通过特殊制度安排得以化解，或问题本身仅为反对论者无端臆测而不足虑之，因此，以此为由禁止法人董事制度无异于因噎废食，实不符成本效益原理。

首先，关于董事身份认定所造成之困扰。在法人董事制度下，事实上担任董事者为法人本身，而非其代表人。因此学者邵庆平提出，“为维护公司利益之竞业禁止规定理论上似仅能适用于该法人股东，却不及于实际参与董事会议、经常有机会深入了解公司事务之自然人代表，其适用上之不合理，不言而喻”。事实上，在法人董事制度已存在数十年的我国台湾地区，对于董事消极资格以及禁止行为的适用，近年来倾向于采取“两位一体”的观点，即在法人担任董事的情况下，“公司法”针对董事的资格限定与义务管控之规定同时及于其自然人代表。在此制度安排之下，自然人代表实际以法人名义参与董事会事务并承担责任，而其本身也受到董事义务与消极资格的约束，并不存在实际履职之人与信义义务承担者发生人格分离的问题。

---

① 参见官欣荣：《法人董事制度与公司治理——对“肯定说”的商榷与修法建议》，载《法学》2007年第12期；谈亚评、宣湘湘：《法人董事制度的反思》，载《江西财经大学学报》2005年第4期。

其次，关于法人董事与目标公司之间发生利益冲突时自然人代表如何处理的疑虑。这实际来源于我国台湾地区法人董事代表制度与法人股东代表董事制度共存的困境，在台湾地区“公司法”第 27 条第 2 项的规定下，法人股东得以指派代表人担任董事，实际身居董事职位的人为代表人本身，委任关系存在于被管理公司与代表人之间。而该条第 3 项又赋予法人股东得以随时改派该代表人的权利。因此，法人股东掌握着对于代表人董事的“生杀予夺大权”，自然人代表必然以法人股东利益为最大考量，两者之间也存在实质的委任关系。代表人无论以何者利益为重，均会损及另一方之利益，导致“里外不是人”的矛盾结果。究其本质，这种董事身份与自然人实际代表之利益之间的割裂是所谓利益冲突困境的根源。而在法人董事制度下，法人本身担任董事，董事委任关系实际存在于法人与被管理公司之间，有关该董事职位之权利义务直接归属于法人本身。自然人仅为法人董事忠实、注意义务的履行辅助人，其与被管理公司之间并不存在委任关系。代表人所为无论是法律行为还是事实行为，其后果均直接归属于法人董事本身，这也是“代表”的应有之义。故此，法人董事之位、权、责均归于一体，与自然人担任董事并无本质区别。当公司与法人董事之间产生利益冲突时，依董事忠实义务之约束，法人董事自应以公司利益为先，此不存疑。至于法人董事对代表人的权限限制以及代表人超越权限的行为责任，依“代表”之法理处理，法人董事对代表人的限制属其内部关系处理，对目标公司及第三人不发生效力。

最后，由于法人担任董事时派出的自然人代表无须经过股东（大）会选举，批评者指出法人董事随意更换代表人可能导致董事会成员变动频繁，影响被管理公司经营的连续性。这一论点表面上看似乎有理有据，但正如之前所述，担任董事的是法人本身，代表人所扮演的仅仅是一个传达法人董事意志的角色，法人董事经由意思机关所作出的经营策略选择与事务决断，当然也不会因代表人的更换而改变。故此，此种担忧也属过虑。

当然，考虑到更换代表人给法人自身管理带来的不利益，对代表人人选的变更也不会随心所欲，随意而为。法人身为逐利的“经济人”，必然会顾虑人事变动的成本而对代表人的变更设定具体的事由。

至于有学者提出的由代表人代为履职导致实际运作上的迂回与董事履行职责程序上之繁复的问题，[①] 这本质上属于公司内部自治的问题。商法内生性价值之一是商事组织具有较大的自治空间，故公司均得以在合乎法律规范范围内，制定契合自身需求的治理结构，建立符合自身特点的治理机制，公司对此拥有较为充分的“想象空间”，法律也允许各方当事人根据各自诉求对各种利益和不利益进行衡量后自行取舍。因此，法人是否能参与董事选举，股东（大）会是否选举法人担任董事完全可由公司自己决定，法人董事所带来的程序上的繁复也可由当事人在各种利益权衡与权力博弈中达成平衡。法律为明确公司内部自治边界所设的禁限条款不应以减损公司治理方式的选择权为代价，也不应侵蚀公司自治空间。故此，公司法担忧法人董事之程序上的不利益有“庸人自扰”之嫌，更有“越俎代庖”之疑，因此而禁止法人董事也自然值得商榷。

3. 董事独立性之惑

保有董事的独立性，尤其是强调保持董事进行独立经营判断的能力，长期以来一直是改善公司治理道路上的一个美好愿望。[②]“保证董事会向全体股东负责而不是只向某一部分股东负责，向公司的长期利益而不是单纯体现为股东意志的股东利益负责，才是董事会制度的理性所在”。[③] 按照邓峰教授这一观点，董事只对公司负责，其不是特定股东的利益代表人，与股东之间也没有直接的法律关系，董事作出决策也无需考量股东的利益。

① 参见叶敏：《法人董事制度在公司法上的意义》，载《江苏商论》2011 年第 2 期。

② 参见许德风：《论法人董事与代表人董事——兼议董事独立性的界限》，载《法学》2015 年第 3 期。

③ 参见邓峰：《董事会制度的起源、演进与中国的学习》，载《中国社会科学》2011 年第 1 期。

然而，这种立意良善的愿景是否果真能在实践中得以实现？董事在公司治理过程中是否真能做到“遗世而独立”？从公司经营的实践来看，董事由股东提名并经其选举进入董事会，他们很难真正脱离提名股东而以公司利益为主。试问，如果股东不要求董事当选后作为其利益代言人，那么股东提名并选任董事的动力何在、基础何存？资本的逐利性驱动股东做出最有利于自身利益的选择，即使在否认法人董事的立法例下，法人股东也会提名特定董事并根据持股数量或投票规则选举其担任公司董事，并为自己的利益发声。此种背景下，要求股东推选的董事“大义凛然”地置提名股东意志于不顾，全心全意以公司利益为唯一考量无异于天方夜谭。事实上，笔者在多年前已提出董事异质化的问题，认为董事在实践中的所作所为可能受到其背后“选区”股东的指示，进而提出董事同质化的假定摇摇欲坠的观点。①

既然董事会成员受控于提名股东已是默认规则和不可回避之现实，公司规范设计就不能一厢情愿地无视这一“潜规则”。相反，应理性尊重这一现实并回应需求，积极寻求利益平衡机制来缓和此种内在冲突。因为“董事会本身即是一种利益平衡器和利益分配的组织机制。股东大会是各方利益博弈的场所，董事会成员是各方利益博弈的产物”。② 自然人股东既然有机会在董事会席位角逐中获得支持，从而得以进入董事会为自身利益发声，法人股东又何尝不可？既然无法改变董事受派遣（或提名）股东控制的局面，与其让广大的法人股东将自然人董事作为“橡皮图章”，隐匿在自然人董事背后实行董事之职，不如直接承认其本身的董事地位，并施以明确的义务责任规则加以规范。诚如霍姆斯法官所言，“法律的生命始

① 参见林少伟：《董事异质化对传统董事义务规则的冲击及其法律应对——以代表董事为研究视角》，载《中外法学》2015 年第 3 期。

② 孙光焰：《董事会独立性之惑与董事分类选举制度的构建》，载《北京社会科学》2017 年第 11 期。

终不是逻辑，而是经验”。[①] 制度理性不能完全脱离现实，董事独立性的强化本就不依赖于董事成员的自然人属性，而法人董事制度之于董事独立性的减损，也并非坚不可摧。

三、法人董事的制度优势

（一）改善董事会职能

尽管现代公司法在持续寻求更优的董事会组成和结构方面作出不少努力，比如，独立董事的引进、董事提名选举程序的改进以及董事会性别的多元化等，但促进董事职能实现的效果并不尽如人意。[②] 鉴于此，笔者认为，不妨从另一个方向构建董事会职能的提升路径，即重思董事会成员的组成，允许法人担任公司董事。因为在自然人担任董事的背景下，法人董事实际上拥有许多自然人无法比拟的潜在优势，在扩大并实现董事会职能方面也具有天然的长处。

首先，在董事会管理职能方面，法人董事很可能会比自然人做出更优的决策。董事会之所为，或是自行决策，或是对经理层提出的建议进行评估判断。但已有证据表明，在董事会的上述决策或判断中，集体的智慧优越于个体。[③] 既然如此，法人董事的确立，显然可比单一的自然人董事发挥更大的作用，因为法人董事本身是拥有众多雇员和董事的组织体，多元

---

① Olive Wendell Holmes, *Review of CC Langdell*, *Summary of The Law of Contract*, 14 American Law Review 233 (1880).

② 比如，我国独立董事的引入与确立，并没有明显改善公司治理。相反，独立董事因其“不独立”和“懂事”而遭受诟病。可参见赵青:《独董如何“独立”和“董事”》，载《法人》2018 年第 5 期;李彧、刘安:《独立董事真的能“独立”吗?——基于法治思维的分析》，载《法律方法》2017 年第 1 期;周佰成、邵振文、孙祖珩:《中国上市公司独立董事功能缺失与制度重塑》，载《社会科学战线》2017 年第 3 期。

③ See Stephen Bainbridge, *Why a Board? Group Decisionmaking in Corporate Governance*, 55 Vanderbilt Law Review 1 (2002).

化的人员组成带来了多人集合的综合知识和专业能力，这相对于单个人的智慧无疑更具优势。此外，法人董事本身的团体性质也增加了单个董事席位为被管理公司的治理所贡献的工作时长。换言之，在自然人担任董事的情况下，一个董事席位只能贡献单个自然人的精力和智识，实际上行使的是个人决策权。而由法人担任董事时，单个董事席位所作出的最终决策都是先通过法人内部程序即由法人内部集体决策并提出意见，再由具体任职的自然人代表按法定程序在董事会中进行讨论和表决。此时，一个董事席位所作出的每一个投票决定实际上是法人内部集体智识的汇集，这无疑极大提升了董事会决策的质量。

其次，在董事会监督职能方面，法人董事比自然人董事拥有更强的激励机制，进而也比自然人董事更具效率。在禁止法人董事的情形下，大多数公司的自然人董事无非自然人股东或法人股东提名的利益代言人。一般而言，自然人股东在大公司的持股比例远不及法人股东，尤其在机构投资者日益兴起的今天，机构投资者更远非自然人股东所能比拟。而受法人股东指派进入董事会的自然人董事与公司利益的关系可能更为微弱，背后的法人股东也缺乏对其利益代言人的有力约束机制，这显然会给自然人董事消极怠工留下可乘之机，毕竟其有效监督经理层的激励机制相当有限，如贝恩布里奇和亨德森教授所言，“且不说他们因此而获得的收益，单就因其作出决策导致自身受到的损失而言，成本与收益明显不对称”。[①]

最后，在董事会服务职能方面，董事会的作用在于通过提供正式与非正式的沟通渠道或（以及）居中协调来促进公司关键资源的获取。[②] 兰德

---

① Stephen Bainbridge & Todd Henderson, *Boards-R-Us: Reconceptualizing Corporate Boards*, 66 Stanford Law Review 1051 (2014).

② See Michal Barzuza & Quinn Curtis, *Board Interlocks and Corporate Governance*, 39 Delaware Journal of Corporate Law 669 (2015).

尔·克罗兹纳（Randall Kroszner）和菲利普·斯特拉恩（Philip Strahan）研究发现，在21世纪之交，美国约1/3的大型非金融公司的董事会中都至少有一位银行家。他们认为，银行家对放贷机构和市场信息具有一定的专业判断，并能充当资本市场信誉的信号，从而降低资本成本。[①] 在为董事会服务职能提供资源方面，其他专业人士也能扮演同样的角色，例如，会计师、工程师、学者或政治人物等。法人董事本身有自己的经营业务，特别是在大型法人中，其大量雇员的背后意味着每个员工都有自己的客户和同事网络，由此形成了法人董事本身的丰富资源。例如，在有私募股权基金投资的情况下，基金有参与被投资企业董事会从而获取被投资企业信息并进行投后管理的需要和动力，基金本身又与社会各界有广泛的联系。若基金担任董事，凭借其广泛的关系网络，往往能直接为被投资企业带来许多战略性资源并将资源融入企业之中，使其成为被投资企业的竞争优势。一方面，上述战略性资源包括为被投资企业引入重要的战略合作伙伴和外部专家，也包括帮助其寻找供应商、产品经销商，挑选会计师事务所、律师事务所，帮助被投资企业聘请管理咨询公司等；另一方面，资源广泛的基金还可凭借对所投资行业的经验，帮助被投资企业聘用合适的高级管理人才和核心技术人才。故此，在建立公司资源网络方面，法人董事能够为公司提供更好的服务职能。

（二）法人股东治理力量的发挥

股权结构的日益分散、股东“搭便车”心理以及理性冷漠等使得大部分股东并不热衷于参与公司事务。他们作为消极股东，一般会委托具有专业能力的董事管理公司，公司法传统的代理问题即所有权与经营权的分离

---

① See Stephen Bainbridge & Todd Henderson, *Outsourcing the Board: How Board Service Providers Can Improve Corporate Governance?*, Cambridge University Press, 2018, p. 383.

也因此产生。尽管此种分离被认为是现代公司的基本特征之一，[①] 有助于发挥董事专业性的管理优势，能为公司及全体股东创造更大价值。然而，公司也因股东与董事之间的分离而面临世纪难题。本质上而言，股东是公司剩余利益索取者，享有公司长远发展的所有收益，其关注的是公司的经营业绩与长期发展竞争力。因此，股东期望管理层以最大努力实现股东财富最大化。而管理者的主要诉求是提高薪酬、增加闲暇时间以及降低投资风险等，其具体行为目标与股东期望可谓大相径庭。故此，董事完全有可能为了自身私利而背离股东利益，这种背离主要表现在道德风险与逆向选择两个方面。在法人股东可以直接担任公司董事的情况下，剩余利益索取权的享有者与控制权的拥有者在一定程度上有所重合，公司的管理层得以重构，委任代理关系在很大程度上也得以优化。由此可见，法人董事制度有助于降低传统公司法的代理成本。

同时，肯认法人的董事地位，允许法人股东担任董事、指定自然人代表充任董事，能极大方便法人股东的意志贯彻实施，有利于保障法人股东对所投资公司的合法控制利益，从而鼓励法人股东持有股份和对外投资。自然人股东的投资短期化特征明显，在公司市场价值表现不尽如人意时，倾向于“用脚投票”。相较于自然人而言，法人股东往往多为长期投资者，具有稳定而长期的规划，对所投资公司的长期治理效果表现出更强的关注，并能将自己的战略意图与目标公司的发展相结合，发挥公司规模经济效益，协助公司做大做强。就此而言，允许深谋远虑的法人股东在目标公司直接担任董事，能激励其参与公司决策，积极利用自身市场资源与视野优势真正协助公司完善治理结构和实现战略目标。

然而，法人董事之禁止为法人股东参与公司治理无端制造了阻碍。比如君安诉申华一案，该案起因是申华公司的最大股东——君安公司更换董

① 参见周游：《公司法上的两权分离之反思》，载《中国法学》2017 年第 4 期。

事的要求。作为最大股东，君安公司认为自己有更换代表自己董事的权利，而公司则将其更换董事之提案改变成罢免董事和重新选举董事两个提案，最终导致君安公司指派的待选董事没有顺利进入董事会，君安公司遂提起诉讼。① 实践中，股东一般是按照所拥有的股权比例选派董事候选人，在法人董事没有得到明确肯认的情况下，真正拥有董事地位的是法人股东所支持的自然人董事。一旦该董事在任期内因故无法履行职责，公司可以利用重新选举这一程序性工具替换掉法人股东指派之董事，如若持股居多（或不少）的法人股东在董事会中缺乏利益代言人，就会出现上述君安公司所面临的尴尬困境。如此一来，不仅会导致程序繁琐，增加公司负担，也造成法人股东权益受损，并挫伤法人股东持股并参与公司治理的积极性。如允许法人担任董事，则法人董事身份与法人股东的人格合二为一，法人作为投资主体的经济需求得到满足，合法权益也能得到有效保障。

有学者认为，我国当前公司法规制的核心对象是中小股东利益保护机制，而非维护法人股东的权益。② 然而，这与法人董事制度并不矛盾，法人董事制度对法人股东的“偏袒”不会侵蚀中小股东的利益。众所周知，法人股东一般偏向长期而稳定持股，股东利益与公司长期价值具有更高的契合度，公司治理利益对法人股东的激励较强，这也是法人董事制度能够促进法人股东控制力量发挥的原因。而中小股东更注重短期回报，因受限于自身力量，其积极参与公司治理的需求较小。在公司业绩良好时，其倾向于获取发展红利；而在公司面临困境时，其主要诉求是及时退出公司，一走了之。因此，公司法加强中小股东利益保护的重点在于股东分红权和退出权的利益平衡与规范设置，而非“滴水不漏”地保障其经营管理权。

① 参见牛忠麟：《大股东状告上市公司——上海法院受理深圳君安状告上海申华案》，载《人民日报华东新闻》1993 年 3 月 12 日，第 2 版。

② 参见官欣荣：《法人董事制度与公司治理——对“肯定说”的商榷与修法建议》，载《法学》2007 年第 12 期。

由此可见，法人董事的存在并不会加剧中小股东所面临的窘境，因为这本质上属于两条并行不悖的股东保护路径。

（三）大股东过度控制的司法监督

公司法不乏对董事失职行为的规制，董事忠实、勤勉义务以及与之对应的股东代表诉讼等都是监督和约束董事行为、追究董事责任的机制。然而，公司治理的一大疑虑在于“董事责任的最终归属”。在公司没有担任正式职务的大股东，尤其是法人股东，通过幕后操纵董事会影响公司决策、损害公司利益时，董事责任无法通过自然人董事直指背后的法人股东。而这一问题的根源在于，作为股东利益代表的自然人董事的人格与法人股东人格的分离。具有实质影响力的法人股东在现行制度下无法进入董事会，只能利用选举自然人董事的契机安排亲信进入董事会执行职务。在“影子董事”缺位的情况下，他们通过此种“垂帘听政”的方式，不用自己出面却实际作出公司所有重大决策，并“行董事之权”，这使董事会会议常常流于形式，董事之间的平等也名存实亡。① 更重要的是，由于他们实际上“无董事之名”，针对在任董事的司法监督机制对此也束手无策。欲通过“名义董事”自然人，穿透至背后的法人股东，并依法追究该法人股东的责任，关键在于将董事幕后的支配股东控制纳入司法监督范围，而允许法人直接担任董事有助于实现这一目标。

大股东有争夺控制权并成为控制股东的实际需要，中小股东对公司事务不可能也不会亲力亲为，由此形成的股东控制实际上在一定程度上建立起了控制股东与中小股东之间的信义关系。控制股东作为受托人应当受到诚信义务的约束，公司法在遏制股东滥用控制权行为和追究滥权责任方面也应有所回应。我国《公司法》对股东权利控制的相关规定主要体现在

---

① 参见邓峰:《董事会制度的起源、演进与中国的学习》，载《中国社会科学》2011 年第 1 期。

《公司法》第20条（股东滥用权利禁止条款以及股东滥用法人独立地位损害债权人利益时的法人人格否认条款）和第21条（关联交易的禁止条款）。[①] 但滥用股东权利条款的前提是股东滥用其自身股东权利，然何为“股东权利”则不无疑义。股东滥用表决权剥夺小股东的分红权利或者滥用知情权损害公司利益时，适用该条款自无疑虑。但若股东操纵其指派的董事介入公司经营谋取私利，将其进一步解释为股东滥用“选择管理者”这一股东权利则可能过于牵强。同样，关联交易禁止条款的适用范围也有限，无法规制股东通过以影响董事执行公司职务的合法形式实施的滥权行为。至于法人人格否认制度，且无论其是否对公司独立法律人格和有限责任制度有所侵蚀，以及本身适用上的不确定性，我国《公司法》明确规定法人人格否认制度的适用要件是“严重损害公司债权人的利益”，这就将股东损害公司利益而未危及公司债权人利益的情况排除在外。从比较法角度而言，股东通过董事对公司的不当控制可由“事实董事”或“影子董事”制度加以规范。根据英国“事实董事”制度，当一个人实际上履行了正式任命的董事通常执行的管理职能时，其将被视为以“事实董事”的身份在行事。[②] 可见，英国公司法对董事的界定侧重于功能意义，且由于英国传统公司法对董事身份未作出限制，只要实际执行董事职务者，无论其是自然人还是法人，均被视为董事，因此也会被纳入司法监督的范畴之内，并受到董事义务和责任的约束。但在坚持董事只能由自然人担任的情况下，上述“事实董事”制度并没有适用空间，也因而缺乏相应的规制。

现行法律虽然对股东控制权进行了一定程度的规制，但是在法人股东操纵董事不当行事这种特殊的情形下，法人股东作为控制利益的享有者，

① 有学者认为，对控制股东信义义务规则的确立，应当运用法解释学的方法对我国《公司法》第20条进行有效运用，以实现规范控制股东行为的目标。参见朱大明：《美国公司法视角下控制股东信义义务的本义与移植的可行性》，载《比较法研究》2017年第5期。

② 参见林少伟：《英国现代公司法》，中国法制出版社2015年版，第367页。

“在公司的实际作用与其承担的责任严重失衡”。[①] 相比个人董事，法人董事经济实力强，承担责任的能力更强，一旦董事的失职行为侵害第三人利益，法院也更倾向于判决法人董事承担高额赔偿责任，这对于公司及第三人来说相当于增加保障功能。事实上，法人董事的责任激励机制相对于自然人董事也有过之而无不及，在该制度下法人与代表之间的连带责任对于抑制其机会主义行为起到重要作用。申言之，法人董事制度有利于矫正法人股东在公司主导权掌握与法律责任承担上的严重失衡，进而有助于实现公司治理上的“生态平衡”。

除上述原因外，将法人纳入董事会还有其他优势。法人替代自然人成为公司管理者意味着自然人的生老病死或者退休等个人因素不再影响董事会的稳定结构，从而保持管理上的延续性。同时，法人董事可能带来管理上的便利，例如在我国香港特区，私人公司允许法人跻身董事会，[②] 部分外国投资者则利用法人（一般是公司服务提供商或者金融机构）作为香港公司的地方代理董事，以便及时处理诸如签署文件这类事务。

四、董事义务规则的修正

允许法人担任董事，会触及公司法关于董事的相关规定，比如关于董事资格的限制方面，需要作出相应修改。笔者认为，可将董事消极资格一分为二，区分自然人董事和法人董事两种。自然人董事的消极资格的限定沿用现有规定即可，法人董事消极资格的限定则可借鉴我国《合伙企业法》对于实体组织担任普通合伙人的规定。如前所述，我国允许特定实体以外的公司成为普通合伙人，承担企业管理职能，这相当于充当“公司董

---

① 赵旭东主编：《上市公司董事责任与处罚》，中国法制出版社2004年版，第69页。

② See Ji Lian Yap, *De Facto Directors and Corporate Directorships*, 7 Journal of Business Law 579 (2012).

事”的角色。《合伙企业法》第3条除外条款的立法意旨在于排除以国有资产及其他公益性资产对合伙企业债务承担无限责任。因此，可排除国有独资公司以及公益性的事业单位、社会团体成为法人董事，至于其他（包括上市公司在内）的实体法人则可作为法人董事。

除此之外，法人担任董事也涉及董事义务是否需进行相应修正的问题。如前所述，我国既有董事资格的规定限定于自然人，如若允许法人担任董事，则传统董事义务规则是否也依然适用于法人董事？笔者认为，传统董事义务规则依然可以适用于法人董事，但问题在于法人作为一个组织体，毕竟跟自然人有所区别，比如出席董事会会议时，法人没有血肉之躯，无法以肉眼可见的方式参与会议并进行表决，因此，法人只能通过委任自然人代表行使董事的相关权利。换言之，法人董事制度的构建，关键在于法人董事需指定一名常任代表执行董事相关职能，包括参加董事会会议并签署一切必要文件。法人董事常任代表的由来可以追溯到1966年的法国公司法改革，其最初目的是防止不同代表出席董事会会议导致法人董事责任稀释。常任代表必须是自然人，并且受一定资格条件约束。[①] 公司法目前对自然人董事的一切任职条件的限制可适用于常任代表，即其本身必须满足自然人董事的行为能力、职业操守、经营能力和财产状况等条件。正式任命的常任代表是唯一有权代表法人董事行使公司董事职权的人，这个职位具有排他性，公司其他人无权代表法人董事以被管理公司的董事身份行事。

法人董事有权任命和免除常任代表的职务，但这种“自由裁量权”应受到某种程度的限制，只有存在特定事由的情况下法人董事才能更换自己的代表，一方面这是为保持董事会事务执行的连续性，另一方面也是为防

① See Paula del Val Talens, *Corporate Directors: In Search of a European Normative Model for Legal Persons Board Members*, 14 European Company and Financial Law Review 609 (2017).

止法人董事随时利用更换代表之契机过度操纵代表人而损害公司利益。特定事由的规定可通过“列举+兜底”的方法来设置，比如因丧失能力、履职不能、死亡或者辞职等因素导致的不宜继续代表法人履行董事义务等情形。当然，公司章程可以就法人董事代表的指派和更换进行额外的限制。

此外，法人董事对于常任代表的委任和更换有及时通知公司的义务。如法人董事免除其常任代表的委任职务，应立即以书面或其他可知悉的形式通知公司，并于规定期间内向公司通报其新任常任代表的身份。

关于法人董事与其常任代表的关系，我国台湾地区学者认为，常任代表在代为行使董事职务时，“其人格包含于法人董事的人格范围之内，因此公司法对于禁止董事竞业行为的规范，在解释上必然适用法人董事之代表”。换言之，自然人代表法人董事在执行董事职务的时候必然获取公司的营业信息等商业秘密，而作为法人董事的代表，其又有向法人报告的义务，如此一来法人董事与自然人代表均得以合法途径获取公司商业秘密。可以说，双重信义义务是法人董事的应有之义，相关义务规则的适用范围应同时及于法人董事及其自然人代表。[①] 这种约束不仅及于竞业禁止等董事的忠实、勤勉义务，还包括公司法上对特定情形下董事持股比例、持股期间的限制，以及董事会表决时董事利害关系的判断。

关于责任承担方面，笔者认为，法人董事的常任代表与该法人对公司债权人承担连带责任。即使常任代表本身被要求受董事身份的一切义务与责任的约束，法人也不能豁免于公司法针对董事的各项责任规制。连带责任的主要目的是保护相关债权人以维护商业交易的安全。[②] 债权人因法人董事与常任代表之间的特殊关系而处于信息劣势地位，通过连带责任加

① 参见许德风：《论法人董事与代表人董事——兼议董事独立性的界限》，载《法学》2015 年第 3 期。

② See Paula del Val Talens, *Corporate Directors: In Search of a European Normative Model for Legal Persons Board Members*, 14 European Company and Financial Law Review 609 (2017).

强对债权人的保护有利于平衡各方利益。在连带责任制下，一旦法人董事之失职行为损害债权人利益，债权人无须费心劳力地去查明法人董事的行为究竟是来源于常任代表的失职还是法人董事的指令，因为常任代表与法人董事被推定为对债权人的损害具有相同的责任。债权人可以选择向法人董事或其代表索赔，由此最大限度减轻债权人的举证责任。当然，连带责任并不影响法人董事与其他董事之间责任的分担，每位董事被推定对违反义务的共同决定所造成的损害有同等责任。此外，法人董事与常任代表内部之间可以追偿，法院应该考虑双方对损害确切的责任。需注意的是，连带责任的规则应当是强制性的，公司章程不得就此另行作出规定。

第二节　人工智能背景下董事义务的冲击及其应对

一、人工智能与董事的关系：两种形态

人工智能与董事之间的关系因人工智能不同的发展阶段而呈现不同的特点。根据人工智能的发展阶段，有学者将人工智能分成三大类。[①] 第一类是弱人工智能（artificial narrow intelligence），即擅长于单个方面的人工智能，比如能够战胜人类围棋冠军的人工智能。但对这类人工智能，其也仅能在围棋方面发挥才能，超出此范围，则无能为力。第二类是强人工智能（artificial general intelligence），即人类级别的人工智能，可以在各方面与人类相比。关于这类人工智能，美国特拉华大学戈特弗雷德逊

① See Tim Urban, *The AI Revolution: The Road to Superintelligence*, Wait But Why (Jan. 22, 2015), https://waitbutwhy.com/.

（Gottfredson）教授认为其“能够进行思考、计划、解决问题、抽象思维、理解复杂理念、快速学习和从经验中学习等操作。”[①] 第三类是超人工智能（artificial super intelligence），即在各方面比人类更强大的人工智能。牛津大学知名人工智能专家博斯特罗姆（Bostrom）教授认为这种人工智能“几乎在所有领域都比最聪明的人类大脑厉害很多，包括科学创新、通识和社交技能”。[②] 在弱人工智能阶段，由于人工智能仅限于处理相对单一的事务，且其发展尚未达到“模拟人脑”程度，人工智能仍然被视为一种法律上的客体或物，被归入“工具”的范畴。此时，人工智能的出现虽引发诸多新问题，但仍可以在传统的法律规则之内得到妥善解决。目前的人工智能技术大多停留于第一类的弱人工智能阶段，强人工智能和超人工智能尚未出现。然而，尚未出现并不代表不会出现，法律对此不应坐视不理，而应未雨绸缪。事实上，介于弱人工智能与强人工智能的阶段已然出现，赫伯特·波斯纳法官在 Pompeii Estates，Inc. v. Consolidated Edison Co. 一案中所作出的“计算机仅能执行强制的指令——对其编程不是为了使其作出判断”这一论断显然已落后。[③] 比如，人工智能技术在信息与通信技术（ICT）领域的迅猛发展而产生的无人驾驶汽车和医疗机器人就是佐证。无人驾驶汽车的人工智能系统显然已超越弱人工智能阶段，但尚未进入强人工智能阶段。此时此刻，如果无人驾驶汽车出现事故，撞伤他人，该如何追责？是“无人驾驶”人工智能系统本身，还是其背后的程序研发者、运营者或者使用者？这显然已突破既有法律规范范围，而急需新型法律体系予以应对

---

① Linda S. Gottfredson, *Dissecting Practical Intelligence Theory: Its Claims and Evidence*, 31 Intelligence 343 (2003).

② See Nick Bostrom, *The Ethics of Artificial Intelligence*, in Willia, Ramsey and Keith Frankish eds., Cambridge Handbook of Artificial Intelligence, Cambridge University Press, 2011, p. 254.

③ See Pompeii Estates, Inc. v. Consolidated Edison Co., 397 N. Y. S. 2d 577, 580 (N. Y. Civ. Ct. 1977).

并加以规制。[①]

根据人工智能上述三大发展阶段，其与公司董事的关系可以分为两种：一是作为辅助董事的人工智能；二是作为董事独立个体的人工智能。作为辅助董事的人工智能，目前已经出现，并主要在投资银行业中使用。瑞银（UBS）在此领域可谓一马当先，其伦敦分行与德勤（Deloitte）会计师事务所及金融科技公司 Tradelegs 合作开发人工智能及机器学习（Machine Learning）系统，帮助交易员分析数据及调度资金。他们合作开发的人工智能不仅能够处理一些重复性高、复杂性低的传统工作，还可以分析大量交易数据，根据金融市场变动趋势为瑞银制定投资策略提供参考。此外，瑞银还与亚马逊的 Alexa 合作，聘请其为瑞银的客户解答相关问题。此时的人工智能可作为一种辅助董事的工具，为董事作出决策提供意见。作为董事独立个体的人工智能虽然尚未出现，但可以想象，当人工智能发展到一定程度，可以模拟人脑并具有抽象思维时，人工智能成为独立的董事也将水到渠成。然而，不管人工智能是作为一种辅助功能，还是独立个体，均会对董事义务造成一定冲击，公司法须对其重新审视并提前作出相应的制度安排。

二、人工智能作为辅助董事角色时董事义务的调整

通过对算法的不断优化以及对数据的挖掘与分析，且因其本身所具有的“天然”优势，人工智能已在诸多领域达到甚至超越人类的水平，人工智能为公司董事决策提供参谋辅助也不再是空中楼阁。甚至于，人工智能因其本身无情感的“中立”地位，依据事先设置的算法与程序，更能为公司提供不夹带任何私利的意见。正如上面所述，瑞银与其他公司合作开发

---

① 参见司晓、曹建峰：《论人工智能的民事责任：以自动驾驶汽车和智能机器人为切入点》，载《法律科学（西北政法大学学报）》2017 年第 5 期。

的人工智能，为其投资决策提供咨询意见已有数年，也已产生了正面效果，人工智能为董事决策提供辅助意见已非天马行空。然而，在公司法视野里，这意味着有两大挑战：一是公司董事可否授权给人工智能，让其代为处理本来应由董事所为之事；二是公司董事在一定条件下是否负有聘请人工智能为其提供决策咨询的义务。

（一）董事是否可授权给人工智能

1. 现行规定

人工智能辅助董事进行管理，涉及人工智能与董事之间的分工，也关系到董事是否可将部分权力授予人工智能的问题。因此，从公司法上而言，董事是否可授权给他人（包括人工智能）是关键。一般认为，董事作为公司管理人员，应当履行亲自管理的义务，这已成为大多数国家公司法的基本规则之一，但亲自管理并不意味着不得授权他人管理。事实上，很多国家在确立亲自管理规则之外，也规定了例外情形。在新西兰的 Dairy Containers v. NZI Bank 一案中，托马斯（Thomas）法官明确指出："董事最为重要的任务就是管理公司事务，这意味着他们享有管理的权力与承担责任。当然，为了提高管理效率，他们在必要之时可以将部分权力授予公司经理，以处理公司日常事务，但这并不意味着管理功能本身的转移。"① 可见，托马斯法官虽认可公司董事在必要时可将部分管理权能授予经理，但实际上托马斯法官仍认为这种授权并非管理权的转移，且仅在必要时才可授权。在美国的 Re Bally's Grand Derivative Litigation 一案中，法官认为，"董事不得将管理的核心权力授予他人"。② 在 Barings plc 一案中，乔纳森·帕克（Jonathan Parker）法官也回应了上述观点，并进一步指出，

---

① Dairy Containers v. NZI Bank (1995) 2 N. Z. L. R. 30.

② Re Bally's Grand Derivative Litigation, 23 Del. J. Corp. L., p. 677 (Del. Ch. June 4, 1997).

“无论是作为集体抑或个人，董事负有对公司业务获取和维持充分了解的义务，以便更好地履行作为董事的职责”。[①] 由此可见，在帕克法官看来，原则上董事职权可授予他人，但由于董事必须获得并保有作为董事所应当具备的知识与技能，因此不能随意授权给他人，且在授权范围方面，核心性管理权力也不得授予他人。然而，何为核心性管理权力，法官语焉不详。瑞士《公司法》对此有相对明确的定义，根据瑞士《公司法》第716条的规定，法律禁止董事将公司关键性管理权（key management of the corporation）授予他人，在何谓“关键性管理权”方面，瑞士《公司法》规定“公司发展战略目标以及为实现并控制这些目标所决定采取的手段”属于关键性管理权，且不得授予他人。

在英国，历经十数年修改而成的英国《2006年公司法》并没有禁止董事授权他人管理公司，其示范章程第5条则明确规定在不违反公司章程的情况下，董事可在其认为适当时将权力授予任何个人（person）或委员会（committee）。[②] 由此可见，英国在这方面的规制相对宽松，只要不违反公司章程，董事便可授权给个人或委员会。然而，此处所采用的对象术语是“个人”或“委员会”，人工智能是否也包括在内不无疑问。如果从狭义的文义解释出发，人工智能既非“个人”，也非“委员会”，显然无法囊括在内。但如果从广义的目的解释论出发，将人工智能涵摄在内也非毫无可能。显然，示范章程之所以允许董事将其管理权授予他人，其目的在于提高管理效率。在公司事务繁多，董事个人无法亲力亲为之时，将部分权力在特定时间段授予他人，实际上有利于提高管理效率，并更好地维护公司利益。以此而言，董事将部分管理权授予人工智能，让其代董事处理部分

---

① Barings plc (No. 5) [1999] 1 B. C. L. C. , p. 489.

② Article 72 of The Model Articles Table A. 具体详情参见 David Kershaw, *Company Law in Contex*: *Text and Materials*, Oxford University Press, 2012, p. 192 – 194。

事务，本质上与其他“自然人”或“委员会”代为管理并无二异。因为一旦因授权代为管理而出现问题，首当其冲的是授权的董事。从此意义上而言，英国公司法并不禁止人工智能辅助董事，董事也可将其部分权力授予人工智能。

我国关于这方面的规定，涉及《公司法》两个条文：一是董事因故不能出席董事会的，可以书面委托“其他董事”代为出席；[①] 二是董事会可将其职权授予经理。[②] 据此，董事会的任何决议均需要具有“董事”身份的人出席，因此，董事不得将任何涉及参与董事会讨论或行使董事会表决权的权力授予给其他非董事的人。此外，其他职能权力，董事可授予经理。然而，问题的关键是：《公司法》第49条的规定是否为强制性规定，抑或一种默示性规定？董事授权于他人是否仅限于经理，抑或可以授权于其他非经理人士？笔者认为，对此应当进行扩大解释，在公司章程没有其他规定情况下，为提高公司管理效率，应当允许董事授权给他人。如此一来，人工智能作为辅助董事的角色也水到渠成。

2. 如何应对

当人工智能作为董事辅助性角色不存在法律障碍时，需要解决另一问题：如何从法律上确定因人工智能的辅助而导致的责任？首先应明确的是：董事授予部分职权给人工智能后，并非从此就可以置身事外。恰恰相反，董事应对相应后果承担责任。帕克法官曾明确指出：“在符合公司章程规定下，即便董事将特定权力授予其他非管理层人员，并合理相信被授权人具有一定的能力与诚信，也并不意味着可豁免其所负有的监督与履行被授予权力的义务。”[③] 我国《公司法》虽对此没有作出明确规定，但在其

---

① 《公司法》第112条。

② 《公司法》第49条。

③ Re Barings plc（No. 5）［1999］1 B. C. L. C.，p. 489.

他私法领域，比如《信托法》中有类似的规定，《信托法》明确规定受托人须亲自管理，但如果信托文件另有规定或者有不得已事由，可以委托他人代为处理。受托人依法将信托事务委托他人代理的，应当对他人处理信托事务的行为承担责任。[①] 当董事将职权授予人工智能处理相关事务时，董事当然也需承担相应的后果，具体包括以下三个方面：第一，在选任方面，董事选任人工智能辅助其作出决策时，应当尽责了解人工智能相关信息，知悉人工智能的运行原理、工作目的、基本算法逻辑和相应设备的操作等。当然，基于董事本身并非人工智能专业人士，不可能要求董事对人工智能具有相当深刻的了解，但其应当具备选任人工智能的相应知识储备和基本技术。第二，在人工智能工作期间，董事应负有谨慎义务，这主要体现在输入与输出两方面：一方面，董事应当确保提供给人工智能的数据准确无误；另一方面，董事对人工智能所输出的结果也应进行一定程度的审核，不能未经审核就随意采信。第三，应确保人工智能不会对公司管理造成重大损失。董事应通过各种途径，确保人工智能系统运用安全、顺畅，并定期让专业人员对人工智能进行维护，确保不因人工智能的出错而导致公司遭受重大损失。

（二）董事是否有义务聘请人工智能

既然人工智能在某些特定领域具有无可比拟的“超人”优势，那特定领域的董事是否负有聘请人工董事作为辅助决策者的义务？此言并非凭空臆造，因为根据公司法原理，董事作为受托人，负有实现公司利益最大化的义务，而要实现公司利益最大化，当然也包括董事需在决策之前获得最为充分的信息并分析信息。以此而言，提出董事是否负有聘请人工智能的义务这一问题显然并非天方夜谭。英国《2006 年公司法》第 172 条就明确

---

① 《信托法》第 30 条。

指出，公司董事必须以他善意地认为为了公司成员的整体而将最大可能地促进公司成功的方式行事，虽然英国以“公司成功”一词替代“公司利益”，但其更改的主要目的在于用更为中性色彩和广义的“成功”概念来取代具有争议性且狭义的“利益”二字，本质上要求董事为公司利益最大化行事的规定依然如故。在美国，董事须为公司利益最大化而行事的规定已成各州公司法普适性原则之一，存有争议的仅是如何定义“公司利益”，是坚守公司利益等同于股东利益这一传统立场，抑或将公司利益扩大至其他利益相关者。我国《公司法》虽没有明确指出董事需负有以公司利益最大化行事的义务，但在《公司法》相关条款中可窥得有此要求。比如，我国《公司法》第 21 条要求公司的控股股东、实际控制人、董事、监事、高级管理人员不得利用其关联关系损害公司利益，即从关联关系的负面角度要求董事须为公司利益行事。《公司法》第 147 条规定董事应当遵守法律、行政法规和公司章程，对公司负有忠实和勤勉义务。其中忠实义务所对应的不得与公司有利益冲突以及勤勉义务所对应的谨慎和注意，无疑也是围绕着公司利益而展开。《公司法》第 148 条则对董事不得从事的具体行为进行详细列举。可见，我国《公司法》即便没有明确提出董事负有为公司利益行事之义务，但通过散落式规定的“旁敲侧击”，也呈现了董事须为公司利益最大化而行事这一潜在含义。

故此，如人工智能有助于董事作出更好决策，则董事聘请人工智能为其提供决策参考似也应成为一种义务。特别是人工智能在信息处理与数据分析方面具有无可比拟的“超人”能力，而董事在作出决策前，受“注意”或“勤勉”义务之约束，又不得不在作出决策之前获悉一定的信息作为决策参考，否则可能构成注意义务之违反。美国《公司治理通则：分析和建议》第 4.01（c）条对董事注意义务明确作出规定，将“充分的知悉”列入在内。《德国股份有限公司法》则规定董事应当具有一个正直的、有责任心的业务领导人的细心。[①] 英国《2006年公司法》虽概括性规定公司董事需负有勤勉、谨慎和技能义务，[②] 但在英国《破产法》中则规定董事需具备可以合理地期待于履行同样职能之人的一般知识、技能和经验。[③] 无论是德国的"细心"要求，还是英国的"知识或技能"要求，实质上都要求董事在作出决策之前需"充分地知悉"相关信息，否则可能触及注意义务之红线。[④] 鉴于此，董事借助人工智能的优势获取相关信息可能成为其作出决策的先决条件。当然，这种信息知悉具有较高的"信息成本"，比如需要与其他公司合作开发相应的人工智能等。在当前人工智能尚未进入强人工智能阶段之时，要求董事负有聘请人工智能提供决策参考的义务可能过于超前。但假以时日，随着人工智能的迅猛发展，对于某些特定行业的公司而言，董事负有此种义务的日子或许并不遥远。

三、人工智能作为董事主体时董事义务的调整

当人工智能进入强人工智能时代，能够模拟人类大脑，可以进行"思考"等抽象思维活动时，其角色也不再仅限于提供辅助性功能，而可能作为独立个体成为董事，与其他董事享有同等的表决权。事实上，即便尚未进入强人工智能时代，也可以预见，短期内，机器人与人类的"抽象性"差异会越来越小，未来机器人拥有生物大脑的可能性也越来越大。有人提出，在21世纪中期，人工智能所拥有的智慧将会是今天所有人的智慧的10亿倍。[⑤] 当人工智能独立以董事独立个体的形式出席董事会时，意味着

---

① 《德国股份有限公司法》第93条。

② 英国《2006年公司法》第174条。

③ 英国《破产法》第214条。

④ 各国在判断董事违反注意义务标准方面有所不同。具体可参见陈本寒、艾围利：《董事注意义务与董事过失研究——从英美法与大陆法比较的角度进行考察》，载《清华法学》2011年第2期。

⑤ 参见杜严勇：《论机器人权利》，载《哲学动态》2015年第8期。

在法律上面临两大问题：第一，人工智能是否可以成为享有权利并承担责任的法律主体；第二，董事义务规则应作何种调整以回应作为董事的人工智能。

（一）法律人格的赋予与否

人工智能是否可以成为法律上认可之主体？这一问题仍存有极大争论。大致而言，学者分为三个阵营对该问题进行措辞激烈的争论，其中持否定态度的言辞恳切学者相对为多数，而持肯定态度的慷慨激昂学者次之，另外持折中态度的审慎严谨学者则相对较少。[①] 笔者认为，对人工智能是否赋予法律主体地位，关键之处并不在于人工智能与“人”之间究竟存在何种（程度）的差异或同质，因为这种“公说公有理，婆说婆有理”的学术争论，事实上并不会为法学研究增加太多的有益成分。比如，当学者论述人工智能从根本上不具有道德意识因而不能成为法律主体时，另一名学者则论述人工智能的未来发展会具有一定的“自主意识”并因而具有成为法律主体资格的必要性。显然，上述这种争论并不具有“针锋相对”的真正意义上的论辩色彩，因为否认人工智能具有道德意识是一种常识，至少在现阶段是一种众所周知的公认事实。而后者所论述的人工智能具有一定的“自主意识”则是以“人工智能发展到一定程度”为前提，而至何种具体程度尚不明确。再者，“自主意识”与“道德”显然也并非等同，彼此之间并不能相互论证抗衡。由此可见，这种关于人工智能主体资格的论辩，在某种程度上就是基于一种可能的“幻想”而“虚构”出来的画面，并极易使法学研究披上一种“玄学”或“科幻主义”的外衣。为避免重蹈覆辙，陷入上述法学研究的怪圈，笔者认为，应从实践维度和技术发

---

① 具体参见林少伟：《人工智能法律主体资格实现路径：以商事主体为视角》，载《中国政法大学学报》2021 年第 3 期。

展的维度进行针对性阐述，并认为人工智能成为法律主体具有必要性，进而消除人工智能成为公司董事的法律障碍。

1. 实践需要的维度

事实上，人工智能成为“法律主体”或者“电子人”的授予或确认已有一定的实践支撑，比如，日本有一个备受欢迎的宠物机器人，名字叫帕罗，其能够对外界进行一定的“意思表示”：眨眼和发声等。2010年11月，帕罗被授予户籍，户籍上“父亲”一栏写的是它的发明人。有学者认为，这意味着机器人已超越了被认为是财产的定位，而具有作为一种享有权利的存在体的法律地位。① 在美国，国家公路交通安全管理局就联邦机动车安全标准是否适用于自动驾驶系统问题向谷歌公司明确回复，自动驾驶汽车中的自动驾驶系统可被视为“驾驶员”，因此可以适用联邦机动车安全标准。备受关注的是欧盟委员会法律事务委员会于2016年5月31日提交动议，主张将最为先进的自动化机器人工人认定为电子工人，并赋予其劳动权并开设资金账户，以解决以后可能出现的机器人引发损害的责任。② 此外，“小冰”的出现，“索菲亚”公民身份的认定，似乎让人看到人工智能具有法律主体资格的曙光。确实，上述种种现象，在某种程度上佐证了人工智能具有一定法律主体的实践基础。不管反对者试图用何种理由进行反驳，也无论此种现象是好是坏，一个不容忽视的“残酷”事实是：在世界范围内，已经有越来越多的国家和地区开始通过不同的途径和方式对人工智能赋予某种“存在体”资格，以便解决潜在的问题，因为赋予人工智能以法律主体资格，已具有迫切的现实需求。

---

① 参见郭少飞：《“电子人”法律主体论》，载《东方法学》2018年第3期。

② 参见张长丹：《法律人格理论下人工智能对民事主体理论的影响研究》，载《科技与法律》2018年第2期。

2. 技术需求的维度

现代人工智能技术的发展，也迫使法律不得不正面直视其是否为法律主体的问题。人工智能虽早在20世纪60年代就已出现，但传统技术设备仍然受到人类控制，是一种不具有“自主”意识的发展技术。比如，操作系统所作出的反馈、传统机器人所做的动作，其实都是在人类预设模式下，通过信息输入（如鼠标点击）和行为反馈（如结果显示）来呈现，并没有真正达到人工“智能”的阶段。然而，随着大数据技术的出现以及深度学习的拓展，（部分）人工智能已有一定的“自主”状态，典型如投资组合的测算或自动驾驶，这种人工智能一旦独立而成，事实上可以（或已经）摆脱人类的控制而自主运行并独立作出判断。故此，有学者认为，只要机器被启动运行后，在某些领域中不受任何形式的外在干预，可无障碍地执行复杂任务，则可视为该机器具有“自主”意识。[①] 在机器具有此种不受人类积极干预便可独立行动的情况下，其不可避免地会产生“预见性”问题。因为与人类局限性认知相比，人工智能程序可在既定时间之内寻找更多的可能性，进而可分析人类尚未涉足或较少尝试的方案。当可能性足够集中、数据足够充分、算法足够复杂时，人工智能甚至还能偏离传统的人类认知轨道。[②]

因预见性所产生的偏离会不可避免地出现“控制”问题，[③] 即人工智能之运行会超出人类所能控制的范围，这并非“水中探月”。事实上，随着人工神经网络的不断完善、机器深度学习的突破以及量子计算机的进一

① See George Bekey, *Current Trends in Robotics: Technology and Ethics*, in Partick Lin, Keith Abney et al. eds., Robot Ethics: The Ethical and Social Implications of Robotics, MIT Press, 2012, p. 18.

② See Matthew U. Scherer, *Regulating Artificial Intelligence Systems: Risks, Challenges, Competencies and Strategies*, 29 Harvard Journal of Law & Technology 353 (2016).

③ 参见郭少飞：《“电子人”法律主体论》，载《东方法学》2018年第3期。

步应用，人工智能所能执行的任务也越发复杂，这种自我学习型的人工智能与背后的设计者、生产者、编程者之间的隔阂和层级会越发模糊。一个机器的运转失误，既可能是设计者的错误，也可能是生产者的原因，更可能是编程者的责任，也不排除是其他原因（如运输）所导致，更有可能是人工智能的运行规则在自运行过程中“自我”修改，① 不管是对哪一个主体责任的追究，均会产生“责任缝隙”（responsibility gap）的问题，即在不承认人工智能作为主体的情况下，无法依据传统的普遍归责规则进行责任划分与问责确定。当然，也有一种声音认为，对此种经深度学习后具有自主意识的人工智能，对其责任的归咎并不一定以其具有主体资格为前提，通过改变传统的归责原则或方式也同样能够实现，比如，通过探究与机器人行为相关的因素也可以确定具体“侵权人”的责任归属。诚然，改变传统归责原则也能解决这一问题，但这一解决路径是暂时的，并不能从根本上或长远上消解这一困惑。随着人工智能所受限的五个条件（“确定性信息”“完全信息”“静态的”“单任务”“有限领域”）逐渐被攻破，且人工智能本身行为与决策的某种闭锁性与不可解释性，试图完全查清机器人某个失误行为的原因并非总是那么容易（或者很难），因为即便是对于程序员而言，机器学习模型的内部决策逻辑有时也让人难以理解。② 鉴于此，赋予人工智能以某种法律主体身份，不仅可以回应实践需求，也能一劳永逸地解决因技术发展而产生的“主体缺位”的法律难题。

（二）董事义务规则的调整

董事职位由人工智能担任后，传统董事义务规则需要予以一定的修

① See Andreas Mattias, *The Responsibility Gap: Ascribing Responsibility for the Actions of Learning Automata*, 6 Ethics and Information Technology 175 (2004).

② 参见司晓、曹建峰：《论人工智能的民事责任：以自动驾驶汽车和智能机器人为切入点》，载《法律科学（西北政法大学学报）》2017 年第 5 期。

正。董事忠实义务之核心在于避免利益冲突，这在自然人担任董事中尤为重要，通过施加忠实义务以防止董事通过自我交易或关联交易损公肥私已成为各国公司法的公认规则之一。然而，通过代码与算法的设置，人工智能董事完全可以避免利益冲突，此时，忠实义务失去规范的价值，至少在面对纯粹的人工智能时，忠实义务无法像对待自然人董事那般发挥效用。而注意义务主要强调董事决策的善意与信息知悉，对于人工智能董事而言，善意与否自不在话下，因为人工智能作为中立系统或机器，善与恶这种直抵人类心灵深处的价值判断在人工智能面前也无从入手。因此，传统董事注意义务规则也应当予以一定的调整。

然而，这并不意味着传统董事义务规则须推倒重来。相反，董事忠实义务和注意义务在很大程度上仍然可以适用于人工智能担任董事这一情形，只不过在规制路径和侧重点方面有所不同。具言之，当人工智能担任董事时，也应对董事施加忠实义务和注意义务，但在规制路径上应从事后救济转变为事前预防。传统公司法规则注重事后救济，即通过对特定主体的不端行为予以惩罚的方式保障受侵犯者的合法权益。但这种规则框架本身也有其弊端，如果过度强调事后救济而忽视事前预防的重要性，可能会因为董事出于侥幸心理而导致出现大量公司纠纷，这并不符合公司法规制的初衷。而人工智能董事的出现，则可以有效转变这一规则方向。因为人工智能董事虽为董事，但毕竟既非自然人，无法受到肉体惩罚与精神折磨，同时也非法人，难以受到金钱制裁。故此，传统公司法以事后救济为核心的规则框架，显然无法适用于人工智能董事。

在事先预防的规制框架下，应当注意两个问题：第一，应厚注意义务而薄忠实义务。正如前文所述，忠实义务所指向的利益冲突在机器人（或智能系统）担任董事时一般不成问题，因为通过事先算法的设置与代码的编制，完全可以将可能或潜在的自我交易或关联交易排除在外，又或经过一定的程序允许一些符合规定的自我交易或关联交易。但在注意义务方面，即便人工智能担任公司董事，也依然存在是否尽职尽责的问题。第二，在人工智能担任董事的背景下，注意义务的判断标准为是否注重事先数据的输入和代码的设计。因为在人工智能代替自然人参与表决或作出决策时，其所作之决定源于两个要素：一是算法的设定，即根据何种算法规则予以运行；二是算法规则所指向的数据。算法设定可以根据公司具体要求并聘请专业人员予以事先编制，而数据的输入则有赖于公司决策前是否能收集足够广泛的信息。传统注意义务要求董事要尽一名普通谨慎之人处于相同地位、在类似环境下所应尽的注意。同样，我们也可以将此标准施加于负责数据输入端口的相关人员，相当于将义务主体扩充至与人工智能相关的主体上，包括生产商、供货商、系统设计者和数据输入者等。鉴于每个行业的相关数据和运营决策要求不一样，因此应根据特定行业相应设计一连串相关联的代码与算法，确保人工智能董事在作出决策时，可以依据其原定的算法与获取的信息，作出符合注意义务的相关决策。

如人工智能董事违反义务，应如何承担责任？鉴于本问题的前提是人工智能已能独立成为法律主体，因此其责任的承担当然应归属该人工智能本身。但现有人工智能的技术框架以机器学习和深度学习为核心而展开。其基本的决策模型是“输出 = 人工智能模型（基础算法 + 训练材料）+ 输入”。如果人工智能出现违反董事义务的情形，则意味着“输出”出现了问题。而输出问题则需溯及至基础算法、训练材料和输入这三者。换言之，在人工智能没有独立自主意识和不具有违反义务的主观恶意情况下，所谓的人工智能违反董事义务，实际上是基础算法、训练材料和输入这三者当中有一个出错，或者两个以上因相互作用累积而导致出错。此种情况下，要判断哪一环节或要素出现问题可能并非容易之事。一般来说，人工智能的设计者或使用人并没有主观上的过错，“错误”的决策很可能是出于产品本身的缺陷，比如基础算法编制不够完善，或是人工智能经过自主学习后可能产生的“危险”等。鉴于此，当人工智能作为董事违反信义义务后，首先应尽量查清违反义务这一行为背后的原因，即哪一环节出现错误，如能查清，则根据谁有错谁承担责任的过错原则予以归责。在无法查清错误来源的情况下，则可通过事先购买的人工智能责任险予以赔偿。这就意味着，公司在决定人工智能担任董事前，应当购买类似交强险的人工智能责任险。换言之，人工智能责任险应当作为人工智能董事的配套制度予以推行。除此之外，还应当采取两方面的措施，以尽量减少人工智能潜在的错误：第一，应逐步建立人工智能产品标准。特别是在商业实践中，可以仿照公司章程示范模本，针对各行各业、不同规模、不同类型的公司建立各种细化的人工智能标准，以满足不同企业的需求，同时也能加强规范人工智能开发者的安全注意义务准则。第二，应建立类似于汽车召回的人工智能召回机制，并建立算法变化节点时间表机制，对于一些符合特定情形的产品及时召回，并评估算法的变化节点，明确引起变化的责任主体。通过建立这些配套机制，人工智能担任董事即便出现问题，也会得到妥善解决。

参 考 文 献

一、中文参考文献

（一）著作类

1. 邓峰：《普通公司法》，中国人民大学出版社 2009 年版。

2. 丁丁：《商业判断规则研究》，吉林人民出版社 2005 年版。

3. 甘培忠：《公司控制权的正当行使》，法律出版社 2006 年版。

4. 胡田野：《公司法律裁判》，法律出版社 2012 年版。

5. 李建伟：《公司制度、公司治理与公司管理——法律在公司管理中的地位与作用》，人民法院出版社 2005 年版。

6. 林少伟：《英国现代公司法》，中国法制出版社 2015 年版。

7. 刘俊海：《现代公司法》（第 3 版），法律出版社 2015 年版。

8. 梅慎实：《现代公司机关权力构造论》（修订本），中国政法大学出版社 2000 年版。

9. 施天涛：《公司法论》（第 4 版），法律出版社 2018 年版。

10. 苏力：《制度是如何形成的》，北京大学出版社 2007 年版。

11. 王军：《中国公司法》，高等教育出版社 2015 年版。

12. 王文钦：《公司治理结构之研究》，中国人民大学出版社 2005

年版。

13. 王勇华:《董事会权力法律制度研究：理论与规则》，法律出版社2014年版。

14. 王佐发:《上市公司重整中债权人与中小股东的法律保护》，中国政法大学出版社2014年版。

15. 张民安:《公司法上的利益平衡》，北京大学出版社2003年版。

16. 张巍:《资本的规则》，中国法制出版社2017年版。

17. 张维迎:《企业理论与中国企业改革》，北京大学出版社1999年版。

18. 张学文:《有限责任公司股东压制问题研究》，法律出版社2011年版。

19. 赵旭东主编:《董事长与总经理法律风险防范与应对》，法律出版社2013年版。

20. 赵旭东主编:《上市公司董事责任与处罚》，中国法制出版社2004年版。

21. 郑玉波:《民法总则》，中国政法大学出版社2003年版。

22. 周友苏:《新公司法论》，法律出版社2006年版。

23. 朱慈蕴:《公司法原论》，清华大学出版社2011年版。

24. ［德］格茨·怀克、［德］克里斯蒂娜·温德比西勒:《德国公司法》，殷盛译，法律出版社2010年版。

25. 陈卫佐译注:《德国民法典》（第3版），法律出版社2010年版。

26. ［美］斯蒂芬·M. 贝恩布里奇:《理论与实践中的新公司治理模式》，赵渊译，法律出版社2012年版。

27.《新订日本公司法典》，王作全译，北京大学出版社2016年版。

28. ［日］近藤光男:《最新日本公司法》（第7版），梁爽译，法律出版社2016年版。

（二）论文类

1. 白江:《公司支付不能或资不抵债时申请破产的义务和责任》，载《华东政法大学学报》2008 年第 1 期。

2. 蔡立东:《论法定代表人的法律地位》，载《法学论坛》2017 年第 4 期。

3. 蔡元庆:《经营判断原则在日本的实践及对我国的启示》，载《现代法学》2006 年第 3 期。

4. 曹顺明、高华:《公司机会准则研究》，载《政法论坛》2004 年第 2 期。

5. 车传波:《公司机会准则的司法裁判》，载《法律科学（西北政法大学学报)》2010 年第 5 期。

6. 陈本寒、艾围利:《董事注意义务与董事过失研究——从英美法与大陆法比较的角度进行考察》，载《清华法学》2011 年第 2 期。

7. 陈鸣:《董事信义义务转化的法律构造——以美国判例法为研究中心》，载《比较法研究》2017 年第 5 期。

8. 邓峰:《领导责任的法律分析——基于董事注意义务的视角》，载《中国社会科学》2003 年第 3 期。

9. 邓峰:《中国法上董事会的角色、职能及思想渊源：实证法的考察》，载《中国法学》2013 年第 3 期。

10. 冯果:《“禁止篡夺公司机会”规则探究》，载《中国法学》2010 年第 1 期。

11. 甘培忠、赵文贵:《论破产法上债务人高管人员民事责任的追究》，载《政法论坛》2008 年第 2 期。

12. 官欣荣:《法人董事制度与公司治理——对“肯定说”的商榷与修法建议》，载《法学》2007 年第 12 期。

13. 侯怀霞：《我国“禁止篡夺公司机会原则”司法适用研究》，载《法商研究》2012 年第 4 期。

14. 胡晓静：《论董事自我交易的法律规制》，载《当代法学》2010 年第 6 期。

15. 胡晓静：《论公司社会责任：内涵、外延和实现机制》，载《法制与社会发展》2010 年第 2 期。

16. 黄辉：《中国股东派生诉讼制度：实证研究及完善建议》，载《人大法律评论》2014 年第 1 期。

17. 姜雪莲：《信托受托人的忠实义务》，载《中外法学》2016 年第 1 期。

18. 蒋大兴：《公司董事会的职权再造——基于“夹层代理”及现实主义的逻辑》，载《现代法学》2020 年第 4 期。

19. 李安安：《金融创新与董事信义义务的重塑》，载《证券法苑》2012 年第 2 期。

20. 李小宁：《公司实际破产时董事对一般债权人的义务研究》，载《湖南社会科学》2017 年第 4 期。

21. 李燕：《透视美国公司法上的董事忠实义务——兼评我国〈公司法〉对董事忠实义务之规定》，载《现代法学》2008 年第 1 期。

22. 梁爽：《董事信义义务结构重组及对中国模式的反思——以美、日商业判断规则的运用为借镜》，载《中外法学》2016 年第 1 期。

23. 梁爽：《内部控制机制的法律化路径——以日本法上董事内部控制义务为视角》，载《金融法苑》2015 年第 1 期。

24. 林少伟：《董事异质化对传统董事义务规则的冲击及其法律应对以代表董事为研究视角》，载《中外法学》2015 年第 3 期。

25. 林少伟：《英国派生诉讼的最新发展：普通法的回归》，载《时代法学》2011 年第 4 期。

26. 刘敬伟:《董事勤勉义务判断标准比较研究》, 载《当代法学》2007 年第 5 期。

27. 刘磊:《论法学研究中的“本土化意识”——对我国刑事诉讼法学研究现状的反思》, 载《法制与社会发展》2007 年第 4 期。

28. 刘敏、王然:《论股东盈余分配请求权的司法救济》, 载《社会科学研究》2015 年第 3 期。

29. 刘迎霜:《公司契约理论对公司法的解读》, 载《当代法学》2009 年第 1 期。

30. 刘迎霜:《股东对董事诉讼中的商业判断规则》, 载《法学》2009 年第 5 期。

31. 刘迎霜:《论信托的本质——兼与“信托异化论”商榷》, 载《法学评论》2011 年第 1 期。

32. 楼建波、姜雪莲:《信义义务的法理研究——兼论大陆法系国家信托法与其他法律中信义义务规则的互动》, 载《社会科学》2017 年第 1 期。

33. 罗培新:《公司法的合同路径与公司法规则的正当性》, 载《法学研究》2004 年第 2 期。

34. 罗培新:《公司法强制性与任意性边界之厘定: 一个法理分析框架》, 载《中国法学》2007 年第 4 期。

35. 吕来明:《论商业机会的法律保护》, 载《中国法学》2006 年第 5 期。

36. 马太广:《论日本公司法理论上的董事责任行为及其启示》, 载《政治与法律》2008 年第 9 期。

37. 钱玉林:《股东大会中心主义与董事会中心主义——公司权力结构的变迁及其评价》, 载《学术交流》2002 年第 1 期。

38. 钱玉林:《作为裁判法源的公司章程: 立法表达与司法实践》, 载《法商研究》2011 年第 1 期。

39. 乔宝杰:《对我国有限责任公司治理结构的反思》，载《政治与法律》2011 年第 8 期。

40. 任自力:《公司董事的勤勉义务标准研究》，载《中国法学》2008 年第 6 期。

41. 任自力:《美国公司董事诚信义务研究》，载《比较法研究》2007 年第 2 期。

42. 沈贵明:《公司商业机会的司法认定》，载《法学》2019 年第 6 期。

43. 孙宏涛:《论董事之忠实义务》，载《西南交通大学学报（社会科学版)》2013 年第 2 期。

44. 汤欣:《降低公司法上的代理成本——监督机构法比较研究》，载《民商法论丛》1997 年第 7 卷。

45. 汪青松、赵万一:《股份公司内部权力配置的结构性变革——以股东“同质化”假定到“异质化”现实的演进为视角》，载《现代法学》2011 年第 3 期。

46. 汪青松:《主体制度民商合一的中国路径》，载《法学研究》2016 年第 2 期。

47. 王保树:《公司社会责任对公司法理论的影响》，载《法学研究》2010 年第 3 期。

48. 王建文:《论我国构建控制股东信义义务的依据与路径》，载《比较法研究》2020 年第 1 期。

49. 王莹莹:《信义义务的传统逻辑与现代建构》，载《法学论坛》2019 年第 6 期。

50. 王真真:《我国董事监督义务的制度构建：中国问题与美国经验》，载《证券法苑》2018 年第 2 期。

51. 吴伟央:《公司董事会职能流变考》，载《中国政法大学学报》

2009年第2期。

52. 伍坚:《论公司法上的缺省性规则——兼评新〈公司法〉相关规定之得失》，载《法学》2007年第5期。

53. 夏利民:《董事谨慎职责与经营判断规则之关系刍议——以美国法为视角》，载《比较法研究》2010年第6期。

54. 许德风:《论法人董事与代表人董事——兼议董事独立性的界限》，载《法学》2015年第3期。

55. 许可:《股东会与董事会分权制度研究》，载《中国法学》2017年第2期。

56. 薛前强:《论股东资助和补偿董事选举的法律规制——兼议我国防范董事选任利益输送的前置性变革》，载《政治与法律》2018年第9期。

57. 薛前强:《质疑公司机会准则制度移植的法效果》，载《湖北社会科学》2019年第3期。

58. 杨成良:《州际竞争与美国公司法的发展》，载《比较法研究》2017年第1期。

59. 杨川仪:《美国公司法公司机会原则探析——以美国缅因州东北海岸高尔夫俱乐部诉哈里斯案为例》，载《当代法学》2013年第3期。

60. 杨大可:《德国法上的公司利益及其对我国的启示》，载《清华法学》2019年第4期。

61. 杨光:《企业濒临破产时与破产重整程序中的董事信义义务研究》，载《法治研究》2015年第1期。

62. 杨继:《公司董事“注意义务”与“忠实义务”辨》，载《比较法研究》2003年第3期。

63. 杨瑞龙、聂辉华:《不完全契约理论：一个综述》，载《经济研究》2006年第2期。

64. 杨巍:《论我国“禁止篡夺公司机会”规则的完善》，载《经济论坛》2012 年第 12 期。

65. 叶金强:《董事违反勤勉义务判断标准的具体化》，载《比较法研究》2018 年第 6 期。

66. 张继红:《论金融机构董事之民事责任》，载《中国政法大学学报》2018 年第 3 期。

67. 张路:《公司治理中的权力配置模式再认识》，载《法学论坛》2015 年第 5 期。

68. 张锐:《公司治理上的义务群——以美国公司法和证券法为中心的考察》，载《南京大学法律评论》2016 年第 1 期。

69. 张耀明:《论公司机会准则》，载《社会科学》2006 年第 9 期。

70. 赵骏:《董事勤勉义务研究：从域外理论到中国实践——以行为法经济学为视角》，载《浙江学刊》2013 年第 2 期。

71. 赵青:《独董如何“独立”和“董事”》，载《法人》2018 年第 5 期。

72. 赵树文:《董事信义义务的立法与修正》，载《理论探索》2012 年第 1 期。

73. 赵旭东:《公司治理中的控股股东及其法律规制》，载《法学研究》2020 年第 4 期。

74. 赵渊:《“董事会中心说”与“股东中心说”：现代美国公司治理学说之辩》，载《比较法研究》2009 年第 4 期。

75. 赵渊:《析英国新公司法中“禁止篡夺公司商事机会”规则》，载《政治与法律》2007 年第 6 期。

76. 郑春燕:《现代行政过程中的行政法律关系》，载《法学研究》2008 年第 1 期。

77. 周佰成、邵振文、孙祖珩:《中国上市公司独立董事功能缺失与制度重塑》，载《社会科学战线》2017 年第 3 期。

78. 周林彬、方斯远:《忠实义务：趋同抑或路径依赖——一个比较法律经济学的视角》，载《中山大学学报（社会科学版）》2012 年第 4 期。

79. 周游：《公司法上的两权分离之反思》，载《中国法学》2017 年第 4 期。

80. 朱慈蕴、沈朝晖：《不完全合同视角下的公司治理规则》，载《法学》2017 年第 4 期。

81. 朱慈蕴：《公司的社会责任：游走于法律责任与道德准则之间》，载《中外法学》2008 年第 1 期。

82. 朱慈蕴：《论中国公司法本土化与国际化的融合——改革开放以来的历史沿革、最新发展与未来走向》，载《东方法学》2020 年第 2 期。

83. 朱慈蕴：《资本多数决原则与控制股东的诚信义务》，载《法学研究》2004 年第 4 期。

84. 朱大明：《美国公司法视角下控制股东信义义务的本义与移植的可行性》，载《比较法研究》2017 年第 5 期。

85. 朱羿锟：《董事会结构性偏见的心理学机理及问责路径》，载《法学研究》2010 年第 3 期。

86. 朱羿锟：《董事会运行中非理性因素的法律规制》，载《中国社会科学》2015 年第 8 期。

87. 朱圆：《论信义法的基本范畴及其在我国民法典中的引入》，载《环球法律评论》2016 年第 2 期。

二、外文参考文献

（一）著作类

1. Adolfo Paolini, *Research Handbook on Directors' Duties*, Edward Elgar Publishing, 2014.

2. Andrew S. Gold and Paul B. Miller, *Philosophical Foundations of*

Fiduciary Law, Oxford University Press, 2014.

3. Brenda Hannigan, *Company Law*, Oxford University Press, 2009.

4. David Kershaw, *Company Law in Context: Text and Materials*, Oxford University Press, 2009.

5. Evan Fox-Decent, *Sovereignty's Promise: The State as Fiduciary*, Oxford University Press, 2012.

6. Frank H. Easterbrook & Daniel R. Fischel, *The Economic Structure of Corporate Law*, Harvard University Press, 1991.

7. Gower and Davies, *Principles of Modern Company Law*, Sweet & Maxwell, 2012.

8. Henry Hansmann, *The Ownership of Enterprise*, Harvard University Press, 1996.

9. Irving Janis, *Victims of Group Think*, Houghton Mifflin, 1972.

10. James W. Hurst, *The Legitimacy of the Business Corporation in the Law of the United States* 1780 – 1970, The Lawbook Exchange Ltd., 2010.

11. Jean Tirole, *The Theory of Corporate Finance*, Princeton University Press, 2010.

12. Kent Greenfield, *The Failure of Corporate Law: Fundamental Flaws and Progressive Possibilities*, The University of Chicago Press, 2006.

13. Lucian Bebchuk & Jesse Fried, *Pay Without Performance: The Unfulfilled Promise of Executive Compensation*, Harvard University Press, 2004.

14. Matthew Conaglen, *Fiduciary Loyalty: Protecting the Due Performance of Non-Fiduciary Duties*, Bloomsbury Publishing, 2010.

15. Melvin A. Eisenberg, *Corporations and Other Business Organizations*, Foundation Press, 2006.

16. Michael C. Jensen, *A Theory of the Firm: Governance, Residual Claims, and Organizational Forms*, Harvard University Press, 2003.

17. Milton Friedman, *Capitalism and Freedom*, Chicago University Press, 1962.

18. Paul B. Miller, *The Fiduciary Relationship*, in Andrew S. Gold & Paul B. Miller ed., Philosophical Foundations of Fiduciary Law, Oxford University Press, 2016.

19. Paul L. Davies & Sarah Worthington, *Principles of Modern Company Law*, Sweet & Maxwell, 2012.

20. Peter Hampson, *The City Companies of London and Their Good Works: A Record of Their History, Charity and Treasure*, Wentworth Press, 2016.

21. Reinier Kraakman et al., *The Anatomy of Corporate Law: A Comparative and Functional Approach*, Oxford University Press, 2017.

22. Stephen Bainbridge, *Corporate Governance after the Financial Crisis*, Oxford University Press, 2012.

23. Stephen M. Bainbridge & Todd Henderson, *Outsourcing the Board: How Board Service Providers Can Improve Corporate Governance*, Cambridge University Press, 2018.

24. Tamar Frankel, *Fiduciary Law*, Oxford University Press, 2011.

（二）论文类

1. Alfred F. Conrad, *Corporate Constituencies in Western Europe*, 21 Stetson Law Review (1991).

2. Andrew Keay, *The Authorising of Directors' Conflicts of Interest: Getting a Balance?*, 12 Journal of Corporate Law Studies (2012).

3. Andrew Keay, *The Duty of Directors to Exercise Independent Judgment*, 10 Company Lawyer (2008).

4. Antony Page, *Unconscious Bias and the Limits of Director Independence*, University of Illinois Law Review (2009).

5. Asaf Eckstein & Gideon Parchomovsky, *Toward a Horizontal Fiduciary Duty in Corporate Law*, 104 Cornell Law Review (2019).

6. Brian R. Cheffins, *The Stewardship Code's Achilles' Heel*, 73 Modern Law Review (2010).

7. Claire Hill & Brett McDonnell, *Reconsidering Board Oversight Duties after the Financial Crisis*, 3 University of Illinois Law Review (2013).

8. Cynthia Williams & John Conley, *An Emerging Third Way? The Erosion of the Anglo-American Shareholder Value Construct*, 38 Cornell International Law Journal (2005).

9. Cyril Moscow, *The Representative Director Problem*, 16 Insights (2002).

10. Darian M. Ibrahim, *Individual or Collective Liability for Corporate Directors?*, 93 Iowa Law Review (2008).

11. David Kershaw, *Does It Matter How the Law Think about Corporate Opportunities*, 25 Legal Studies (2005).

12. David Kershaw, *Lost in Translation: Corporate Opportunities in Comparative Perspective*, 25 Oxford Journal of Legal Studies (2005).

13. David Kershaw, *No End in Sight of the History of Corporate Law: The Case of Employee Participation in Corporate Governance*, 2 Journal of Corporate Law Studies (2002).

14. David Kershaw, *The End of History in Corporate Law: The Case of Employee Participation on Corporate Governance*, Journal of Corporate Law

Studies (2002).

15. David Thomson, *Directors, Creditors and Insolvency: A Fiduciary Duty or a Duty Not to Oppress?*, 58 University of Toronto Faculty of Law (2000).

16. Douglas M. Branson, *Enron-When All Systems Fail: Creative Destruction or Roadmap to Corporate Governance Reform?*, 48 Villanova Law Review (2003).

17. Evan J. Criddle, *Fiduciary Administration: Rethinking Popular Representation Agency Rulemaking*, 88 Texas Law Review (2010).

18. Franklin A. Gevurtz, *The Historical and Political Origins of the Corporate Board of Directors*, 33 Hofstra Law Review (2004).

19. Geoffrey Nettle, *The Changing Position and Duties of Company Directors*, 41 Melbourne University Law Review (2018).

20. Gordon Smith, *The Critical Resource Theory of Fiduciary Duty*, 55 Vanderbilt Law Review (2002).

21. Henry Hansmann & Reinier Kraakman, *The End of History for Corporate Law*, 89 Georgetown Law Journal (2000).

22. Henry T. C. Hu & Bernard Black, *The New Voting Buying: Empty Voting and Hidden (Morphable) Ownership*, 79 Southern California Law Review (2006).

23. Hideki Kanda & Curtis J. Milhaupt, *Re-Examining Legal Transplants: The Director's Fiduciary Duty in Japanese Corporate Law*, 51 American Journal of Comparative Law (2003).

24. Hillary A. Sale, *Monitoring Caremark's Good Faith*, 32 Delaware Journal of Corporate Law (2007).

25. Iman Anabtawi & Lynn Stout, *Fiduciary Duties for Activist Shareholders*,

5 Stanford Law Review (2008).

26. J. A. C. Hetherington, *Defining the Scope of Controlling Shareholders' Fiduciary Responsibilities*, 22 Wake Forest Law Review (1987).

27. James D. Cox, *Managing and Monitoring Conflicts of Interest: Empowering the Outside Directors with Independent Counsel*, 48 Villanova Law Review (2003).

28. Jennifer G. Hill, *Then and Now: Professor Berle and the Unpredictable Shareholder*, 33 Seattle University Law Review (2010).

29. John H. Langbein, *Questioning the Trust Law Duty of Loyalty: Sole Interest or Best Interest?*, 114 Yale Law Journal (2005).

30. Jonathan C. Lipson, *Directors' Duties to Creditors: Power Imbalance and The Financially Distressed Corporation*, 50 UCLA Law Review (2003).

31. Julian Velasco, *How Many Fiduciary Duties Are There in Corporate Law?*, 83 Southern California Law Review (2010).

32. Julian Velasco, *Structural Bias and the Need for Substantive Review*, 82 Washington University Law Quarterly (2004).

33. Kenneth B. Davis, *Once More, The Business Judgement Rule*, 2000 Wisconsin Law Review (2000).

34. Kenneth Davis, *Structural Bias, Special Litigation Committees and the Vagaries of Director Independence*, 90 Iowa Law Review (2005).

35. L. Bebchuk, *The Case for Increasing Shareholder Power*, 118 Harvard Law Review (2004).

36. L. Dallas, *Proposals for Reform of Corporate Boards of Directors: The Dual Board and Board Ombudsperson*, 54 Washington and Lee Law Review (2007).

37. Laura Lin, *The Effectiveness of Outside Directors as a Corporate*

Governance Mechanism: Theories and Evidence, 90 Northwestern University Law Review (1996).

38. Lawrence E. Mitchell, *The Death of Fiduciary Duty in Close Corporations*, 138 University of Pennsylvania Law Review (1989).

39. Leo E. Strine Jr, Lawrence A. Hamermesh, Franklin Balotti & Jeffrey M. Gorris, *Loyalty's Core Demand: The Defining Role of Good Faith in Corporation Law*, 98 Georgetown Law Journal (2010).

40. Leonard S. Sealy, *"Bona Fides" and "Proper Purposes" in Corporate Decisions*, 15 Monash University Law Review (1989).

41. Leonard Sealy, *Fiduciary Relationships*, 1 The Cambridge Law Journal (1962).

42. Lynn A. Stout, *In Praise of Procedure: An Economic and Behavioral Defense of Smith v. Van Gorkom and the Business Judgment Rule*, 96 Northwestern University Law Review (2002).

43. Lynne L. Dallas, *The Relational Board: Three Theories of Corporate Boards of Directors*, 22 Journal of Corporation Law (1996).

44. Lynne L. Dallas, *Two Models of Corporate Governance: Beyond Berle and Means*, 22 University of Michigan Journal of Law Reform (1988).

45. Margaret Blair & Lynn Stout, *A Team Production of Corporate Law*, 85 Virginia Law (1999).

46. Margaret F. Brining, *Parents: Trusted but Not Trustees of (Foster) Parents as Fiduciaries*, 1 Boston University Law Review (2011).

47. Margaret M. Blair, *Director's Duties in a Post-Enron World: Why Language Matters*, 38 Wake Forest Law Review (2003).

48. Marleen O' Connor, *The Enron Board: The Perils of Groupthink*, 71 University of Cincinnati Law Review (2003).

49. Martin Gelter & Geneviéve Helleringer, *Lift Not the Painted Veil! To Whom are Directors' Duties Really Owed*, 3 University of Illinois Law Review (2015).

50. Matthew T. Bodie, *Mother Jones Meets Gordon Gekko: The Complicated Relationship Between Labor and Private Equity*, 79 University of Colorado Law Review (2008).

51. Melvin A. Eisenberg, *The Conception that the Corporation is a Nexus of Contracts and the Dual Nature of the Firm*, 24 Journal of Corporation Law (1999).

52. Melvin A. Eisenberg, *The Duty of Good Faith in Corporate Law*, 31 Delaware Journal of Corporate Law (2005).

53. Michael C. Jensen & William H. Meckling, *Theory of the Firm: Managerial Behavior, Agency Costs, and Ownership Structure*, 3 Journal of Finance Economics (1976).

54. Nicola F. Sharpe, *Rethinking Board Function in the Wake of the* 2008 *Financial Crisis*, 5 Journal of Business & Technology Law (2010).

55. Paddy Ireland, *Company Law and the Myth of Shareholder Ownership*, 1 The Modern Law Review (1999).

56. Pamela L. Huff & Russell C. Silberglied, *From Production Resources to Peoples Department Stores: A Similar Response by Delaware and Canadian Courts on the Fiduciary Duties of Directors to Creditors of Insolvent Companies*, 1 Journal of Business & Technology Law (2007).

57. Paul B. Miller, *A Theory of Fiduciary Liability*, 56 McGill Law Journal (2011).

58. Paul Redmond, *Directors' Duties and Corporate Social Responsiveness*, 35 University of New South Wales Law Journal (2012).

59. Roberta Romano, *Corporate Governance in the Aftermath of the Insurance Crisis*, 39 Emory Law Journal (1990).

60. Ronald Chen & Jon Hanson, *The Illusion of Law: The Legitimating Schemas of Modern Policy and Corporate Law*, 103 Michigan Law Review (2004).

61. Roy Radner, *Bounded Rationality, Indeterminacy, and the Theory of the Firm*, 106 The Economic Journal (1996).

62. Sabrina Bruno, *Directors' Versus Shareholders' Primacy in U. S. Corporations Through the Eyes of History: Is Directors' Power "Inherent"?*, 9 European Company and Financial Law Review (2012).

63. Simone M. Sepe, *Intruders in the Boardroom: The Case of Constituency Directors*, 91 Washington University Law Review (2013).

64. Stephen Bainbridge & Todd Henderson, *Boards-R-Us: Reconceptualizing Corporate Boards*, 66 Stanford Law Review (2014).

65. Stephen Bainbridge, *Corporate Directors in the United Kingdom*, 59 William and Mary Law Review Online (2018).

66. Stephen Bainbridge, *In Defense of the Shareholder Wealth Maximization Norm: A Reply to Professor Green*, Washington and Lee Law Review (1993).

67. Stephen Bainbridge, *Why a Board? Group Decisionmaking in Corporate Governance*, 55 Vanderbilt Law Review (2002).

中国法学会后期资助项目文丛

BOOK SERIES FUNDED BY CHINA LAW SOCIETY

1. 《行政程序法典化研究》姜明安 等著
2. 《解读青年马克思的黑格尔法哲学批判》姚远 著
3. 《清代“杀一家三人”律、例辨析》吴杰 著
4. 《中央地方关系中的民主集中制研究》苗泳 著
5. 《证券内幕交易构成要件比较研究》曹理 著
6. 《欧洲婚姻财产法的未来》樊丽君 译
7. 《德国刑法教义学上的客观处罚条件》王钰 著
8. 《结果加重犯的基本原理与认定规则研究》邓毅丞 著
9. 《刑事诉讼中法院职权调查问题研究》林铁军 著
10. 《人民陪审员角色研究》刘方勇 著
11. 《非典型劳动者权益保护研究》班小辉 著
12. 《创新与反垄断——互联网企业滥用行为之法律规制研究》仲春 著
13. 《不得援引国家豁免的商业交易诉讼研究》纪林繁 著
14. 《国家侵权的国际私法问题研究》李华成 著

15.《法律的空间意象性》朱垭梁 著

16.《罗马体育法要论》赵毅 著

17.《〈大清律例〉律目研究》张田田 著

18.《陕派律学家事迹纪年考证》闫晓君 著

19.《论行政法上的意思表示——兼论行政行为构成中的意识要件》田勇军 著

20.《新农村建设中保障农民政治参与权利的制度创新研究》蔡振亚　王为东 著

21.《国家赔偿法研究述评》上官丕亮 主编

22.《个人信息与权利配置——个人信息自决权的反思和出路》刘金瑞 著

23.《从“大陆”走向“混合”的路易斯安那民法典》李宁 著

24.《防控网络恐怖活动立法研究》皮勇 著

25.《背信犯罪：当代社会的白领犯罪》刘荣 译

26.《刑事诉讼中的鉴定意见质证制度研究》王跃 著

27.《互联网规制的国际贸易法律问题研究》孙南翔 著

28.《相关市场界定研究——以技术许可协议为视角》周围 著

29.《外资并购国家安全审查制度的平衡机制研究》杨静 著

30.《司法改革背景下裁判文书说理繁简分流研究》罗灿 著

31.《当代中国法制的政治逻辑》瞿郑龙 著

32.《美国行政法规的司法审查研究》杨蕾 著

33.《非上市公司股份交易法律问题研究》黄爱学 著

34.《中国商事立法研究》张保红 著

35.《日本民事再审事由研究——以判例分析为中心》翟志文 著

36.《论民法教义体系与家庭法的对立与融合：现代家庭法的谱系生成》刘征峰 著

37.《香港与内地刑事法制冲突问题研究》马正楠 著

38.《刑事程序性法律后果研究》马永平 著

39.《抢劫罪量刑经验研究》赵学军 著

40.《生态安全义务履行与人的致灾性法律控制》王建平 著

41.《税法的分配功能研究》侯卓 著

42.《裁判结果透明化的制度审思和完善路径》胡玉明 著

43.《德国判例使用方法研究》高尚 著

44.《现代性视域下的法律数字研究》高一飞 著

45.《商周刑罚制度研究》魏晓立 著

46.《面向行政任务的听证程序构造》石肖雪 著

47.《我国物流法律私法体系之建构——以方法论为视角》张敏 著

48.《再保险法》杨帆 译

49.《金融稳定法论》袁达松 著

50.《中国民事检察监督制度的改革与完善研究》路志强 著

51.《规范论在刑法解释中的作用》李世阳 著

52.《北京市盗窃罪量刑实证研究——以2736份判决书为样本》董晓华 著

53.《德国证据禁止规则研究——法典与判例的有效融合》张袁 著

54.《中国主权观的演进与发展》杨永红 著

55.《中国涉外商事仲裁裁决撤销：机制与实证》张春良 等著

56.《国际投资背景下的跨国公司与人权保护》隽薪 著

57.《法律解释权模式研究》徐凤 著

58.《中国共产党党内法规理论逻辑研究》侯嘉斌 著

59.《行政课予义务诉讼研究》胡煜 著

60.《民法典体系化的哲学》许中缘 著

61.《当代知识产权研究与实践的生态逻辑——基于马克思主义的反思》薛华 著

62.《实现担保物权非讼程序研究》李林启 著

63.《共同过失犯罪理论争鸣与探索》王东明 著

64.《交通犯罪对策研究》杨宁 译

65.《以审判为中心诉讼制度改革视野下的刑事诉讼法律关系研究》边慧亮 著

66.《科学测谎之认知脑电的法庭证据适用原理和方法》刘洪广 著

67.《金融科技监管法律制度构建研究》张永亮 著

68.《生态利益的物权法表达》项波　孟春阳 著

69.《亚投行技术援助机制构建研究》孟于群 著

70.《海上人身伤亡赔偿法比较研究》刘焕省 著

71.《涉外监护法律适用理论与实证研究》秦红嫚 著

72.《当代海商法价值论》孙思琪 著

73.《农村合作金融的法律监管问题研究》李媛媛 著

74.《董事义务研究》林少伟 著